超级上头的量子物理学

10岁开始学通识

SUPER SMART

［英］文森特·托宾 著 舍其 译 冯朝君 审校

中信出版集团｜北京

图书在版编目（CIP）数据

超级上头的量子物理学 /（英）文森特·托宾著；
舍其译. -- 北京：中信出版社，2024.1
（10岁开始学通识）
ISBN 978-7-5217-6007-1

Ⅰ.①超… Ⅱ.①文…②舍… Ⅲ.①量子论—少儿
读物 Ⅳ.①O413-49

中国国家版本馆CIP数据核字（2023）第171930号

Super Smart Science: Quantum Physics Made Easy
Written by Dr Vincent Tobin
First published in Great Britain in 2020 by Wayland
Copyright © Hodder and Stoughton, 2020
Simplified Chinese rights arranged through CA-LINK International LLC
Simplified Chinese translation copyright © 2024 by CITIC Press Corporation
ALL RIGHTS RESERVED

本书仅限中国大陆地区发行销售

超级上头的量子物理学
（10岁开始学通识）

著　　者：[英] 文森特·托宾
译　　者：舍其
审　　校：冯朝君
出版发行：中信出版集团股份有限公司
　　　　　（北京市朝阳区东三环北路27号嘉铭中心　邮编 100020）
承　印　者：北京瑞禾彩色印刷有限公司

开　　本：889mm×1194mm 1/16　印　张：16　字　数：640千字
版　　次：2024年1月第1版　印　次：2024年1月第1次印刷
京权图字：01-2023-0699
书　　号：ISBN 978-7-5217-6007-1
定　　价：169.00元（全8册）

出　　品：中信儿童书店
图书策划：红披风
策划编辑：陈瑜
责任编辑：陈瑜
特约编辑：胡雪琪
营销编辑：高铭霞　周惟　叶芮希
装帧设计：哈_哈

版权所有·侵权必究
如有印刷、装订问题，本公司负责调换。
服务热线：400-600-8099
投稿邮箱：author@citicpub.com

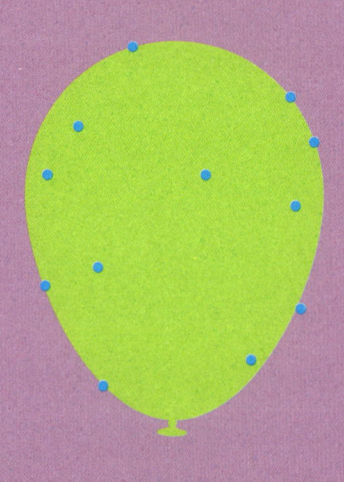

目录

欢迎来到物理学的奇妙世界！..2

波 4

光是什么？..6

光可以反射，可以折射，可以衍射 8

光可以自行消失！..10

万物都由什么组成？..12

物质的不同类型 14

电子在哪儿？..16

如果光不是波会怎么样？..18

光电效应 20

原子可以发光 22

阳光里的秘密 24

粒子能像波一样吗？..26

词汇表 28

你学会了吗？..29

欢迎来到物理学的奇妙世界！

物理学很强大！物理学是科学的一门分支，能告诉你我们周围的世界是怎么运转的：恒星是怎么形成的，为什么彩虹落地的地方怎么也找不到，为什么行星都以一个方向绕着太阳转……

物理学帮助我们造出了飞机、火箭、智能手机、高铁、虚拟现实设备等好多东西。

然而有一个物理学领域却吓坏了很多人。他们说，这是最难理解的科学领域。这就是量子物理学。

但我们觉得，不管是什么事情，只要解释到位，任何人都能理解。

"量子"是什么意思？

量子物理学这个名称就挺叫人费解的："量子"是什么意思呢？这个词来自拉丁文的quantus，意思是"多少"，而且跟我们经常用到的"数量"（quantity）这个词的关系也非常密切。但是在物理学里面，"量子"的含义很不一样，也相当复杂。实际上，我们要用这一整本书，包括书中的好多想法和例子，才能解释清楚"量子"这个词对今天的科学家来说是什么意思！

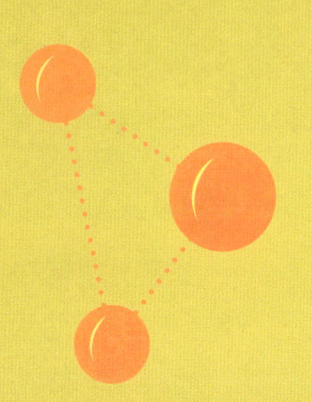

量子

- 量子物理学这门科学，描述的是非常小的对象。

- 组成我们这个宇宙的物质都必须遵循一些奇怪又奇妙的法则。量子物理学解释了这些法则，也解释了物质之间如何相互作用，以及物质和光怎样相互作用。

- 一旦进入量子世界，你就会发现很多事情都不会像你设想的那样发生……

- 量子物理学有很大一部分都是在讲，光和物体怎么相互作用，怎样可以让光消失，又怎么让它重新出现。大部分现代技术的正常应用，都离不开量子物理学。没有量子物理学，就没有智能手机，没有太阳能电池板，没有激光，也不会有LED灯——这只是其中的几个例子。

打起精神来！接下来我们要说的，可是现代科学中最难理解的一些内容。

波

要了解量子物理学,我们先得看看波是什么,以及波有什么特点。

桌子上放着一根绳子。如果抓起绳子的一端,向上抖动手腕,你就会看到一个"起伏"沿着绳子发射了出去。

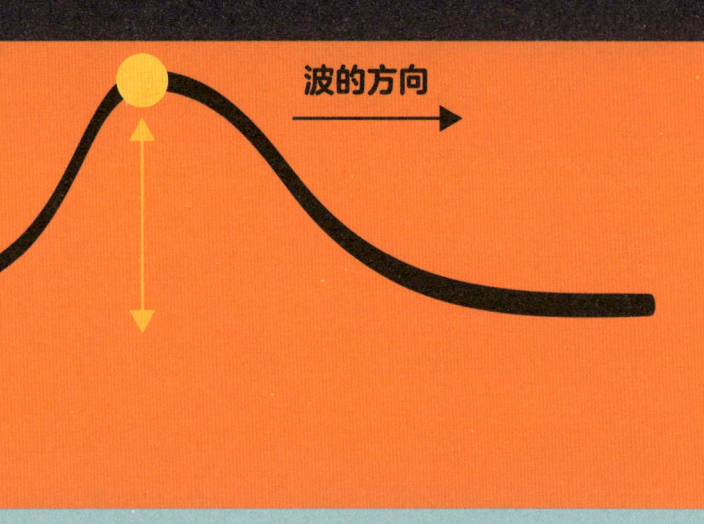

波的方向 →

如果持续上下抖动手腕,绳子就会形成有规律的运动模式,这就是波。

波的方向 →

奇怪的地方在于,波在向前运动,但绳子上的任何一点都只是在上下移动,并没有沿着波的方向往前走。绳子从来没有离开你的手,所以也不可能往前运动。

水面上的波也同样如此。如果深海上漂着一艘船,大浪经过船的时候,船只会上下颠簸,而不会沿着波的运动方向移动。

波只传播能量,不会把传播波的物质也传播出去。如果在棍子一端固定一个球,然后间隔时间均匀地多次蘸水,就会有波从球这里扩散出去,但水本身并没有远去。

如果球的蘸水运动很均匀,始终保持一个节奏,形成的波就会像下图这样,很有规律:

波有哪些特征？

看看右边的波。波会重复它自己，这种有规律的自我重复有个最小间隔，间隔的长度就叫波长。这是我们描述波和波之间有何不同的方式之一。

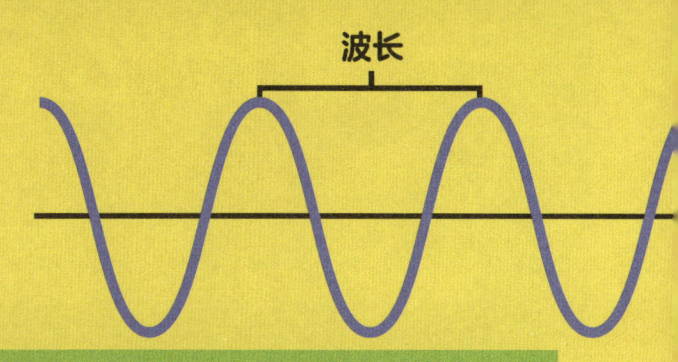

另一个特点要看下面这两列波：

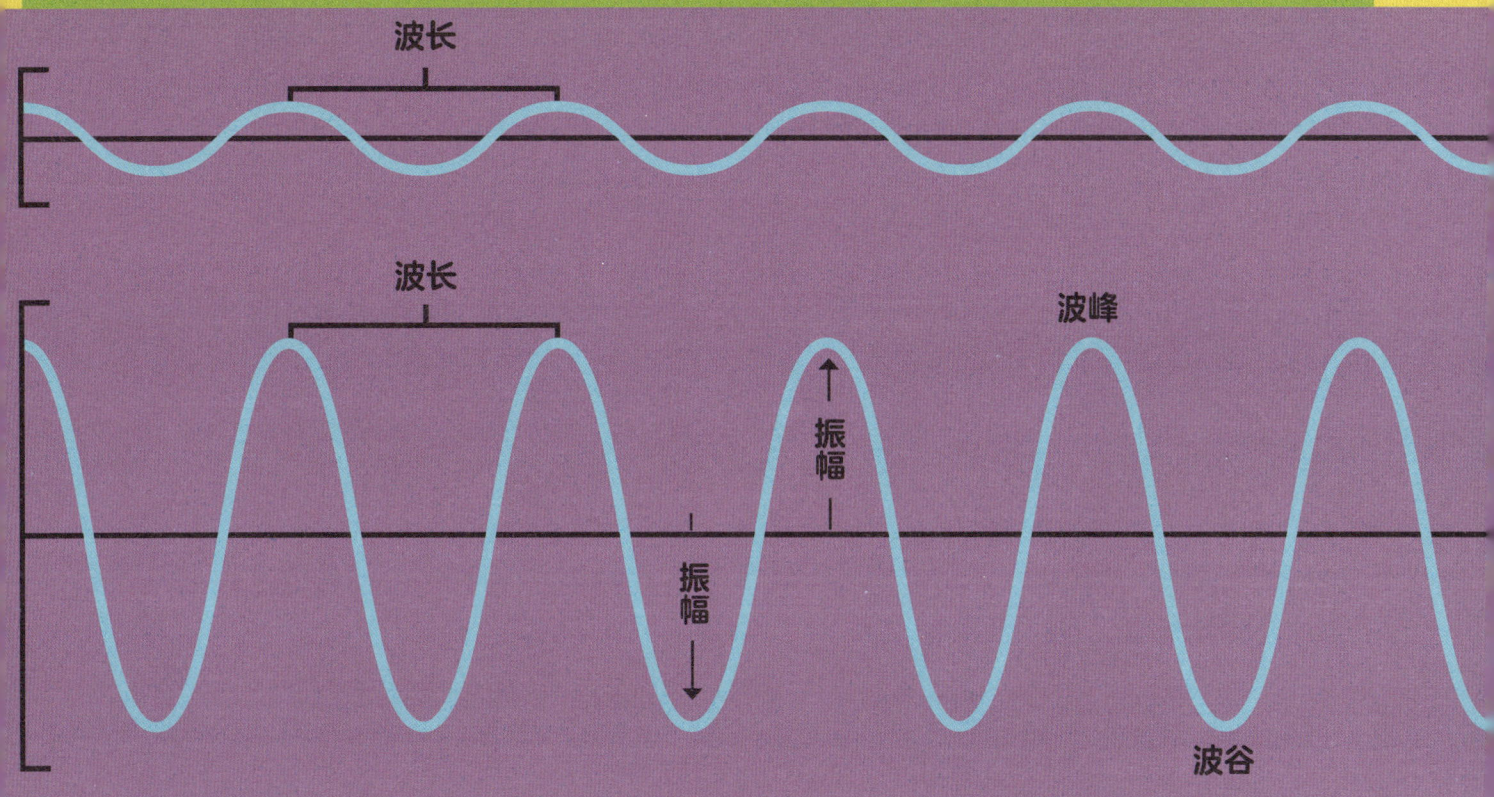

这两列波的波长一样，但其中一个的波峰比另一个的矮一些。波峰的高度，叫作振幅，用米或厘米来度量。

如果你正在抖动绳子，或者在拿球蘸水，要想制造出更大的波，就需要使出更大的力气。大一些的波能量也更多。

能量

做功会让人觉得累。举起重物，走来走去，都需要做功。我们为什么能做到这些事情？因为我们会吃东西，而吃下去的东西给了我们做这些事情的能量。所以我们说，食物给了我们能量，让我们能做功。

能量就是做功的能力。世界上有各种各样的能量：有电能（可以发出明亮的光），有动能（球重重地砸到你身上），还有食物里的能量，我们称之为化学能。

光是什么？

看看这些字。来自太阳或灯泡的光会落在纸上，再反射进你的眼睛里。这就是你看到字的过程。

对于光以及光能做到的许多很奇特的事情，人们已经着迷好几百年了。在很长时间里，人们都认为光以直线传播，所以把它叫作光线。要是跟你说光其实是一种波，你会大吃一惊吗？但跟前面那几页我们见过的波不一样，光波是看不见的。

被我们所有人称为"光"的这种东西，其实是电磁场的一种波动。电磁场的概念太难理解了，我们这么想就行：电磁场无处不在，只是看不见也摸不着。但是，光从物体上反弹回来进入我们的眼睛，我们就看见了周围的世界。这个概念也很难理解，很多成年人也很难想明白这是怎么回事，所以你要是觉得不好理解，一点儿也不用担心！我们继续往下看！

光波就跟我们在第 4~5 页见过的水波和绳子上的波一样，把能量从一个地方传到另一个地方，但并没有移动什么东西！

光波的波长可以很不一样。不同的波长会显出不同的颜色。比如说，蓝光对应的波长就比红光的短。

取一根绳子，上下抖动手腕，造一列波出来。随后让抖动手腕的速度加倍，就会造出波长只有原来一半的波。制造第二列波花费的力气可比前面那列多多了！

波长越短的波，含的能量也越大。

能量低（波长长）　　　　　能量高（波长短）

随着波长变化，光能呈现出彩虹里的所有颜色。

紫

靛

蓝

绿

黄

橙

红

不同波长的光波跟我们周围的各种物体相互作用后，混合起来进入我们的眼睛，我们就看到了颜色。所有的颜色都是这么来的。

光可以反射，可以折射，可以衍射

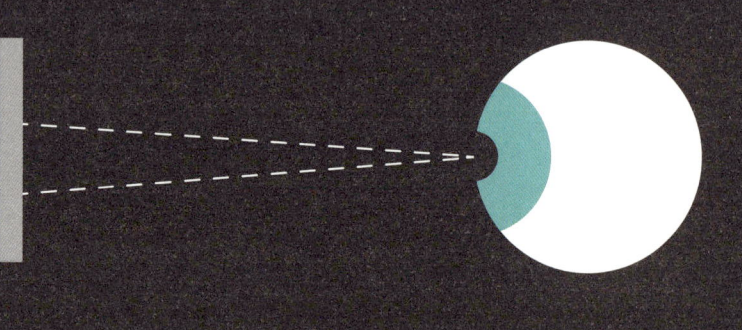

光的反射现象随处可见。看向一面镜子，我们就能看到自己，这是因为光线从你身上反射到镜子上，再反射到了你的眼睛里。如果反射光的物体很平整、很光滑，我们就可以看到完好的图像。如果湖面非常平静，我们就能看到树倒映在水里。

光还可以折射。你有没有见过吸管插在玻璃杯里的时候，就像折断了一样？

吸管看起来不是直的，是因为吸管反射的光线在水下被水弯折了。我们知道吸管是直的，但用我们的眼睛去看时，看到的就是弯的，甚至是折断的。

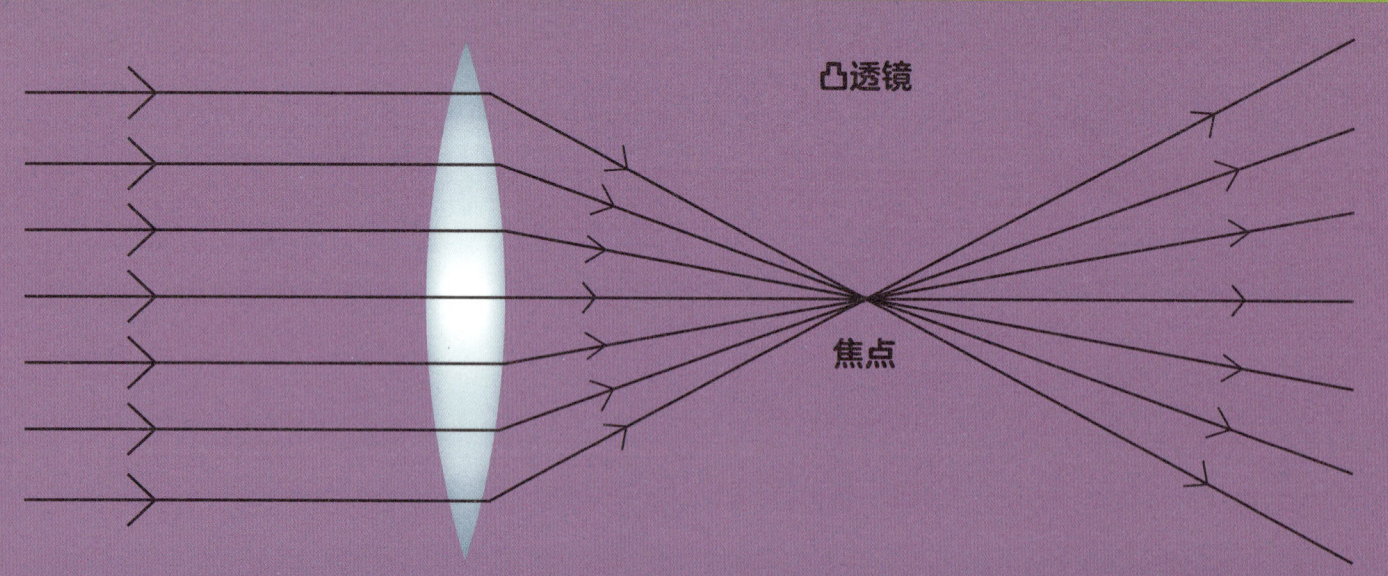

凸透镜

焦点

成千上万的人每天都会用到光线折射的现象，就在他们戴着眼镜的时候。眼镜把光线弯折之后，可以让我们看得更清楚，或者帮我们解决视力上的一些问题。凸透镜的形状可以让光在折射后都聚到一个点，这个点叫作焦点。

在第 6~7 页我们介绍了不同波长的可见光会显示出不同的颜色。但是我们最常用到的光,用来给教室、房屋和商店照明的光,却是白光。

> 把所有颜色的光都混起来,就得到了白光!

我们是怎么知道的呢?可以借助一种叫作棱镜的东西,就是一大块横截面为三角形的玻璃。如果让白光从一面照进去,就能看到彩虹里所有颜色的光从另一面射出来。

经过棱镜后的彩虹光带能被人的视觉感受到,被称为可见光谱。

这里我们需要弄清楚两个概念。

其一:

白光并不是一种可以实际测量的东西,而是我们的眼睛和脑子看到了所有颜色的光混在一起,然后告诉我们:"这是白光哦!"

其二:

棱镜能把白光分成好多束不同颜色的光,是因为光的波长不同,弯折的程度也会稍微有些不一样。波长更短的光(像是蓝光)在穿过水和玻璃这样的介质时,会弯折得更厉害一些。

光可以分散开来

光还有一个很奇怪的特点,就是可以分散开来。实际上,任何波都有这个特性,有个很好的例子是海浪。很多海滩和港口都修了海塘,用来保护海岸堤坝不受大浪的冲击。海塘上通常会留一个开口,方便船只进出。打进海湾里来的海浪波长如果跟海塘上的开口宽度差不多,我们就会看到波浪打进来后以半圆的形状分散开来。波这样分散开来的现象叫作衍射。

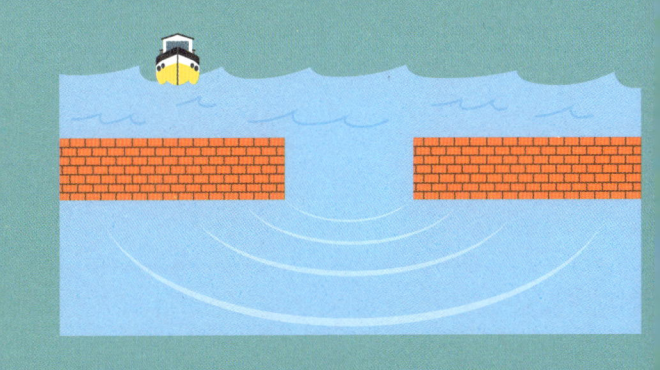

光也是一种波,所以也会有同样的现象。如果让只有一种波长的光(纯色光)穿过宽度跟光的波长差不多宽的一道狭缝,那么在狭缝后面的墙上,我们不会看到一个很清晰的亮点,而是会看到晕开的一团,甚至是一道一道明暗相间的图像。光身上发生的,就跟海浪穿过海塘时发生的情形一模一样。

这个效应非常重要,因为它可以让另一些更奇特的事情发生……

光可以自行消失!

对，你没看错。在第9页我们看到了海浪穿过海塘的情形。然而，如果海塘上有两个开口，就会发生一些非常奇特的事情。

在第9页我们看到，直直地冲着海塘打过来的海浪，在穿过开口后变成了半圆形。但现在有两个开口。右图从鸟瞰视角展示了海浪穿过两个开口的情形，就是鸟从上面飞过会看到的样子。

但之前我们是从侧面去看波浪的，就像右边这样：

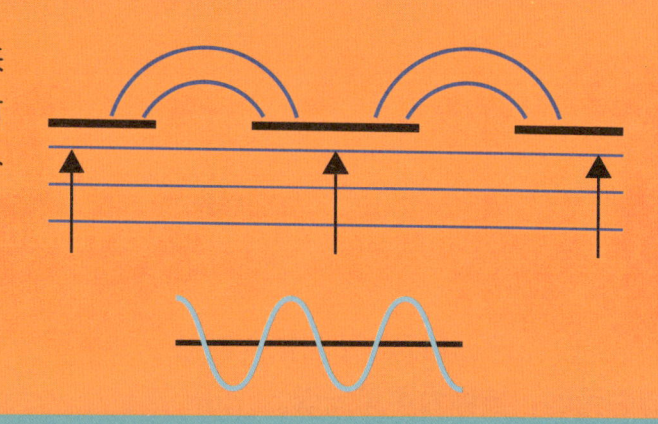

波浪最高的地方叫波峰，而波浪最低的地方叫波谷。之前我们看到，一条远离海岸的船，碰到波浪过来的时候只会上下振荡。

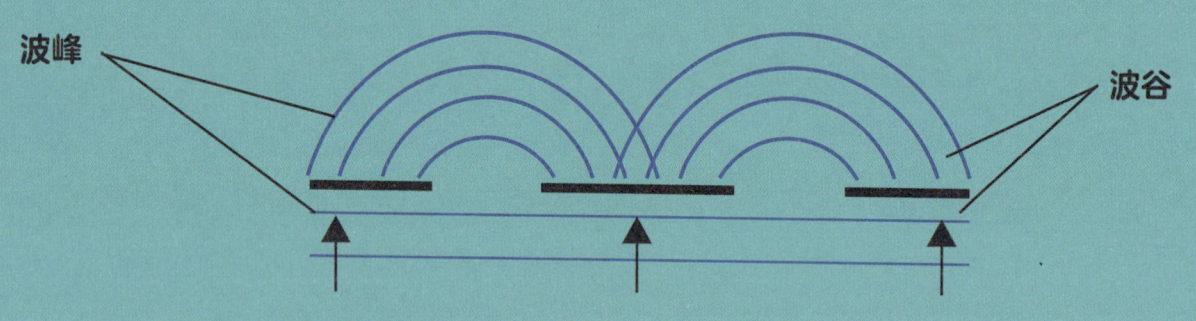

波峰　　　　　　　　　　　　　　　　　　　　　波谷

波浪穿过开口后越走越远，最后两列波就撞在一起了！

奇怪的事情来了。如果一列波的波峰遇到了另一列波的波谷……

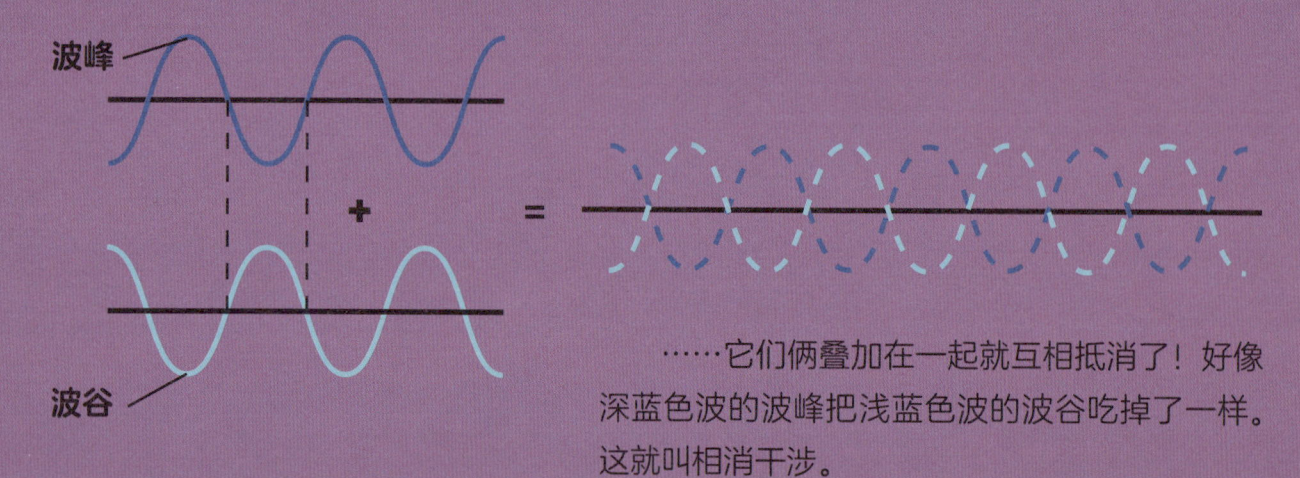

波峰

＋　＝

波谷

……它们俩叠加在一起就互相抵消了！好像深蓝色波的波峰把浅蓝色波的波谷吃掉了一样。这就叫相消干涉。

对于海塘上有两个开口的情形,在开口之间的一些地方,两列波始终会相互抵消。这些地方的水面在任何时候都波澜不惊,尽管周围到处都有水波。还有些地方,两列波相遇时,是波峰遇上了波峰,波谷遇上了波谷。

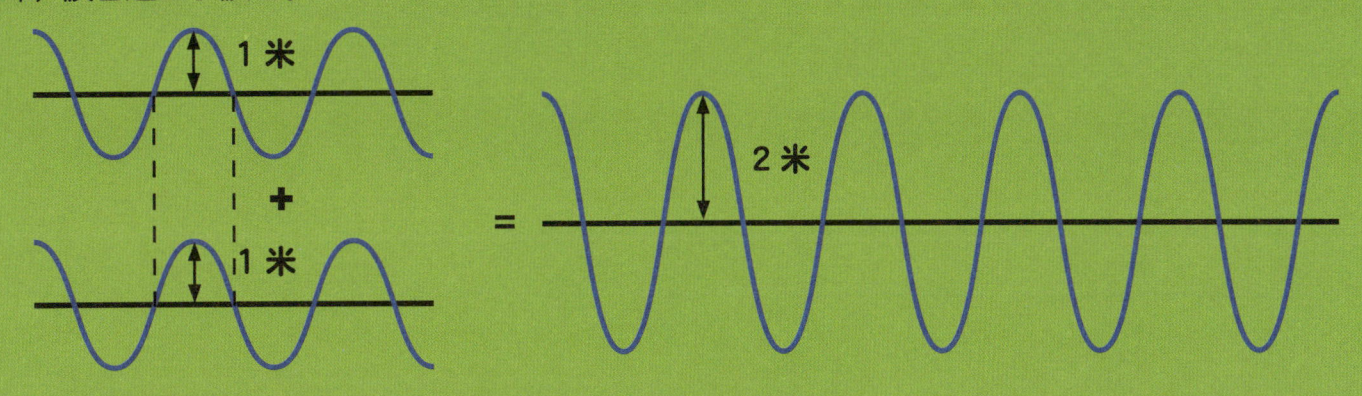

这时候两列波叠加在一起,就互相加强了。如果两列波都是 1 米高(振幅 1 米),叠加起来后就会有两米高!这就叫相长干涉。

用两个蘸水物(一端有球的棍子)和一大盆水做实验,你也能亲眼见到上面描述的现象。

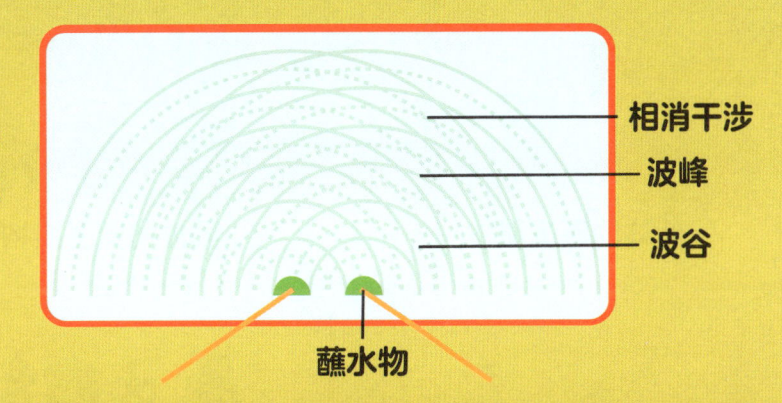

相消干涉
波峰
波谷
蘸水物

光身上同样会发生这样的事情。如果让一束激光(纯色光)穿过两道宽度与光的波长一样的狭缝,在后面的墙上,你不会看到两个光点,而会看到一长串光点!

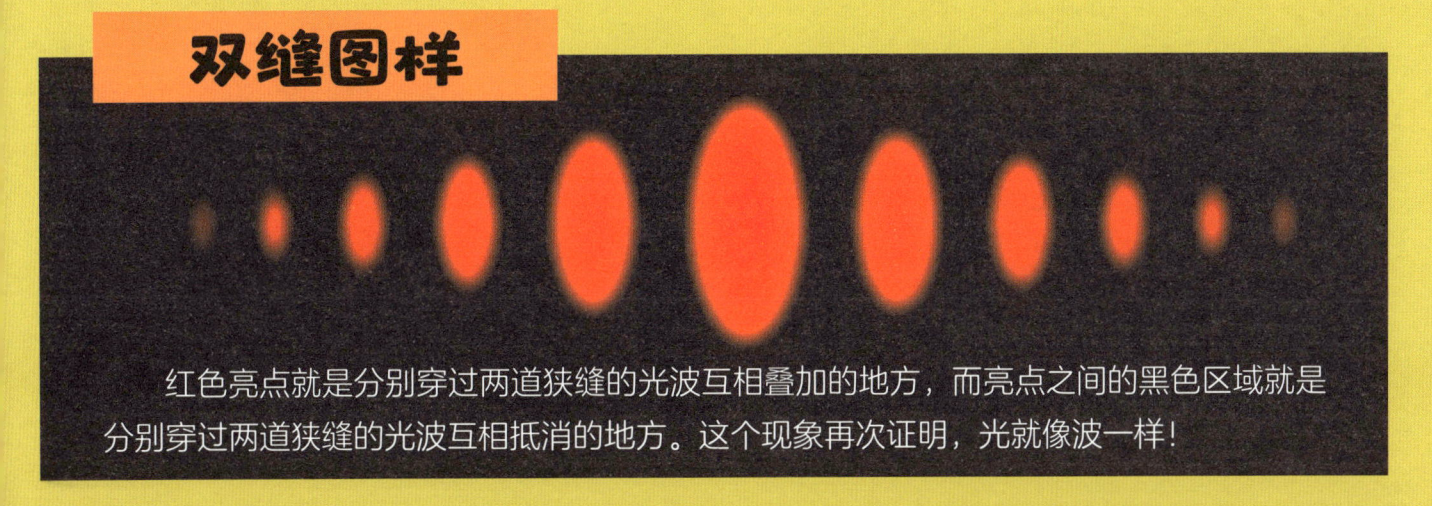

双缝图样

红色亮点就是分别穿过两道狭缝的光波互相叠加的地方,而亮点之间的黑色区域就是分别穿过两道狭缝的光波互相抵消的地方。这个现象再次证明,光就像波一样!

在第 3 页我们说过,量子物理学有很大一部分都是在讲光怎样和其他物体相互作用。现在我们对光已经很了解了,但是与光相互作用的那些东西又是什么样子的呢?下面我们就来看看吧。

万物都由什么组成？

世间万物——这本书、你、我、桌椅、坦克、树木，还有钻石——都由非常小的球组成。

我们把这些小球叫作原子。世界上的每一样东西看起来、感觉起来都有所不同，就是因为它们要么是原子以不同方式组合而成的，要么是由不同类型的原子组成的。

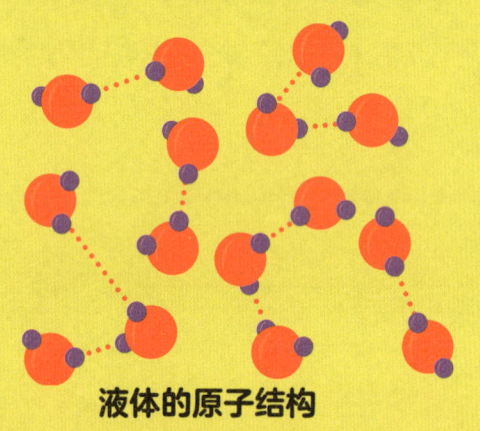

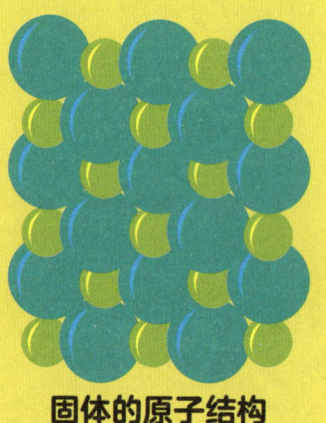

液体的原子结构

固体的原子结构

钻石的原子结构

原子内部

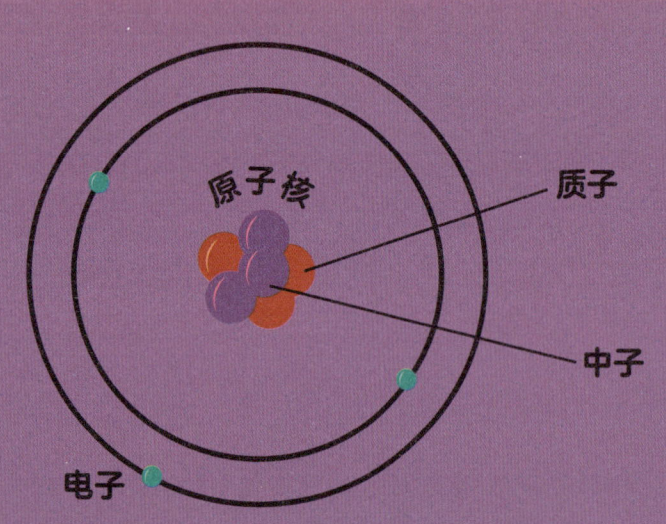

把原子想成小球，既简单又有趣，但要理解量子物理学，我们还需要进入原子的内部，看看原子由什么组成。所有原子都有原子核，而原子核由质子和中子组成。

原子核周围有电子环绕。想理解这一点有一个办法，就是把原子核想象成太阳，把电子想象成行星。

- 质子很重，带一个单位的正电荷。因为质子数决定原子的本质特性，所以我们管这种粒子叫质子。
- 中子也很重，但是不带电，是电中性的，所以叫中子。
- 电子很小、很轻，带一个单位的负电荷，以非常快的速度绕着原子核旋转。电子之所以没有飞出去，是因为受到了（原子核里）质子所带正电荷的吸引。电子和质子之间的引力让电子不会跑开。

这三种粒子都属于亚原子粒子。

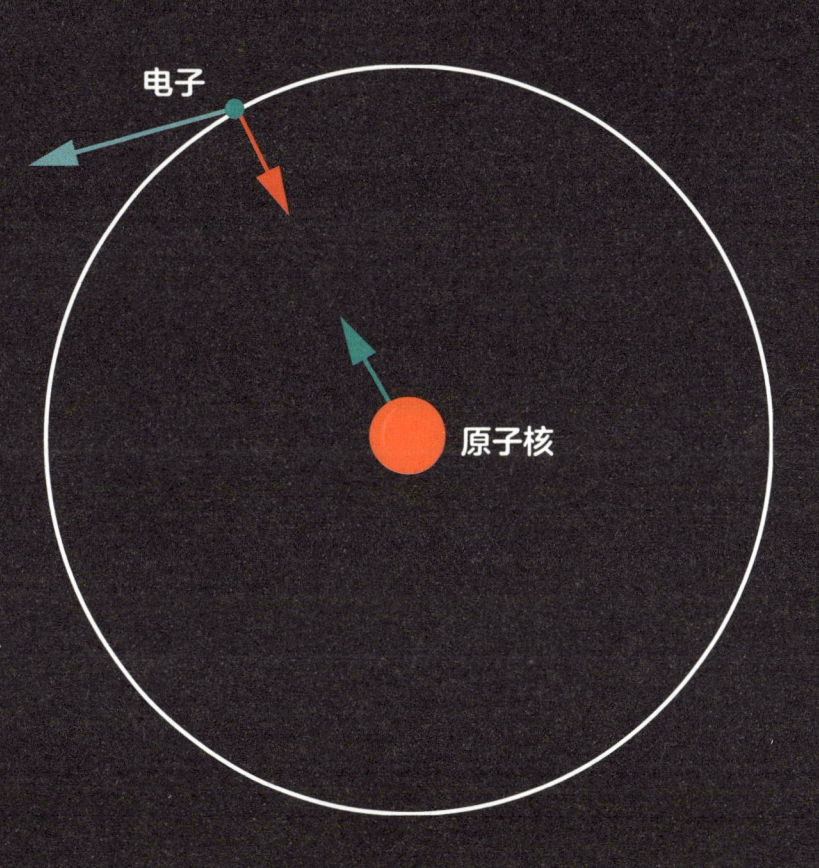

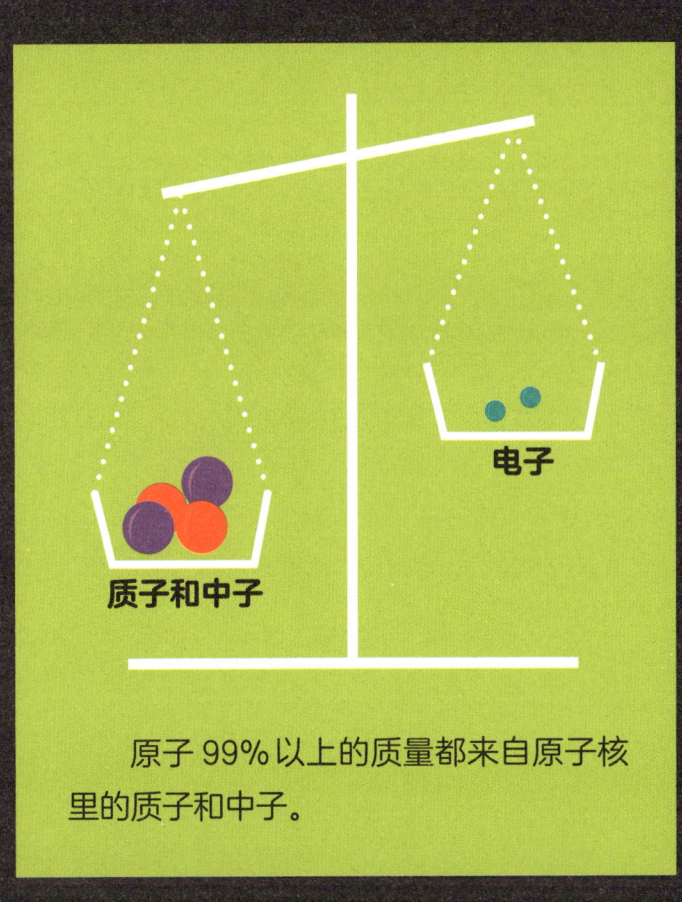

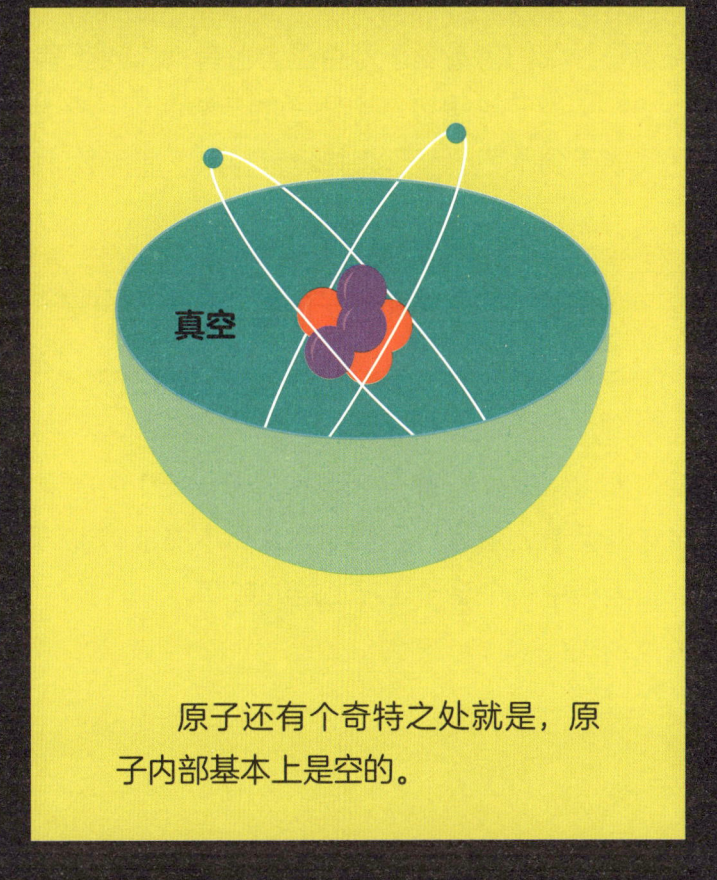

电子

原子核

质子和中子

电子

原子 99% 以上的质量都来自原子核里的质子和中子。

真空

原子还有个奇特之处就是，原子内部基本上是空的。

不同类型的原子有什么区别呢？

13

物质的不同类型

宇宙中最简单的原子的原子核里只有一个质子，旁边环绕着一个电子。

氢原子

质子数相同的原子是一种元素。原子中只有一个质子、一个电子的元素叫氢元素，太阳上面超过90%都是氢，宇宙中最常见的元素也是氢。如果接触明火，氢气就会燃烧起来或爆炸。

除了氢，另一种简单的元素或者说原子就是氦了。氦的原子核里有两个质子、两个中子，还有两个电子绕着原子核转。氦气是一种气体，就算接触明火也不会燃烧起来。氦气填充的气球能飞起来，现在有些医学扫描设备也会用到氦气。

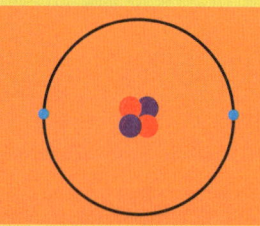

接着看原子核里有3个质子、4个质子、5个质子或更多质子的原子，我们会看到千奇百怪、各有特点的元素，它们的性质各不相同。比如，原子核里有3个质子的元素叫锂，在地球上很常见，是一种金属，丢到水里会漂起来并咝咝冒泡，加热到180℃左右就会熔化。

原子核里有4个质子的元素是铍，也是一种金属，在水里会沉下去，不会咝咝冒泡，要加热到1200℃以上才会熔化！

还可以继续看原子核里有10个、50个甚至100多个质子的元素。科学家采取了一种办法来记录这些元素，就是元素周期表（见本书末尾）。元素周期表按照质子数排序，质子数也叫原子序数，就是表格中每个格子里左上角的数字。

所以大家要记住哦，我们给元素归类的关键是质子数。就算中子数甚至电子数有所不同，决定一种元素是什么的，仍然是质子数。

摩擦一个气球，然后拿气球去碰头发，你的头发就会直立起来。这是因为你让头发带上了电荷，这些电荷互相排斥，就让头发立了起来。

我们再来想想质子。质子带正电，因此会拼命想把别的质子推开。现在轮到我们的超级英雄——中子上场了。中子可以让质子之间保持一定的距离，同时对于让质子紧紧抱成一团也起了很大作用。在元素周期表中往下看，随着原子序数越来越大，让原子保持稳定所需要的中子也越来越多。

我们这个世界由很多很多种物质组成。下面是其中一些。

单质只含有一种原子，比如金、铝和氧气。

化合物由多种元素组成，不同元素通过化学键结合在一起，比如水（氢和氧）、食盐（钠和氯）。

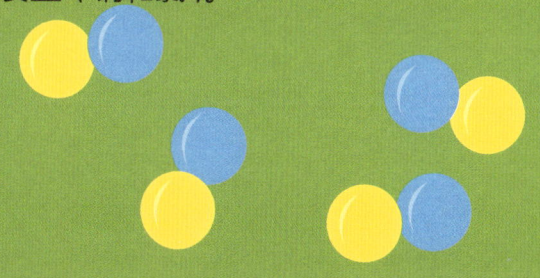

混合物由多种单质或化合物混合而成，不同物质之间没有结合在一起，比如空气就是氧气、氮气、氩气和二氧化碳等的混合物。

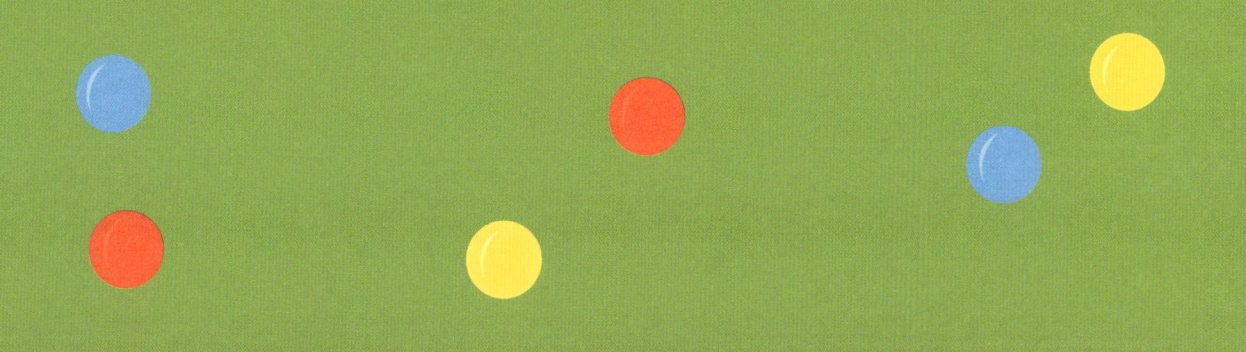

宇宙中的万事万物，都是由元素周期表中的元素以某些方式组合而成的。

电子在哪儿？

我们来总结一下：是什么组成了原子？

氦原子

原子是由质子和中子组成的原子核再加上绕着原子核转的电子构成的。质子带正电，电子带负电。在所有电中性的原子里，质子数和电子数相等，因此总的带电量为 0。

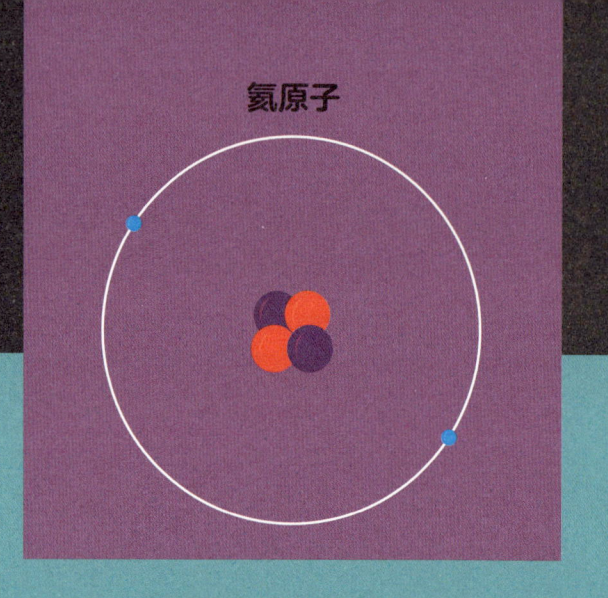

前面我们曾把原子比作太阳系（见第 12 页）。我们可以发射宇宙飞船，让它们在不同距离处绕着太阳转，只要轨道不会太靠近太阳就行。（要不然宇宙飞船就着火啦！）

但在原子里面，按照物理学定律，电子只允许在一些特定距离的"轨道"上绕着原子核转动。

原子是三维的，所以在特定距离上绕着原子核转动的电子所在的"轨道"，像球面一样，而且是一层一层的。物理学中也有定律，规定了每一层能容纳多少个电子。请注意，这些物理学定律不是科学家凭空想出来的，他们只是发现了这些定律。

我们来看一下钠原子的结构（食盐中就有钠）。

钠原子有 11 个质子，所以电子数也是 11 个。电子只能在特定距离的电子层上绕着原子核运动。但还有一条物理学定律说的是，每个电子层最多只能容纳特定数量的电子。第一层只能放下两个，第二层只能放下 8 个，第三层如果是最外层，也只能放下 8 个。

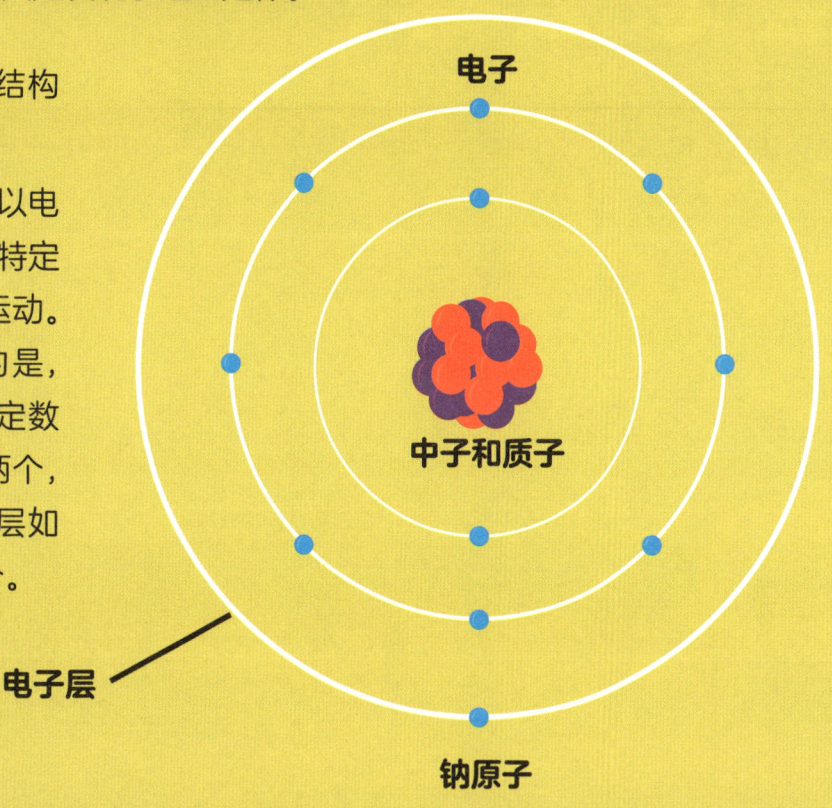

电子

中子和质子

电子层

钠原子

再来看看钙原子（牛奶中就有钙）。钙原子有 20 个质子、20 个电子，电子都在规定的电子层上运动，从里到外每层电子数依次为 2、8、8、2。

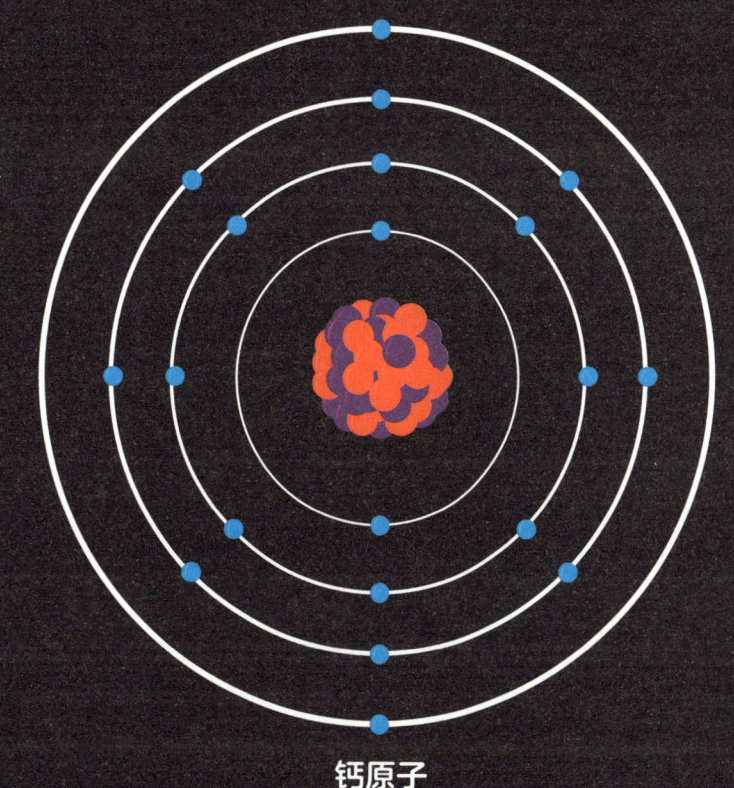

现在我们再回头看看光和波！

钙原子

如果光不是波会怎么样？

假设我们有一张铝箔。铝是一种元素，由铝原子组成。

铝原子

铝原子含有的质子数和电子数相等，因此呈电中性：正电荷和负电荷相互抵消了，总电量为 0。如果摩擦铝箔，就会把一些外层电子带走。

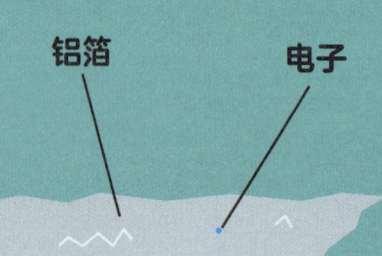

铝箔　　**电子**

外层电子因为受到原子核里的质子吸引，一般都会好好待在原子里，但实际上我们每个人都有足够的力气克服这个引力。如果从原子外层挪走一些电子，原子就会带正电。接下来会发生什么呢？

如果用合适的材料（比如说羊毛织物或丝绸）摩擦橡胶气球，就会发生相反的事情。这时，橡胶里的原子会得到更多的电子。电子从羊毛或丝绸原子的外层脱落下来转移到橡胶上，让气球得到了过量的负电荷。而头发有失去电子的倾向，所以带负电的气球靠近头发时，就会吸引带正电的头发。这就是气球能让你的头发立起来的原因。

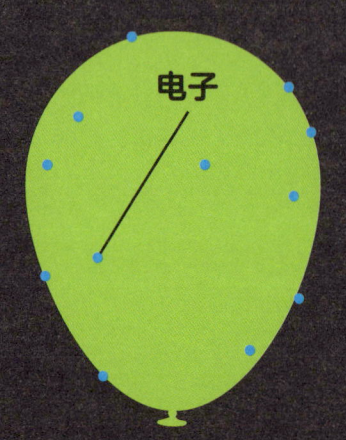

电子

现在我们来认识一种看起来挺奇怪的仪器，叫作验电器。验电器长得有些古怪，但原理其实非常简单。

1. 顶端金属板连接着金属杆。

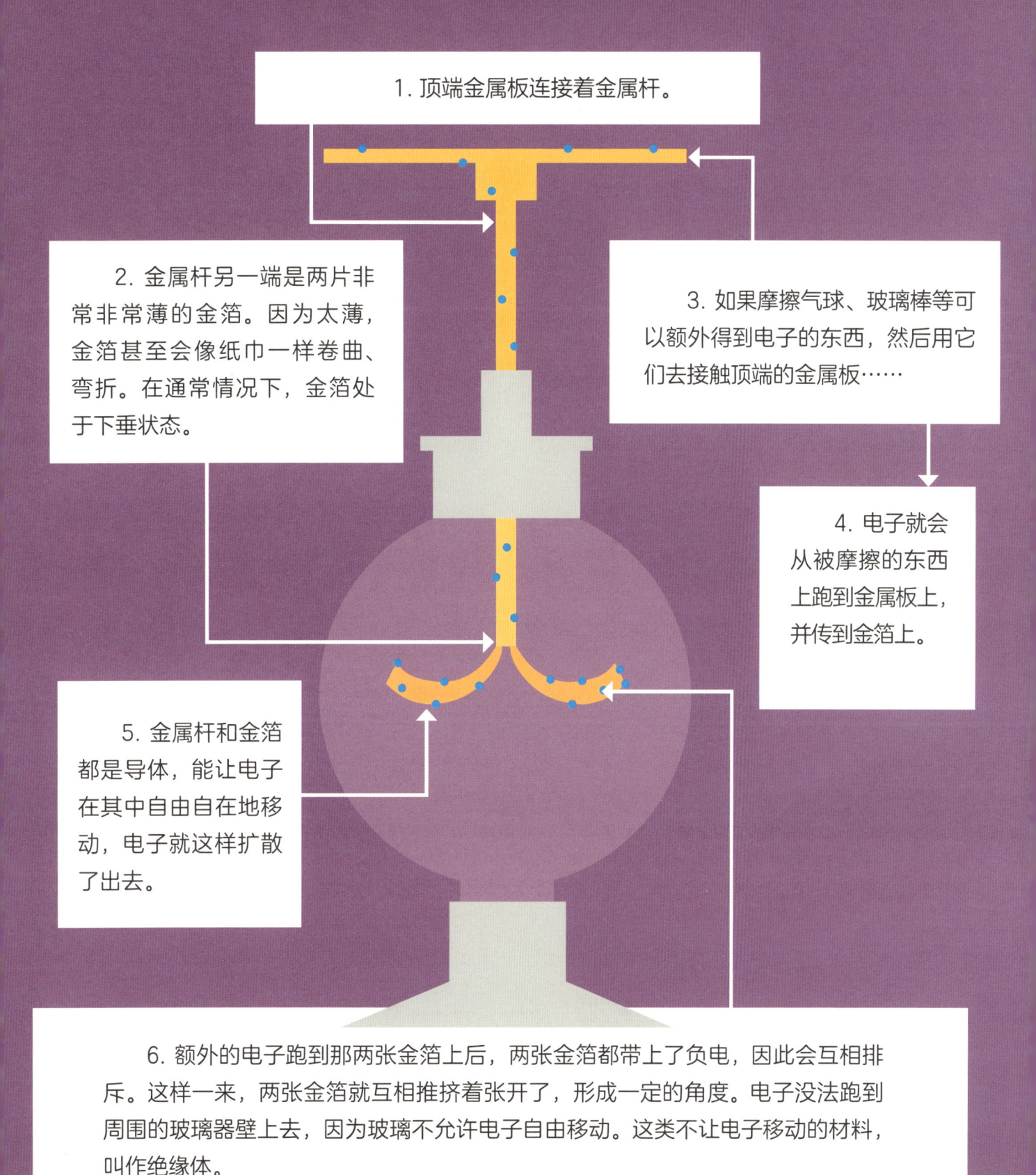

2. 金属杆另一端是两片非常非常薄的金箔。因为太薄，金箔甚至会像纸巾一样卷曲、弯折。在通常情况下，金箔处于下垂状态。

3. 如果摩擦气球、玻璃棒等可以额外得到电子的东西，然后用它们去接触顶端的金属板……

4. 电子就会从被摩擦的东西上跑到金属板上，并传到金箔上。

5. 金属杆和金箔都是导体，能让电子在其中自由自在地移动，电子就这样扩散了出去。

6. 额外的电子跑到那两张金箔上后，两张金箔都带上了负电，因此会互相排斥。这样一来，两张金箔就互相推挤着张开了，形成一定的角度。电子没法跑到周围的玻璃器壁上去，因为玻璃不允许电子自由移动。这类不让电子移动的材料，叫作绝缘体。

关于这种惊人的仪器，我们最需要记住的是，金箔上的金原子有多出的电子，这些电子被困住了！

光电效应

下面还有一个很疯狂的想法。还记得吧，我们说电子可以从原子外面通过摩擦被移走（见第18~19页）。金箔上这些多出来的电子附着在金原子上的力道较弱。

如果用红光去照射金箔……什么都不会发生。如果用蓝光去照射金箔，还是什么都不会发生……但是，如果用紫外线去照射金箔，金箔就会落下去，合在一起。

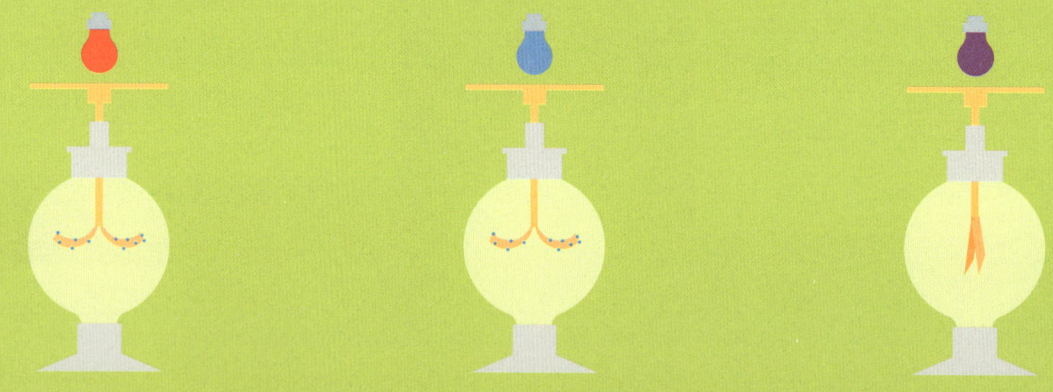

那些多出来的电子……消失了！发生了什么事？原来这些附着力很弱的电子吸收了光，从而有了足够的能量从金原子中逃脱。

到现在，我们一直把光看成波。想想海浪的情形。如果站在海滩上，高一米的浪和高两米的浪，哪个更可能把你卷走？当然是两米的海浪能量更高，更有可能推动什么东西。

如果光只能被看成波，那么非常明亮（振幅很高）的一束红光，应该有足够的能量让金箔上的电子逃走。然而，跟昏暗（低振幅）的红光比起来，高振幅红光的能量虽然多得多，但仍无法让电子自由。实际上，一束昏暗（低振幅）的紫外线就能让金箔失去多余的电子。我们来看看这究竟是怎么回事！

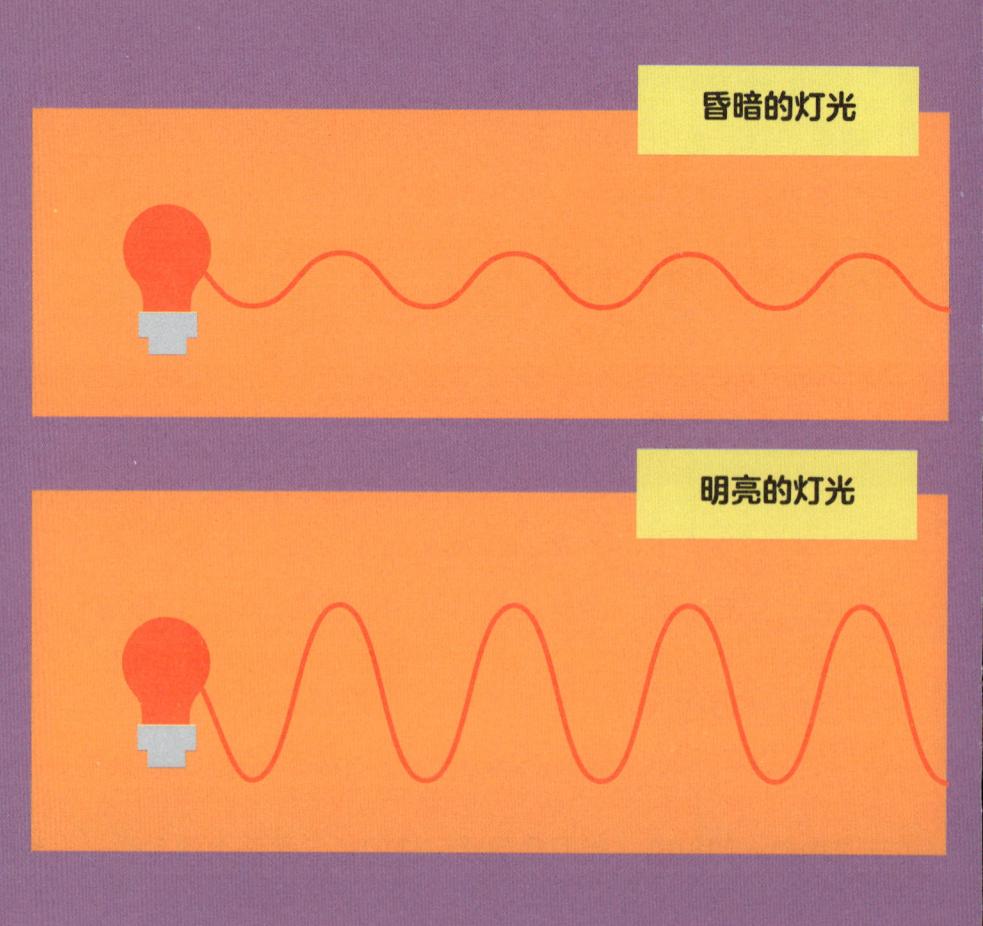

昏暗的灯光

明亮的灯光

爱因斯坦想出了一种解释。他问自己，如果光不仅能表现得像波一样，有时候也会像粒子一样呢？他假设光是一连串携带能量的光包，后来我们就把他说的这种能量包叫作光子。

这种现象叫光电效应，由物理学家爱因斯坦（1879—1955）于1905年做出解释，后来他也因此获得了1921年的诺贝尔物理学奖。

光子是一个一个的能量包，就是这些能量包与电子相互作用，给了电子足以克服原子核引力的能量，让电子从金属和岩石的原子中逃出来，变得自由自在。光子含有的能量大小跟光的波长有关，红光光子的能量比蓝光光子的小，紫外线光子的能量是它们当中最高的。

最关键的一点是每个电子只吸收一个光子。如果某个电子需要一个高能量光子才能"出逃"，那么给它再多低能量光子也是没用的。

昏暗的灯光

明亮的灯光

所以，明亮的灯光不过是大量低能量的光子罢了，就算数量再多，也没有哪个光子有足够的能量让电子自由。

我们将昏暗的紫外线灯和明亮的红灯做个比较：

尽管紫外线灯发出的光子较少，但从紫外线灯出来的光子每一个都有足够的能量让电子自由。所以，就算紫外线灯很昏暗，紫外线光子的能量还是比红光光子的多。

把光看成波，就完全不可能解释光电效应。光子这样的新颖思路让科学焕然一新，也带来了下一个新想法……

原子可以发光

来看看这个原子。

　　这个原子有 3 个质子、4 个中子、3 个电子，这是锂元素。前面（见第 20 页）我们看到光可以让电子从原子中逃出来。我们也已经知道，是电子和质子之间的吸引力，让电子待在原子中没有离开（见第 13 页）。我们可以看到，锂原子有两个电子在内层，一个电子在外层。外层上的那个电子离原子核里的质子更远，因此留住它的吸引力要弱一些，它更容易被移走。

　　也就是说，如果我们用光去照这个原子，而光的波长或者说能量，刚好跟把这个电子从原子核外面拉走需要的力一样，那么就能把这个电子从原子里拿出来。

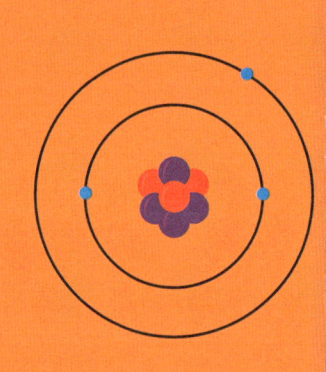

　　内层上的两个电子呢？这两个电子离原子核更近，所以要移走它们，需要的能量也更多。要让这些电子有足够的能量逃出来，需要用能量更高，也就是波长更短的光子。

再来看看这个原子。

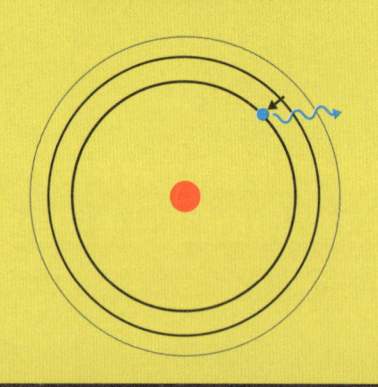

　　这个原子有 1 个质子、1 个电子。之前我们看到，这种结构的原子是氢原子，氢也是宇宙中最简单的元素（见第 14 页）。我们也知道，电子环绕原子核转动可以有好几个"轨道"（见第 16~17 页）。氢原子非常简单——只有一个电子，就在离原子核最近、能量最低的壳层上，科学家称这种状态为"基态"。但从这一层向外还有更多壳层，除了基态，电子还可以处于更多状态，就好像你总可以把东西从一楼往楼上搬一样，只要那个楼层有空位。

　　在锂原子中，我们看到不同能量的光可以让处于不同能级的电子逃脱。此外，光还可以让电子从内层"轨道"跳到外层"轨道"上。

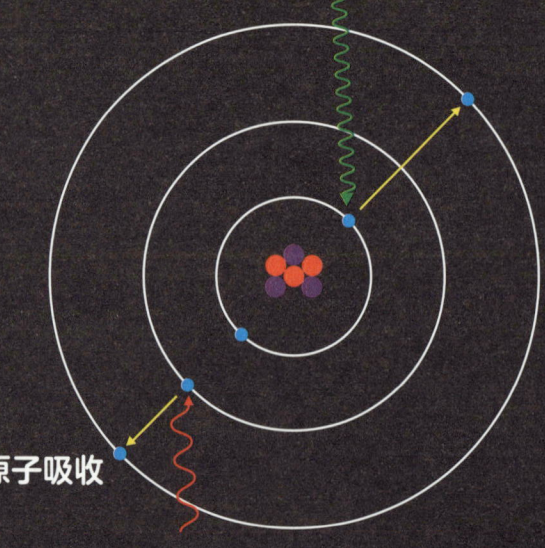

入射光子被原子吸收

入射光子被原子吸收

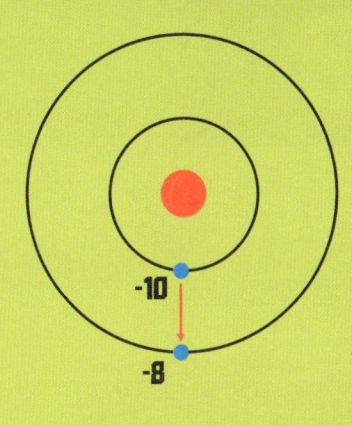

要想让电子进入更外层的"轨道",就需要让电子得到能量,也就是必须吸收光子。让电子往外跳所需要的能量,等于让电子分别从两个能级脱离原子所需要的能量的差值。

假设我们移走处于基态的一个电子,需要10个单位的能量,而要从下一个能量更高的壳层移走电子需要8单位能量。如果有个光子带着从两处移走电子所需能量的差值前来,也就是带着2单位能量来找电子,那么电子就会往外跳。现在电子往外走了一步,来到了更高的能级,我们就说这个电子被"激发"了。激发态的电子,能量比基态的高。

但是,如果电子从基态跳到了较高能级,就会留下一个空位。原子总是倾向于往最放松、最没被激发的状态变化,所以,电子会以光子的形式随机释放出它吸收的全部能量,方向也随机。多余的能量释放后,电子就会回落到内层的"轨道"上。释放出来的光子,其能量跟之前电子吸收的光子的能量一样多。

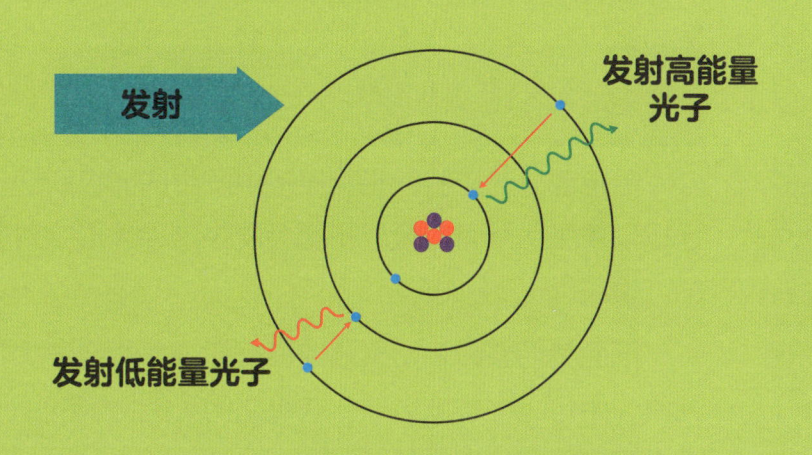

发射

发射高能量光子

发射低能量光子

如果只看能级,可以表示成下面的样子:

可见光跃迁

紫外跃迁

红外跃迁

从这个简单原子的情形可以看出,电子"上蹿下跳"的方式非常多,而电子这样跳来跳去就叫跃迁。请记住,每一次电子往外跳都要吸收一个光子,而每次往内跳都会发射一个光子。

电子能吸收光子变成激发态,之后又发射出跟之前一模一样的光子。光的这种量子特性,就是太阳能电池板、LED灯和激光技术背后的基本原理。

23

阳光里的秘密

我们已经看到，白光是所有颜色的光混合在一起的结果（见第 9 页）。如果用纯白光照射棱镜，就会看到所有颜色组成的光谱——光子的所有能量值都出现了。

但是，如果我们先用这束白光照射氢气再穿过棱镜，看到的光谱就会变成这样：

黑色部分对应的就是氢原子中发生的能级跃迁。缺失的那些颜色被吸收，并让跃迁得以发生。所有的氢原子都会发生这种情形，对氢原子来说，这就是一种独一无二的"指纹"。

下面我们看看，如果让纯白光穿过氦气会发生什么。氦是元素周期表上的第二种元素，用可见光去照射时，能级之间可能出现的跃迁方式更多，所以我们会看到，光谱上缺失的部分也更多了。

氦的吸收光谱

最重要的一点是，元素周期表里的每一种元素都有自己独一无二的光谱"指纹"。你知道为什么这一点很有用吗？因为这意味着，我们可以玩侦探游戏……

碳

氧

氮

假设你有一瓶神秘的气体。如果用白光去照射，再让这束白光穿过棱镜，你就能看到组成这瓶气体的元素的"指纹"了。利用物体发射或吸收的光来辨别该物体由什么组成，这种方法属于光谱学。

白光光源　　神秘气体　　棱镜　　光谱

现在科学家有各种各样的手段可以测定这瓶神秘气体是什么，但是，如果我们要测定的神秘气体并不在近在咫尺的实验室里呢？如果这些神秘气体在太空，在多少万亿千米之外，在任何人都从来没到过的地方呢？

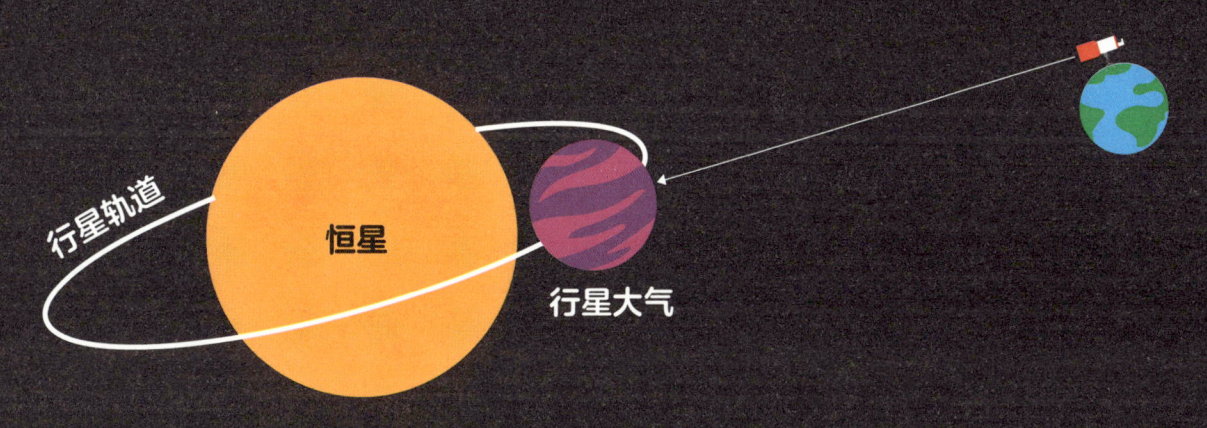

行星轨道　　恒星　　行星大气

今天的天文学家在观察天空中的恒星时，可以用通过望远镜收集到的光来确定看到的恒星由什么元素组成。他们可以把光谱上缺失的部分跟恒星中必定会有的元素联系起来。再想想绕着这些遥远的恒星旋转的行星，研究就变得更有意思了。

如果你想知道某颗太阳系之外的行星是否适合生命居住，首先就得搞明白这颗行星上有没有水和氧气，以及其他重要的化合物和元素。在地球上，这些成分组成了我们的大气层。如果一颗行星绕着一颗恒星转，而且在这颗恒星和地球之间运动，那么恒星发出的光就会穿过行星大气，就像穿过上面那瓶神秘气体的白光一样。这样我们就能用光谱学知识了解行星上有哪些元素了。即使从恒星发出的光不是白光，科学家也有办法用光来分析行星大气中的元素组成。

我们已经在运用这个方法，在系外行星上寻找水、碳和氧。为什么要这么做呢？因为这样我们就能缩小研究范围。想找到能让生命存活的行星，只需要看那些具备生命必需的所有元素的行星就行了！

粒子能像波一样吗？

最后，我们再来看一个量子物理学的奇特之处。我们知道，光就像波一样，在穿过开口时可以衍射，还可以自己把自己抵消掉。通过光电效应我们也看到，光又可以表现得像粒子。那光到底是什么？量子物理学的核心就是这个让人琢磨不透的答案：既两者都是，又两者都不是。

这么说是什么意思呢？

如果我们认为，一方面已经有了一种可以叫波的东西，另一方面还有了可以叫粒子的东西，那么光就可以看成跟波和粒子都不一样的第三种东西，但它又同时具备两者的特征。这叫波粒二象性。

但接着往下想，事情就变得很奇特了。

我们本来以为光是一种波，但又不得不承认光可以表现得像粒子一样。而科学家现在已经证明，反过来说也是成立的：粒子会表现得像波一样。

双缝图样

在第 11 页我们看到，穿过两道狭缝的光会互相干涉，并形成干涉图样，表现得跟波一模一样。

我们如果拿一些我们认为是粒子的东西来做这个实验，会发生什么？假设我们不是拿光来照这两道狭缝，而是朝这两道狭缝发射一束电子。

你可能会预计，我们会看到粒子穿过狭缝，击中狭缝后面的屏幕，就像用弹弓打出的弹珠穿过墙上的开口一样。

但实际上我们看到的是这种情形……

屏幕上的图样跟我们在第 26 页用光做这个实验时看到的是一样的。

实际上，就是用质子、中子甚至原子来做这个实验，也会得到同样的结果！本来被我们看作小球的物体，现在表现得像波一样，互相干涉后在屏幕上形成了双缝图样。这个实验证明粒子能像波一样，我们甚至可以由此认为粒子也有波长。但它们究竟是不是波呢？就像我们已经知道的光的情形一样，它们既是粒子也是波。电子、质子和中子，甚至包括整个原子，有时候都会表现得像波一样。

丹麦物理学家尼尔斯·玻尔（1885—1962）在帮助我们理解原子结构和量子机制方面做出了重大贡献，还因为对原子结构理论的贡献获得了 1922 年的诺贝尔物理学奖。他有一句名言是这么说的：

"第一次接触量子理论时没有感到震惊的人，无论如何也不可能理解量子理论。"

现在你已经了解，量子物理学是怎么掌管原子和亚原子世界的。我们知道了原子有能级，知道了光既像波又像粒子但其实两者都是也都不是，知道了遥远恒星发出的光能让科学家了解它们由什么组成。而就量子物理学带来的科学发现和技术来说，这些不过是九牛一毛罢了！

词汇表

波长：波在一个振动周期内传播的距离，即沿着波的传播方向，相邻的两个波峰或两个波谷之间的距离。

导体：有大量自由移动的带电粒子，导电能力强的物体。

反射：光线等从一种介质到达另一种介质的界面时返回原介质。

光子：构成光的粒子，有一定能量。

轨道：物体在空间中环绕其他物体运动的路径。

化学键：原子之间存在的一种可以让原子结合成分子的相互作用。

基态：微观粒子系统（如原子、原子核或其他多粒子体系等）所能具有的各种状态中能量最低的状态。

激光：原子中的粒子受光或电的激发，由低能级的原子跃迁为高能级的原子，当高能级跃迁回低能级时，会放射出方向、频率等完全相同的光，这种光叫作激光。

绝缘体：极不容易传导电的物体。

LED：发光二极管的缩写，是一种能发光的半导体器件。

棱镜：透明的玻璃或水晶做成的多面体，可以把白光分成不同颜色（波长）的光，形成光谱。

凸透镜：中间凸起的透镜。

元素：具有相同核电荷数（质子数）的同一类原子的总称。

原子：保持元素化学性质不变的最小单元。由一个原子核加上环绕原子核的电子组成，而原子核本身又由质子和中子组成。

原子序数：元素在元素周期表中的序号，数值为元素原子中的质子数。

振幅：波的平衡位置与波峰或波谷的距离。

紫外线：波长比可见光短的一种不可见光。能量比可见光高，能灼伤皮肤。

你学会了吗?

1. 下图中的D部分叫作?

    A. 波峰

    B. 振幅

    C. 波长

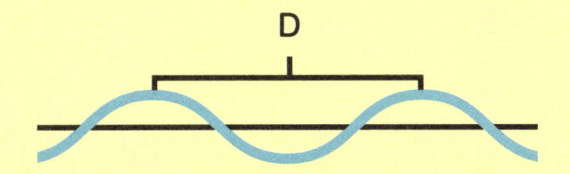

2. 蓝光对应的波长跟红光对应的波长相比,哪个长?

    A. 蓝光对应的波长更长

    B. 红光对应的波长更长

    C. 一样长

3. 眼镜运用到了光线的哪种现象?

    A. 反射

    B. 折射

    C. 散射

4. 下面关于白光的说法,哪个是不正确的?

    A. 白光是一种可以实际测量的东西

    B. 棱镜能把白光分成好多束不同颜色的光

    C. 把所有颜色的光混合到一起,就会得到白光

5. 下面哪个是钻石的原子结构?

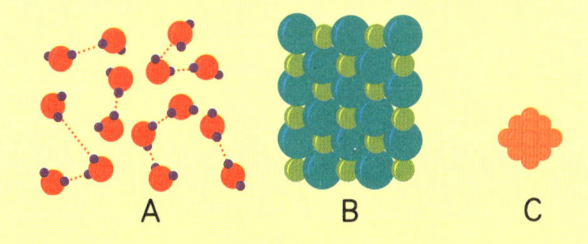

6. 爱因斯坦因为成功解释了哪个现象,获得了诺贝尔物理学奖?

    A. 光电效应

    B. 蝴蝶效应

    C. 多普勒效应

元素周期表

科学家把所有元素排列成一个图表，称为元素周期表。

答案：1.C 2.B 3.B 4.A 5.C 6.A

10岁开始学通识

超级上头的心理学

SUPER SMART

[英]让-马克·劳顿 著 陈赢 译

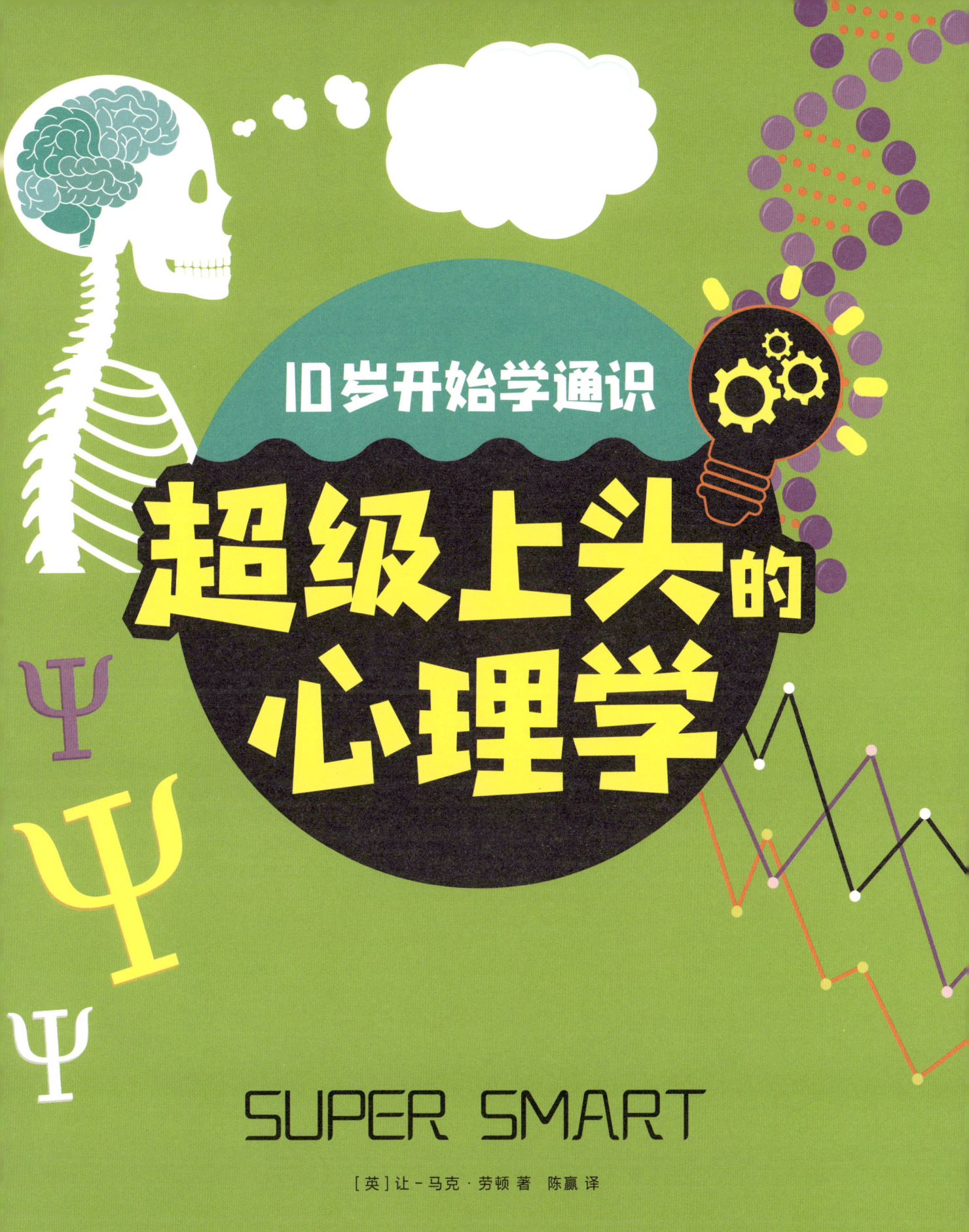

中信出版集团 | 北京

图书在版编目（CIP）数据

超级上头的心理学/(英)让-马克·劳顿著；陈赢译. -- 北京：中信出版社，2024.1
（10岁开始学通识）
ISBN 978-7-5217-6007-1

Ⅰ.①超… Ⅱ.①让…②陈… Ⅲ.①心理学—少儿读物 Ⅳ.①B84-49

中国国家版本馆CIP数据核字(2023)第171285号

Super Smart Thinking: Psychology Made Easy
Written by Jean-Marc Lawton
First published in Great Britain in 2021 by Wayland
Copyright © Hodder and Stoughton, 2021
Simplified Chinese rights arranged through CA-LINK International LLC
Simplified Chinese translation copyright © 2024 by CITIC Press Corporation
ALL RIGHTS RESERVED

本书仅限中国大陆地区发行销售

超级上头的心理学
（10岁开始学通识）

著　者：[英]让-马克·劳顿
译　者：陈赢
出版发行：中信出版集团股份有限公司
　　　　　（北京市朝阳区东三环北路27号嘉铭中心　邮编 100020）
承　印　者：北京瑞禾彩色印刷有限公司

开　本：889mm×1194mm　1/16　印　张：16　字　数：640千字
版　次：2024年1月第1版　　　印　次：2024年1月第1次印刷
京权图字：01-2023-0699
书　　号：ISBN 978-7-5217-6007-1
定　价：169.00元（全8册）

出　品　中信儿童书店
图书策划　红披风
策划编辑　陈瑜
责任编辑　陈瑜
特约编辑　胡雪琪
营销编辑　高铭霞　周惟　叶芮希
装帧设计　哈_哈

版权所有·侵权必究
如有印刷、装订问题，本公司负责调换。
服务热线：400-600-8099
投稿邮箱：author@citicpub.com

目录

欢迎来到心理学的世界 ……………………………………………………… 2

从生物学看心理：答案藏在基因里 ……………………………………… 4

认知主义：人像电脑一样思考 …………………………………………… 6

行为主义：什么是反射作用与学习机制？ …………………………… 8

心理动力学：发现不知道的自己 ………………………………………… 10

人本主义：怎样实现自我价值？ ………………………………………… 12

你还有哪些发现？ ………………………………………………………… 14

更多有趣的问题 …………………………………………………………… 16

实际应用：心理学的好处 ………………………………………………… 18

心理学家怎样做研究？ …………………………………………………… 20

对心理学的重要问题，存在哪些不同的看法？ ……………………… 22

伦理问题 …………………………………………………………………… 24

重要研究 …………………………………………………………………… 26

词汇表 ……………………………………………………………………… 28

你学会了吗？ ……………………………………………………………… 29

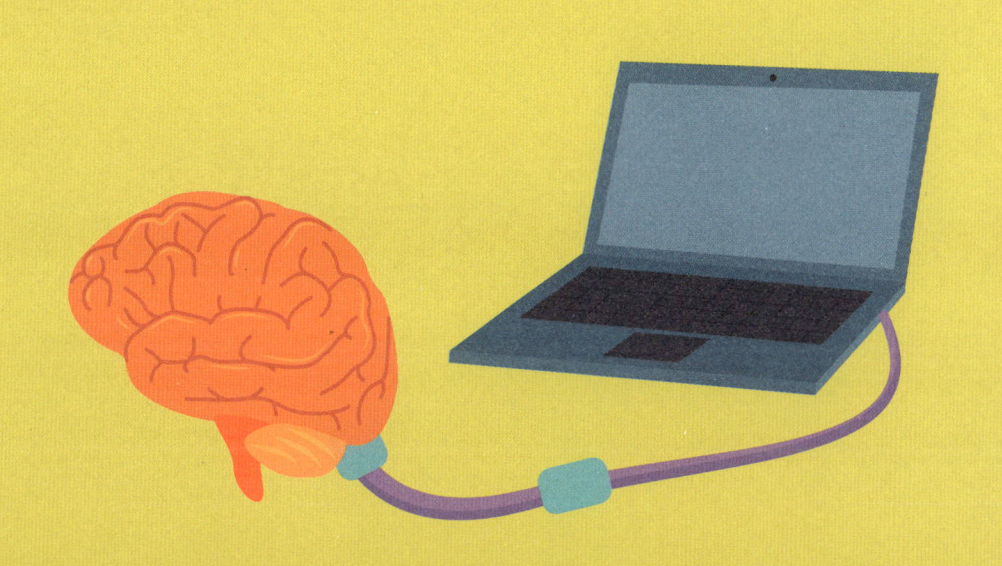

欢迎来到心理学的世界

心理学是一门科学，研究的对象是我们的心智和行为。问题来了，"心智"究竟是什么呢？是由你的大脑构成的生理物质吗？还是一种看不见摸不着的东西，比如"灵魂"或"精神"？而"行为"是不是"心智"的产物呢？这些都是心理学试图回答的基本问题。

我们用一个符号来代表心理学，它是希腊字母，读作普赛。

心理学脱胎于一门更古老的学问——哲学。哲学通过提问来研究人类的本质，比如，一个人的良心是天生的吗？从这个角度来看，我们可以把心理学视作哲学下的一个分支，并且是一个以科学为基础的分支，因为帮助心理学研究人的本性的，是科学的研究方法和原则。

那么，心理学是科学吗？

心理学使用的是科学的方法，所以被当作一门科学，就像物理学、化学和生物学一样。但是，心理学的某些部分用科学尚无法解释。有些心理学家认为，要更好地理解心智和行为，我们不能完全依赖化学、生物学等科学。

这个问题，我们会在书中进一步讨论。

不同的心理学家使用不同的研究方法，收获了不一样的有趣发现。只有把他们的发现结合起来，才能真正了解心理学。他们是从哪些角度来研究心理的呢？我们一同去看看吧！

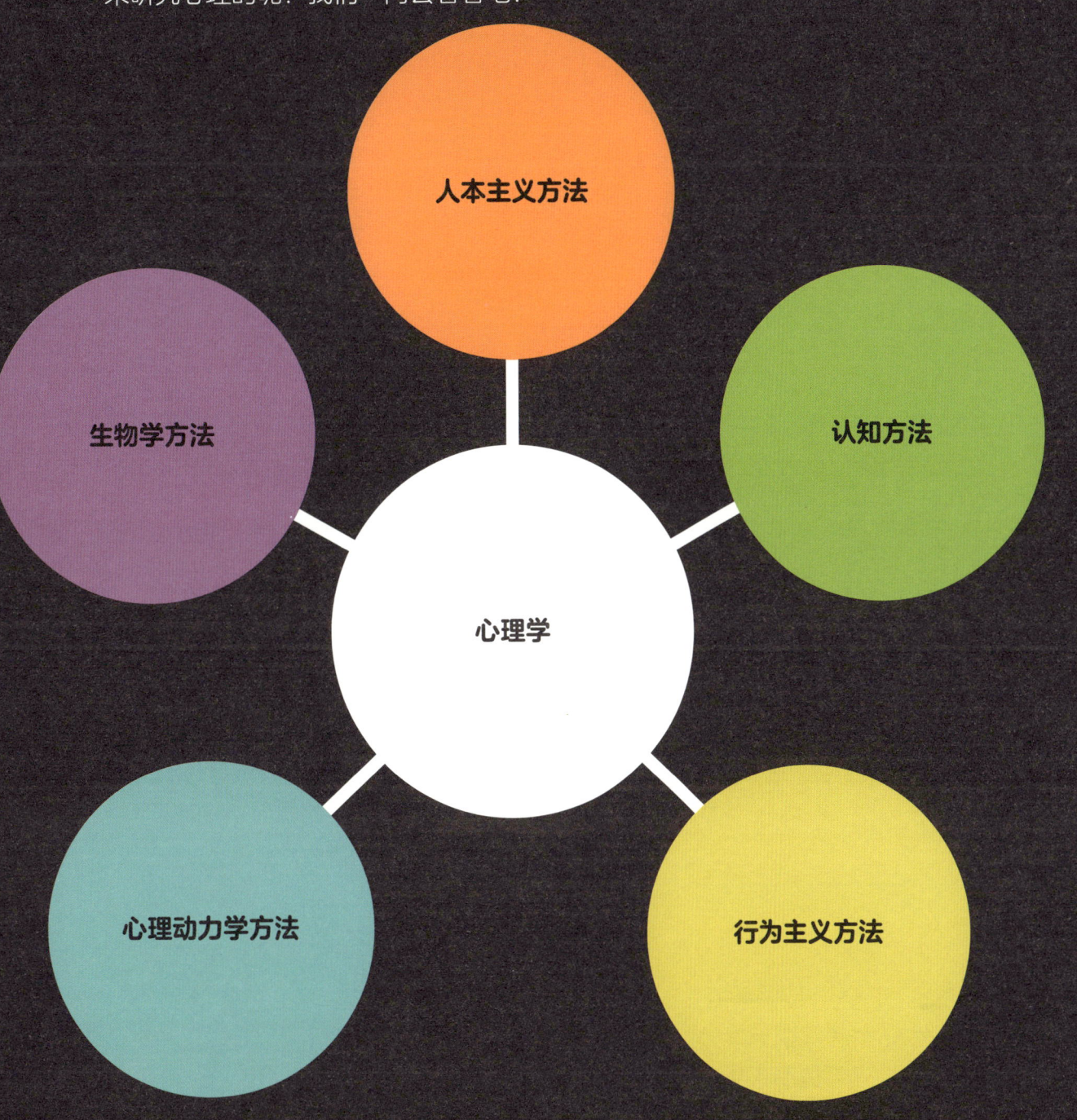

- 人本主义方法
- 生物学方法
- 认知方法
- 心理动力学方法
- 行为主义方法
- 心理学

实际应用

心理学之所以美好，是因为我们能把它用到实际生活中去，从而造福人类。举个例子，不论是治疗精神疾病的心理医生，还是改善人际关系的心理咨询师，都是用心理学知识来帮助人们。

从生物学看心理：答案藏在基因里

生物学把心智和行为视为我们身体的产物，我们的基因、进化过程、生物化学因素和大脑结构对心智和行为的影响尤其重要。因此，生物心理学家认为，要了解心智和行为，就要充分了解人体的生物系统。

基因由脱氧核糖核酸组成，从父母那里遗传而来。它携带的基因信息决定了一个人的生理特点、心理和行为能力，比如，一个人的语言能力强不强就和基因有很大关系。

生物化学物质包括激素和神经递质，这些生化物质向大脑和身体传递信息，从而影响一个人的行为。

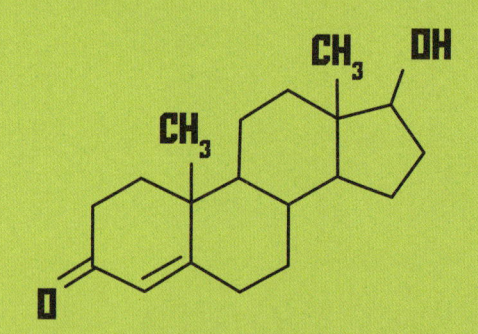

比方说，这种叫睾酮的激素就和攻击行为有关系。睾酮由 19 个碳原子、28 个氢原子和 2 个氧原子组成。

人类一代又一代地繁衍，进化也一点一滴地改变着人类。对于那些能提高人类生存概率的基因，进化会优先保留，这就是自然选择。比如，一个能提高智力水平的基因更有可能被遗传给后代。

大脑结构

不同的大脑区域负责不同的心理过程和行为。例如，脑部的海马体是短时记忆的工厂。什么是短时记忆呢？就是把此刻正在思考的信息存入大脑。

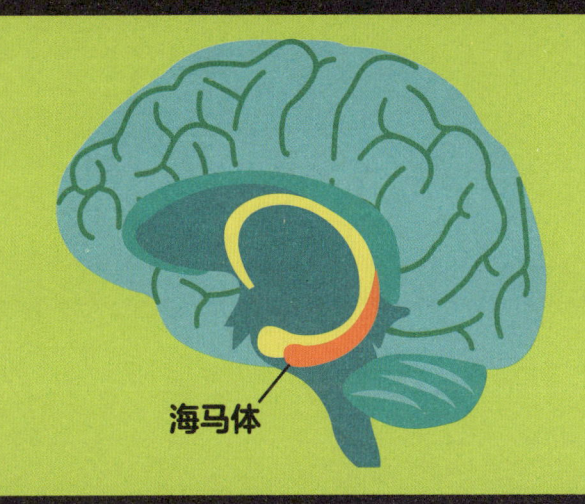

海马体

➕ 优点

生物心理学家擅长使用像脑部扫描这样的物理测量方法，来研究和分析行为。

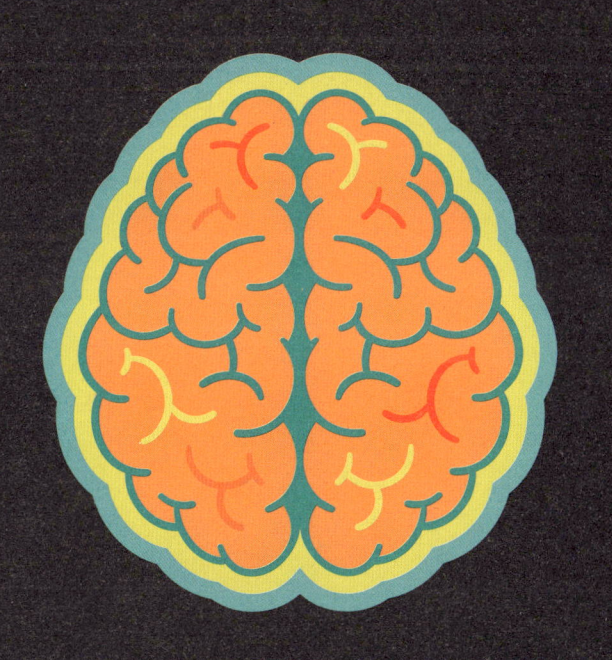

➖ 缺点

如果只用生物学的方法，就会忽略人在环境中学习的经历，而这也会影响人的心智和行为。

为什么有的人会害怕狗呢？有可能是这个人曾经和狗狗相处时，有过很糟糕的体验，而不是因为上一代把怕狗的性格特点遗传给他。

实际应用

生物学推动了治疗精神疾病的药物的发展。精神抑制药物可以帮助很多精神分裂症患者过上相对正常的生活。

认知主义：人像电脑一样思考

在认知主义心理学家看来，大脑有着和电脑一样的工作原理。信息从感觉器官（眼睛、耳朵、鼻子、嘴巴和皮肤）输入后，被转换成像脉搏一样短暂起伏的电流信号，也就是电子脉冲，然后通过（器官中的）粗细各异的神经纤维发送到大脑。大脑这时就会开始思考，像计算机的中央处理器一样分析数据啦。

计算机在处理完数据后，会形成一个图像，并打印出来，或显示在屏幕上。但是，人类和电脑还是有很大的不同，对人类来说，大脑在思考之后会形成一个指令，而这个指令会体现在行为上。

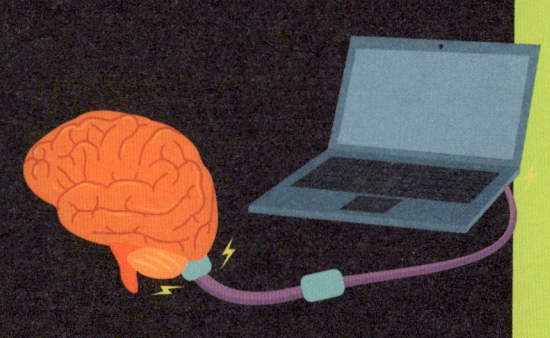

心理过程

认知心理学家研究的是，人类大脑中发生的心理过程（比如记忆、思维和注意力）。他们认为，正是这些心理过程，激发和控制着我们的行为。

认知图式

认知图式来自我们内心对世界的看法，而这些看法来自我们的经验。认知图式能够让我们以事先判断的方式去感知和理解事物。简单地说，我们看到的是自己期望看到的，根据已经有的经验，我们在了解事物之前，对眼前的事物已经形成了自己的看法。

来看看右边插图中的人像，她看上去是不是既像一位老妇，也像一位少妇？年轻人的认知图式通常让他们更容易在插图中"看到"少妇，而不是老妇，因为他们平时接触更多的是年轻人。年长的人更容易"看到"老妇，因为他们平时接触更多的是老年人。

认知神经科学

认知神经科学把生物学方法和认知主义的方法结合在一起，以探索心理过程究竟是哪些脑区负责的。

举个例子：有研究告诉我们，人的大脑里有个梭状回区域，它参与了面部识别的心理过程，正因为它，我们才能认出熟悉的面孔。

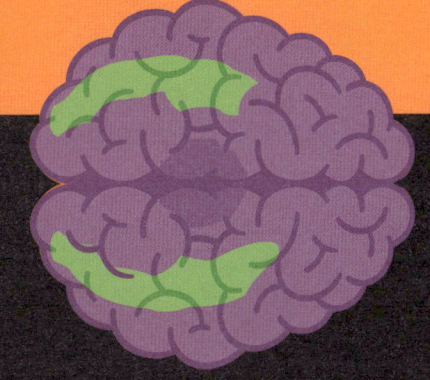

优点

认知主义认为，一个刺激会引发一个反应，这个过程就是心理过程；随之而来的行为，就是心理过程的结果。因此，有人认为，认知主义比行为主义更好（详见第8~9页），因为行为主义只把行为当作刺激－反应的结果，忽略了人的思考过程。

缺点

认知主义把人脑看成电脑，容易机械化地去理解人，这样就很容易忽略情感。实际上，一个人最终要采取什么行为，情感在里面也起着重要的作用。

实际应用

针对心理过程的研究，在实际生活中非常有用。例如，基于对记忆的研究，人们总结出学习技巧，帮助学生复习应考，提高记忆力。

行为主义：什么是反射作用与学习机制？

行为主义将人类视作一块白板，也就是说，人类所有的行为都是从经验中习得的，没有受到遗传基因的影响。

行为主义只研究可以被我们观察到的行为（这样才能科学测量行为），但与认知主义不同的是，它并没有给隐藏在行为背后的心理过程留有一席之地（详见第6~7页）。这种方法在动物研究中常用，因为人们认为，动物的学习原理与人类有相似之处。

行为主义关注三种类型的学习：经典条件反射、社会学习理论、操作性条件反射。

经典条件反射

这里的反射行为是指，某种特定刺激引发的自然反应，与另一种通常不产生该反应的刺激关联了起来。这是通过经验来实现的，例如，小狗学会听到铃响就流口水。狗天生看到食物会流口水，听到铃声却不会。但是，在给小狗喂食的时候摇铃，只要达到足够的次数，小狗最终会在听到铃响时，分泌唾液。

学习前 → **学习中** → **学习后**

食物（无条件刺激）= 分泌唾液（无条件反射）

食物（无条件刺激）+ 摇铃（条件刺激）= 分泌唾液（无条件反射）

摇铃（条件刺激）= 分泌唾液（条件反射）

社会学习理论

这是指通过观察和模仿榜样来习得行为，因为榜样的行为被强化（也就是被他人奖励）而使自己的行为也间接受到强化，这就是替代强化。如果我们认为自己这样做也能得到相似的强化（即被他人奖励），就会模仿这种行为。

这类学习并不是严格意义上的行为主义，因为要让人模仿某种行为，还需要心理过程的参与，比如需要集中注意力，或者用脑子思考一下。

操作性条件反射

这里的反射行为是指，人们在正向强化或负向强化中，逐渐习得的自发行为。一个行为在得到正向强化后，会带来令人愉悦的结果，于是这个行为就会重复出现（例如，如果整理房间的行为得到奖励，那么今后，你就更有可能整理房间）。而被负向强化的行为能帮你避免不愉快的结果发生，所以这样的行为也会重复出现（例如，如果你不整理房间，就不能出门，这种威胁会让你在必要时不得不去整理房间）。

> 如果你整理房间，就能吃个冰激凌。

> 除非你整理房间，否则别想去参加今晚的派对。

➕ 优点

很多研究支持了行为主义的观点，它们发现，人类（以及动物）确实通过经典条件反射、操作性条件反射和社会学习来习得行为。从我们的日常经验也可以看到，人们是通过这些方法学习的。

➖ 缺点

行为主义只关注从经验中习得的过程，却忽视了生物学在其中扮演的重要角色，比如，基因和进化也会塑造我们的行为。行为主义也忽视了心理过程在决定行为中发挥的重要作用。

实际应用

人们把行为主义的方法应用到心理障碍的治疗上，还挺有成效的。比如，有一种方法叫系统脱敏法，它可以消除一些恐惧症，比如有些人的恐蛇症（害怕蛇），这种方法能循序渐进地帮助患者脱敏。患者通过心理医生一系列的引导步骤，借助放松技术，一步一步接近他们害怕的物体或场景，成功克服了恐惧。

心理动力学：发现不知道的自己

心理动力学与西格蒙德·弗洛伊德（1856—1939）的研究有关，认为有意识的行为受潜意识的影响。潜意识是在我们童年成长的过程中形成的。它是一个包含生物性驱动和本能的系统，对我们的人格发展有促进作用。

在这一发展阶段，如果有创伤（也就是危机）没有被化解，它们就会被压抑到潜意识里，并将影响我们成年后的行为。

有意识行为

潜意识

巨大的潜意识存在于意识表面之下，正如冰山庞大的主体部分一样，淹没在海平面之下，从海面上是看不见的。

性心理发展阶段

弗洛伊德认为，人类有一种生物本能，促使人类发展出"性心理发展阶段"。在每个阶段，心理能量会集中在身体的不同部位发挥作用。等发展到最后阶段，一个成年人的人格就完全形成了。

人格的发展

弗洛伊德将人格视为三个部分。自出生便有的部分称为"本我"。"本我"始终都在追求自私的快乐，以本能的冲动和欲望行事，因而是不能着眼于现实的。随后，从第18个月到3岁，在这一阶段中，"自我"发展出来了。"自我"对事物的看法更现实（比如"自我"知道，快乐只能在某些时刻才能获得）。"自我"力求在"本我"不现实的需求和"超我"之间达到一种平衡。"超我"在3岁至6岁期间得以发展，同样也是不现实的，因为它寻求在任何时候都要保持道德上的完美。

防御机制

焦虑使得"自我"变弱了，不再能很好地平衡"本我"和"超我"的不现实需求。为了减少焦虑的影响，保持"自我"的强大，防御机制应运而生。

例如，"压抑"作为一种防御机制，能把不愉快的记忆隐藏在潜意识里，它们就不会再使你焦虑。然而，它们依然会影响你在意识层面的行为。比方说，一个人如果在童年遭遇虐待，可能在成年后很难和别人建立良好的关系。

压抑使我们觉察不到不愉快的记忆，这样它们就不能让我们焦虑。

优点

心理动力学引发了大众对心理学的兴趣，推动人们对心智和行为展开进一步的研究，获得了更深刻的理解。

缺点

心理动力学很大程度上依赖个案研究的证据。个案研究是对个体的深入研究，我们很难从个案研究的证据中，归纳出真正具有普遍性的结论（也就是适用于每个人的普遍真理）。

实际应用

精神分析治疗是从心理动力学发展而来的心理治疗形式之一。精神分析师运用各种技术（比如对梦的解析），进入病人的潜意识，以便洞察他们心理问题的根源，并帮助他们学会与自己和解。

人本主义：怎样实现自我价值？

人本主义重视"整体论"，认为要理解一个人，就应该综合考量这个人的全部方面，而不是将一个人的行为拆成各个部分，各自为营，单独考察。在人本主义看来，一个人在生活中的不同经历，正是理解这个人的关键。

人本主义将人视作独一无二的个体，认为人拥有"自由意志"，也就是说，个体对自己的思想和行为有控制力。

人本主义还认为，个体先天就有自我实现的内驱力（也就是可以充分发挥自己的潜能）。

自我实现与需求层次

当人们充分发挥自己的潜能时，他们就进入了所谓"自我实现"的状态（一种幸福与满足的终极感受）。亚伯拉罕·马斯洛（1908—1970）认为，这要经历有固定秩序的五个阶段，因此他提出了"需求层次"的说法。人们在进入更高一层的阶段前，先要满足前一阶段的需求，最终实现自我。

"整体大于部分之和。"

"一个完整的人拥有不能通过分析他们的各个部分来看到的属性。"

- 自我实现
- 尊重的需要
- 归属感和爱的需求
- 安全需要
- 生理需求

自我

和马斯洛一样，卡尔·罗杰斯（1902—1987）也是人本主义心理学的先驱。他认为人有三重自我：

1. 自我意象——你眼中的自己
2. 理想自我——你想成为的自己
3. 真实自我——你真实的自己

当三重自我达到一致（也就是每个自我都一样），个体就有可能实现自我。

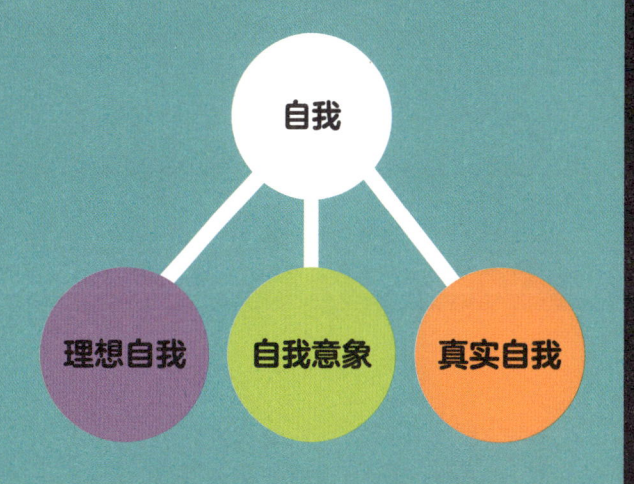

价值条件

罗杰斯认为，要达到自我的一致性，唯有获得无条件积极关注（真正的自己被他人完全接受）。这需要价值条件，也就是说，一个人认为自己需要满足怎样的条件，才能被别人喜爱呢？

我爱你本来的样子！

无条件积极关注：接受他人本来的样子，而不是你希望他们成为的样子。

➕ 优点

人本主义认为人有能力变得更好，并能因此促进自我成长，推动个体发展。

➖ 缺点

它忽视了生物学的重要角色，像遗传、生物化学和进化，它们都在一定程度上决定了一个人的行为。

实际应用

咨询心理学以人本主义为基础，成立匿名戒酒会和减肥小组等自助团体。团体成员是在接纳和不批评的氛围中会面交流的，这样可以促进自我成长。

你还有哪些发现？

除了以上提到的五种视角，其他类型的分支也被纳入了心理学科。每一类心理学都有助于加深我们对心智和行为的全面理解，其他分支也开展了很好的研究，并经常产生有益的实际应用。你也发现了吧，心理学科的各分支有着非常广泛的研究视野呢！

社会心理学

社会心理学家研究人们的思想、情感和行为是如何受他人影响的。关注点可以是个体如何影响其他个体，也可以是群体互动，因为人类是社会动物，大部分的生活都在跟别人交流。举个例子，社会心理学家研究服从行为，探究人们为什么会服从、怎样服从权威人士的命令。

进化心理学

进化心理学属于生物学类型的心理学，它将可以帮助人们生存下来的行为和特征视作基因遗传，认为它们是自然选择的结果。"怕蛇、避蛇"的基因能帮助携带这个基因的人活到成年（因为他们不会被毒蛇咬伤），并把这个"怕蛇、避蛇"的基因遗传给下一代。随着时间的推移，这个基因在人群中的存在变得更广泛。这也许就能解释，有些人从没见过蛇，更别提有过跟蛇相关的遭遇，却非常怕蛇。

进化心理学可以解释，为什么从来没遇到过蛇的人也会怕蛇。

认知神经科学

认知神经科学结合生物学和认知科学的方法，形成了心理学的一个现代类型。它的目的是要识别出，哪些大脑结构参与了哪类特定的认知过程。脑部扫描技术的出现，让认知神经科学有了用武之地。比如，借助磁共振成像技术，我们可以看到大脑是如何工作的。

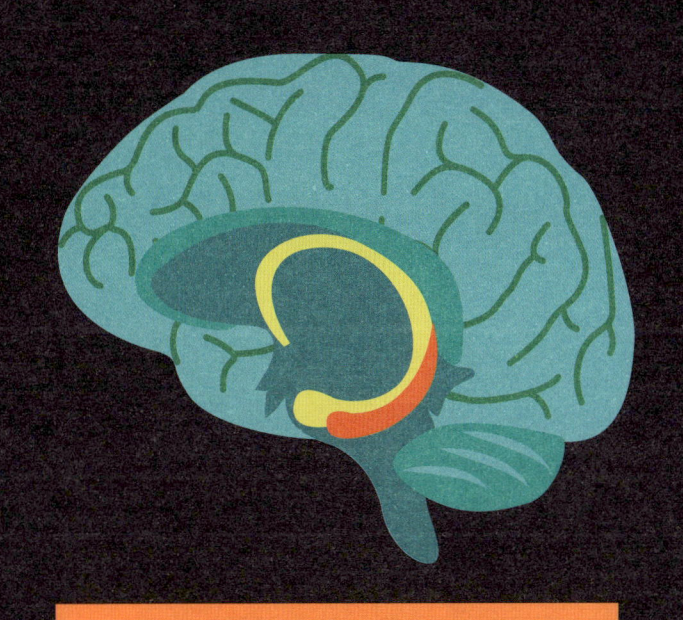

大脑由许多不同的区域和结构组成。

发展心理学家对儿童早期的发展特别感兴趣，因为有很多心理上的成长都发生在这一阶段。

发展心理学

发展心理学研究人类（随时间变化）的成长趋势，关注人们生理、认知、社交和情感的发展。发展心理学对个体早期的发展尤其感兴趣，但它也研究所有年龄段的人，也包括人的老年期，因为人格的发展贯穿一个人的终生。

发展心理学认为，普遍的（也就是所有人都有的）发展是由基因控制的，而个体的发展变化更多是个体学习经验的结果。

更多有趣的问题

健康心理学

健康心理学关注的是各种心理因素，包括生物、认知、社会因素如何影响人们的健康。它侧重于推广健康的生活方式，以及预防疾病。要实现这一点，就需要研究人们对健康和疾病相关因素的态度和行为反应，并确定疾病是怎样发生的、可以用什么方法治疗。例如，健康心理学家发现，有一些压力因素导致人们更容易生病，他们也已经设计出针对这些压力因素的有效对策。

压力

好耶！

学会把压力当作一种愉快的挑战，这是健康心理学家教大家的一个办法，用来应对致病压力。

临床心理学

临床心理学家主要研究的是精神和心理障碍（三分之一的人一生中至少会遭遇一次哦），比如抑郁症和焦虑症等。他们的工作重点，在于找到精神障碍的正确诊断方法，并开发有效的治疗方法。举个例子吧，临床心理学研发出一系列针对精神分裂症的治疗方法，其中包括精神抑制药物（它对减轻症状有直接的生物疗效），还有认知行为疗法（它通过改变患者的思维模式来改变他们的行为和情绪）。

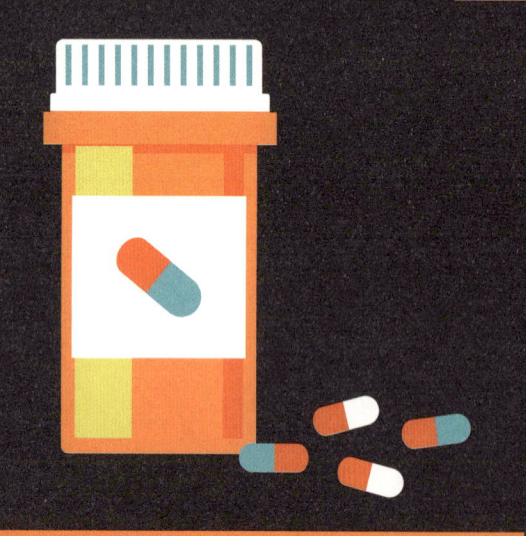

使用精神抑制药物是临床心理学家治疗精神分裂症的一种方法。

法律心理学

法律心理学以犯罪为研究对象，通过建立一些理论，来解释人们为什么会犯罪，并为减少和预防犯罪行为出谋划策。例如，法律心理学研发出一种叫"罪犯侧写"的方法，运用心理学知识来识别潜在的犯罪嫌疑人，也发展出改造罪犯的方法（而不仅仅是惩罚他们），从而避免他们再度犯罪。比如，恢复性司法计划会安排犯人与受害者见面，这样，犯人就会意识到，原来自己的犯罪行为给别人造成了这样的伤害呀。

异常心理学

异常心理学家研究超自然经历。他们并不相信怪力乱神，而是关心为何有些人愿意相信鬼魂的存在。在探求公正客观的研究方法方面，异常心理学做出了特殊的贡献，让所谓的超自然现象在没有欺诈和操纵的情况下，被调查者揭开神秘的面纱。因此，心理学家明白"冷读术"是怎么工作的：假通灵者是通过分析他人的肢体语言等技巧，对他人的思想和行为做出某些较为准确的猜测。

异常心理学家想找到答案：为什么有些人愿意相信鬼魂的存在呢？

动物心理学

动物心理学研究动物的生理和心理功能。这不仅可以作为理解人类的一种途径，而且也是研究动物物种的一种方法。这些知识对于保护濒危物种尤为重要。比如，有些鸟类拥有一种叫"印刻"的本能，它们会追随自己出生后遇到的第一个移动物体。现在，"印刻"技术已经得到运用，人类让美洲鹤雏鸟对超轻型飞机产生"印刻"效应，这样，人类就能引领它们沿着迁徙路线，在冬季时顺利飞到目的地觅食。

动物心理学家已将"印刻"用来保护濒危候鸟。

实际应用：心理学的好处

与其他科学一样，心理学通过开展研究、建立理论，为个人和整个社会提供了有价值的实际应用。这些应用不仅增进了人们的健康福祉，而且给经济带来益处。比如，心理学研发出有效的心理健康疗法，这样一来，需要昂贵心理保健的人就少了，也意味着更多人能够胜任工作，增加财富。在实际生活中，心理学的应用十分广泛。

基于心理学研究和理论的实际应用，不仅增进人类福祉，而且使社会经济受益。

精神和心理健康治疗

心理学家已经研发出针对许多精神和心理障碍的有效疗法。药物治疗经济实惠，可以单独用在治疗上，也可以与心理治疗合并使用。这些心理治疗方法包括认知疗法（用合理信念替代不合理信念）、行为疗法［通过强化（奖励）更可取的行为来根除有问题的行为］、人本主义咨询疗法（来访者在不受批判的氛围下，讨论自己的问题，从而提升自尊）。

人们已经发现，心理疗法对治疗各类精神和心理障碍，有很好的效果哦！

体育心理学

体育心理学家不仅用心理学知识来提高运动员和运动队的表现，而且能针对不同类型的人群，推荐适合他们的体育活动。举个例子：在孩子特别年幼时，我们没必要教他们如何打那些需要团队配合的运动比赛。原因是：这个年龄阶段的小孩子是以自我为中心的，他们还弄不懂，要想踢一场好球，就得与队友配合传球！

为了把运动表现提升到最佳水平，顶尖运动员和运动队大多都会聘请体育心理学家来帮忙。对他们来说，体育心理学家的重要性绝不亚于教练、理疗师、营养师。

关系咨询

在英国，近年来有超过42%的夫妻最后都离婚了。离婚可能会在情感、社交和经济方面，对个人和他们的家人造成长期伤害。心理学已被有效地应用于关系咨询中，帮助夫妻解决他们之间的问题，比如挽救夫妻关系，或者减轻离婚给他们造成的伤害。

关系咨询可以帮助那些在恋爱关系中遇到问题的人。

其他应用

心理学对于个人与社会还有很多其他的用途。

教育心理学通过开展研究，为不同年龄段的孩子设计适合他们的教育项目。

工业心理学家设计出的工作方法可以减少工人压力，提高工人满意度，让工作场所的氛围变得更轻松。这样一来，因为压力过大而请假的人变少，生产力自然也就提高啦。

农业心理学家研究农场动物，从中找到改善动物健康的方法。这对动物大有好处，也可以提高农民的收益。比如，通过改变奶牛群的规模，农民就能增加牛奶的产量。另外，给养殖场里的猪听音乐，它们更容易茁壮成长哟！

研究表明，听古典音乐的猪长得更壮。

心理学家怎样做研究？

心理学是一门科学，因此，心理学家的主要研究方法是开展科学实验。然而，在实验不适用的情形下，非实验科学的研究方法就派上了用场。不同的研究方法适用于不同的情况。

用哪一种研究方法取决于我们具体要探究的是什么。

实验方法

研究人员需要确保实验在变量受控的条件下进行。也就是说，除了自变量，其余所有的条件在实验中都应该保持不变。

举个例子：你要测试睡眠对身体的影响，让受试者分别睡八小时和不睡觉，之后比较他们的反应时间（因变量），那么睡眠时间就是自变量。所有受试的其他变量都必须保持不变。在这样的情况下，我们才能看到因果性（原因和结果之间的关系）。

实验类型
心理学家使用以下四种基本的实验类型：

1 实验室实验
在变量受控的条件下开展。

2 田野实验
在真实世界的场景下开展（意味着变量受控的条件难以达成）。

3 准实验
对额外变量有控制但达不到真正实验设计水平的实验设计方法。

4 自然实验
在日常生活情境中，根据研究目的对一些条件加以控制和改变来进行研究的方法。

人们用田野实验来理解这个问题：在真实世界的情景下，我们是否更容易服从穿制服的人呢？

非实验性（替代性）方法

1 相关性研究

它可以用来评估变量之间的关联程度，比如，我们可以研究一下，复习花了多少个小时，与最后的考试分数有多大程度的关联。在有些情况下，用实验来研究会违反研究的伦理，这时，我们就可以用相关性研究来替代实验法，比如在评估吸烟与癌症的相关性时。

2 个案研究

它是对某个人或某个小群体进行深入详细的调查，往往用于研究独特或罕见的个体，比如"野孩子"（被动物养大的孩子）。

3 观察研究

它可以记录真实世界里自然发生的行为，通常在人们没办法做实验的情况下采用，比如研究在足球场上扰乱秩序的人的行为。

4 自陈报告

参与者报告关于自己的信息，一般是通过访谈或问卷进行的。

非实验研究方法，通常不是在控制变量的条件下进行的，要得出有因果关系的结论就更难了，所以也很难在重复研究中检验结论。

研究方法的重要性

心理学家从研究中构建理论（对人们的思维和行为做出解释），再用理论结合实际的应用（将心理学应用到真实生活中去）。然而，如果一开始，理论就是错误的，那么，应用这个理论的结果就会有缺陷，甚至还可能产生危害。因此，为了取得有价值的实际应用，我们应当把理论建立在牢固的基础上，那就是经得起推敲的研究。所以说，研究方法是心理学最重要的组成部分。

- 实际应用
- 心理学理论
- 研究

合理设计并开展研究，是心理学理论及其实际应用的基础。

对心理学的重要问题，存在哪些不同的看法？

心理学的源头是哲学。因此，在各种心理学流派与研究方法之中，蕴含着许多哲学层面上的不同看法。这些争论不容易达成一致，其实，我们应该把它们当成不同观点的碰撞，每一种观点都有各自的优势和缺点。

我们一起来看看，这些围绕着心理学的不同看法吧！

自由意志与决定论

自由意志的观点认为，人能够有意识地控制自己的思想和行为；而决定论却相反，认为人的思想和行为是由不受意识控制的力量决定的。很显然，我们在一定程度上的确拥有自由意志。比方说，如果你不想站起来，没人能通过命令你，强迫你站起来。不过，自由意志的影响范围可能没有你想象的那么大，因为人的进化是通过自然选择进行的，这塑造了你的基因，也影响着你的行为。

生物学和行为主义都站在决定论这一边：生物学认为行为是由生物学决定的；行为主义认为，行为是从经验中学习的产物，即便有一点自由意志，作用也微乎其微。不同的是，人本主义没有给决定论留任何余地，它坚定地相信，人类对自己的思想和行为拥有完全的自由意志。

我们的思想和行为在多大程度上受外界的控制？

自然天成还是后天养成？

支持自然天成的心理学家认为，行为和心理能力是与生俱来的，而不是后来才形成的，这与生物学的观点一致。支持后天养成的心理学家则提出相反观点，认为行为与心理能力是从环境体验中学习得来的，与行为主义一致。

现在，人们更赞同的是互动论观点。互动论认为，人们的行为和能力具有不同的基因潜能（比如，每个人都有不同的天赋，音乐天赋、绘画天赋等），这些潜能跟生活中的环境因素结合在一起（比如，你有多大的压力），共同决定你的基因潜能在多大程度上能在现实中发挥出来。

自然天成　　　　互动论　　　　后天养成

整体论还是还原论？

对相信整体论的人来说，什么是理解行为的最佳方式呢？那就是把行为看成一个整体，而不是各个部分加起来的总和。相信还原论的人不同意，他们认为，理解行为最好的办法是把行为拆分成最基础的部分，并把各个部分独立拿出来研究。

想要化解这场争辩，就涉及需要用哪一种方法来解释了。如果我们要用还原论来解释攻击行为，那就得采用生物学的方法，比如，从基因和生物化学角度来理解攻击行为，看一看，这个人为什么会攻击别人呢？是不是某些特定的基因以及睾酮的水平影响了他的行为？反过来，假如要用整体论来解释，我们的观点就会更多地放在学习经验、心理过程和社会因素，那就要看看，比如说，这个人从小的家庭环境是怎么样的，在多大程度上导致他容易攻击别人。

理解一个人的最佳方式，是将其视为一个整体，还是部分的总和呢？

知情同意

关于研究的细节是怎么样的,心理学研究人员应该向可能参加实验的人解释清楚。这样,他们才能在深思熟虑之后,决定是不是要报名参加。

有权撤回

在研究开始前,心理学研究人员应该告诉参与者,这个实验不是非参加不可的,如果他们愿意,随时都有权利撤回报名(也就是随时可以离开实验)。哪怕研究结束了,参与者也有撤回的权利,意思是,他们可以让研究人员抹掉自己在实验中提供的数据和资料。

伦理问题

研究的参与人员(包括动物)帮助了心理学的发展,但研究的开展必须符合伦理,保护参与者的健康和尊严,也要保护心理学的声誉。假如我们允许不道德的研究发生,那么心理学家就得不到尊重,人们也就不愿意参与到研究中来。所以,心理学家在设计和开展研究时,必须遵守制定好的伦理守则。伦理守则包括这些方面:

避免欺骗

研究人员不能向参与者隐瞒关于研究的信息(比如研究的目的),或者向参与者提供有误导性的信息。

避免伤害

研究人员有责任在研究中保护参与者,不让他们受到身心的伤害。参与者受到伤害的风险不能比他们在日常生活中受伤的风险高。比较理想的结果是,参与者在离开研究时,他们的身心状态应该跟来参加的时候一样。

保密/匿名

研究人员不应该向任何人透露参与者的资料或数据，除非事先取得参与者的同意。如果仅仅是保密，那么查看研究的资料或数据，还是可以追查到参与者的姓名。而匿名研究就不一样了，它不允许研究人员收集参与者的姓名，这样的话，就没办法通过查看资料或数据，追踪到这名参与者。

观察研究

观察研究通常在真实的生活情境下进行。这类研究应当在参与者可以接受的且会被陌生人观察到的公共场所进行。

情况简报

在研究前后，研究人员应当向参与者解释有关研究的所有细节，包括事前简报和事后说明。

动物研究

对于在自然栖息地针对野生动物的研究，伦理守则要求研究不能危害野生动物的健康。

针对实验室里的圈养动物的研究，伦理守则的要求主要和动物的饲养条件有关系，比如，研究人员必须保证这些动物有食物、有水。这引发了一场争议，即我们应该在多大程度上允许研究对实验动物造成伤害？有些人主张，只要能实现正当的目的，手段是不是正当不重要。也就是说，如果实验的目的是帮助我们增加知识，创造有益的实际用途，那么，实验虽然伤害了动物，也情有可原。但是，另一些人认为，实验对动物的伤害，不管在什么情况下，永远都没有正当理由。

避免奖励诱导

参与者加入研究的原因应当是出于他们的意愿，而不是被别人强迫。所以，研究人员不应当承诺参与者参加实验有奖励。比如，研究人员不能承诺给参与者发钱或者送礼物，不能用这样的方式来邀请他们参与研究，因为这可能会迫使参与者在违背自身意愿的情况下参与研究。

重要研究

每年开展的各类心理学研究成千上万,每一项都有助于我们增进对心智和行为的理解。在心理学之旅的最后一站,让我们一起来回顾几项研究吧!它们都是心理学家做出的重大贡献!

黑种人文化同质性智力测试:罗伯特·威廉姆斯(1972)

智商测试声称可以测量天生的智力,而不是后天习得的知识。这类测试经常显示,白种人的平均智商要比黑种人高出 15 个点,这支持了所谓白种人天生比黑种人聪明的说法。

然而,罗伯特·威廉姆斯(1930—2020)的黑种人文化同质性智力测试却表明,智商测试实际上测得的是后天习得的文化知识,而非天生的智力。他的测试是以美国黑种人的文化知识来出题目,结果发现,参加测试的黑种人的得分(平均分 87 分,满分 100 分)轻松超过白种人测试者的得分(平均分 51 分,满分 100 分)。这项研究表明,标准智商测试,虽然通常在入学入职时作为筛选测试,但实际上,这对少数族裔是不公平的。

威廉姆斯的研究表明,标准智商测试对黑种人是持有种族偏见的。

兔八哥的虚假记忆：伊丽莎白·洛夫特斯，杰奎琳·皮克雷尔（2003）

伊丽莎白·洛夫特斯和杰奎琳·皮克雷尔开展了一项研究：她们找来了一些小时候去过迪士尼乐园的成人，并在这些参与者的记忆中，植入了虚假记忆。她们让参与者阅读迪士尼乐园的一些内容，并要求他们回答问题，这些问题是关于他们童年去迪士尼乐园的回忆。如果兔八哥在他们的阅读材料中出现，或者在实验室里摆放了一只硬板纸裁出来的兔八哥，不少参与者就会提到自己曾经在迪士尼乐园见到兔八哥。但实际上这是不可能发生的，为什么呢？因为兔八哥是华纳兄弟公司的卡通形象呀，迪士尼乐园里没有兔八哥！这项研究表明，我们对往事的记忆并不一定是真实的，尤其在一件事发生后，我们在受到虚假信息暗示的情况下，有可能会出现错误的记忆。

视觉悬崖：埃莉诺·吉布森，理查德·沃克（1960）

这项研究是怎么来的呢？很有意思，新婚不久的心理学家埃莉诺·吉布森（1910—2002）与理查德·沃克（1920—1999）发生了一次争执。他们在美国大峡谷野餐时，吉布森担心他们年幼的孩子会爬过悬崖，跌下去摔死。沃克则认为，孩子拥有天生的感知深度的能力，不会越过悬崖边缘。

他们把这场争论带入了实验室，设计出一种叫"视觉悬崖"的测试装置。婴儿被放在装置的一边，母亲则在另一边呼唤婴儿。要接近母亲，婴儿必须爬过一个明显的垂直落差（放心哦，婴儿们被一块透明玻璃保护着）。他们发现，婴儿拒绝爬过那个垂直落差，这证实了沃克的理论，也就是说，我们对深度的知觉在很大程度上是与生俱来的。

词汇表

本能：动物在进化过程中形成并固定下来的、对个体和种族生存有重要意义的行为，通过遗传获得。

睾酮：人体重要的雄激素，能促进男性特征的发育和成熟。

基因：生物体遗传的基本单位，是染色体上具有特定遗传效应的DNA（脱氧核糖核酸）片段，决定生物的遗传性状。

激素：内分泌腺分泌的物质，可以直接进入血液并分布到全身，对身体的代谢、生长、发育等起到重要的调节作用。

焦虑症：一种精神障碍，特征为持续性焦虑或反复发作的惊恐不安。

进化：在选择压力下，生物群体的遗传组成随时间而发生优胜劣汰的改变，由低级到高级，由简单到复杂，种类由少到多。

潜意识：心理学上指不知不觉、没有意识的心理活动。

认知：人类认识客观事物、获得知识的活动。

神经递质：在神经细胞之间，或在神经细胞与效应细胞之间，起信息传递作用的特定化学物质。

生物化学：用化学的原理和方法，研究生命现象的学科。它是生物学的分支学科，主要任务是了解生物的化学组成和它们的化学活动。

生物学：研究动物、植物和微生物的生命物质的结构和功能，它们各自发生和发展的规律，生物之间以及生物与环境之间的相互关系的学科。

条件反射：人和其他动物为适应环境变化而新形成的反射活动。

图式：一种特殊的心理结构，可以帮助人知觉、组织、获得和利用信息。

脱氧核糖核酸：核酸的一类，因分子中含有脱氧核糖而得名。它存在于细胞核、线粒体、叶绿体、某些细胞的细胞质，以及某些病毒中，是储藏、复制和传递遗传信息的主要物质基础。英文缩写为DNA。

遗传：遗传物质携带的遗传信息，从上代传递给下代的现象，是心理发展的自然前提。

因变量：实验中研究者要观测的量，会随着自变量的改变而变化。

自变量：能够独立变化并引起其他变量发生变化的条件或因素。

你学会了吗？

① 下面关于心理学和哲学的说法，哪个是正确的？

　　A. 心理学和哲学无关

　　B. 心理学脱胎于哲学

　　C. 哲学是心理学的一个分支

② 经典条件反射主要被哪种心理学研究方法关注？

　　A. 人本主义方法

　　B. 心理动力学方法

　　C. 行为主义方法

③ 弗洛伊德将人格视为三个部分，自出生便有的部分叫什么？

　　A. 本我

　　B. 自我

　　C. 超我

④ 谁提出了需求层次这个说法？

　　A. 亚伯拉罕·马斯洛

　　B. 卡尔·罗杰斯

　　C. 西格蒙德·弗洛伊德

⑤ 下面关于人本主义的说法，哪个是正确的？

　　A. 人本主义认为要理解一个人，就要将这个人的行为拆成各个部分，单独考察。

　　B. 人本主义认为，个体先天就有自我实现的内驱力。

　　C. 人本主义重视生物学对一个人行为的影响。

⑥ 下面哪个心理学的研究方向，可以解释"为什么从来没遇到过蛇的人也会怕蛇"？

　　A. 社会心理学

　　B. 进化心理学

　　C. 发展心理学

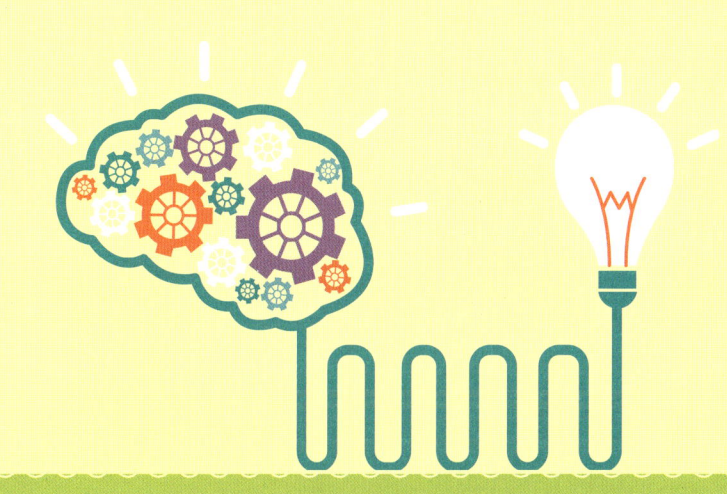

10 岁开始学通识

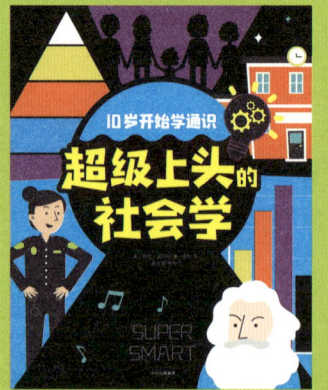

答案：1.B 2.C 3.A 4.A 5.B 6.B

10岁开始学通识

超级上头的哲学

SUPER SMART

[英]杰拉尔德·琼斯 [德]安雅·施泰因鲍尔 著 太宏桥 译 徐敏 审校

中信出版集团|北京

图书在版编目（CIP）数据

超级上头的哲学 /（英）杰拉尔德·琼斯，（德）安雅·施泰因鲍尔著；太宏桥译. -- 北京：中信出版社，2024.1
（10岁开始学通识）
ISBN 978-7-5217-6007-1

Ⅰ.①超… Ⅱ.①杰…②安…③太… Ⅲ.①哲学—少儿读物 Ⅳ.①B-49

中国国家版本馆CIP数据核字（2023）第171279号

Super Smart Thinking: Philosophy Made Easy
Written by Gerald Jones and Anja Steinbauer
First published in Great Britain in 2021 by Wayland
Copyright © Hodder and Stoughton, 2021
Simplified Chinese rights arranged through CA-LINK International LLC
Simplified Chinese translation copyright © 2024 by CITIC Press Corporation
ALL RIGHTS RESERVED

本书仅限中国大陆地区发行销售

超级上头的哲学
（10岁开始学通识）

著　　者：[英]杰拉尔德·琼斯　[德]安雅·施泰因鲍尔
译　　者：太宏桥
审　　校：徐敏
出版发行：中信出版集团股份有限公司
　　　　　（北京市朝阳区东三环北路27号嘉铭中心　邮编 100020）
承　印　者：北京瑞禾彩色印刷有限公司

开　　本：889mm×1194mm　1/16　印　张：16　字　数：640千字
版　　次：2024年1月第1版　印　次：2024年1月第1次印刷
京权图字：01-2023-0699
书　　号：ISBN 978-7-5217-6007-1
定　　价：169.00元（全8册）

出　　品：中信儿童书店
图书策划：红披风
策划编辑：陈瑜
责任编辑：陈瑜
特约编辑：胡雪琪
营销编辑：高铭霞　周惟　叶芮希
装帧设计：哈_哈

版权所有·侵权必究
如有印刷、装订问题，本公司负责调换。
服务热线：400-600-8099
投稿邮箱：author@citicpub.com

目 录

哲学是什么？ 2
哲学的开端：苏格拉底 4
哲学的工具：语言、观点和论证 6
相信与知道 8
怀疑与知识的基础 10
存在与实在 12
思想与同一性：你是谁？ 14
我们有多自由？ 16
共同生活：政治是什么？ 18
道德问题：我应该做什么？ 20
艺术与美 22
科学与哲学 24
哲学的未来 26
词汇表 28
你学会了吗？ 29

哲学是什么？

哲学是研究万事万物的学问。"哲学"（philosophy）一词，在古希腊语中的字面意思是爱（philo）智慧（sophia）。

人人都能当哲学家。马上开启你的哲学之旅吧！

你只需要这三样东西

保持惊奇

古希腊哲学家柏拉图（前427—前347）说，哲学始于好奇。这句话的意思是哲学家要对世界充满疑问，总是问"为什么"，决不能轻易接受任何观点。

与人交流

想知道你的观点是否合理，对话是最好的办法。有效的哲学对话可能会很激烈，所以柏拉图提醒我们，要尽可能带着"善意"来进行对话。哲学对话不为争强好胜，而是为了共同探究真理。

善于思考

哲学家志在做真正的好的思考，用充分的理由支持自己的观点，以免犯错。

让我们一起探究真理吧！

柏拉图的"洞穴之喻"

想象在深深的洞穴中，有一群人。他们每天背对洞口，面朝墙壁，看着墙上的黑影，就像一直在看电视一样。只不过他们以为墙上的黑影是真实的事物。

直到有一天，其中一个人开始怀疑，他们所见的黑影是不真实的。就这样，她成了哲学家。

她爬到洞口，发现洞口有个火堆，火堆旁有一些东西。她恍然大悟，之前看到的，只不过是火光照出来的影子。

最后，她走出洞穴，看到了整个世界，世界里充满阳光，到处都是真实的事物。这一切对她来说都非常新鲜。

她很快想起了洞穴里的伙伴，打算把这些发现分享给他们。可惜伙伴全都不信，还让她别再来打扰他们。

你看，当哲学家不容易，当一名了不起的哲学家就更难了。这本书会为你讲解真正的哲学，翻开书享受这一切吧！

哲学的开端：苏格拉底

哲学家总像小孩子一样问个不停，尤其爱问"为什么"和"是什么"。这可能有点招人烦。哲学家苏格拉底（前470—前399）说，他就是要这样刺激别人。他称自己为"牛虻"，总是围着人们嗡嗡作响，不停地用问题"叮住"人们，以帮助人们发现真理。

苏格拉底生活在2000多年前的古希腊，以智慧著称。人们说他是"世界上最有智慧的人"，但苏格拉底自己却不这么看。他说自己既不了解政治，也不懂得经商，甚至不会什么手艺，怎么能称得上最有智慧的人呢？无知就是他总在提问的原因。苏格拉底说："如果我能称得上有智慧，那仅仅是因为相比于那些无知但不自知的人来说，我知道自己一无所知。"

直到今天，人们仍然关心苏格拉底提出的重要哲学问题。下面我们也将一起探索右图中的这些问题。

爱是什么？
权利是什么？
正义是什么？
美是什么？
知识是什么？
谁吃了蛋糕？

哲学

充分的理由

苏格拉底和人们讨论这些问题时，会认真听取别人的观点，并试图找出最佳答案。对哲学而言，最佳答案就是那些有着最充分的理由的答案。这与谁的声音大、谁更富有，或者谁最有权力无关。从哲学的角度讲，理由就是力量。

哲学的工具：语言、观点和论证

如同科学家一样，哲学家也想要理解世界，并试着发现真理。哲学家既没有实验室，也没有望远镜、显微镜等工具，没法借助它们来寻找答案。但哲学家有办法，他们在脑海中做实验，我们称这些实验为"思想实验"。哲学家使用的工具是语言、观点和论证。

语言

观点　　论证

"缸中之脑"是一个典型的思想实验，它带给我们的问题是：我们如何知道，自己不是缸中之脑呢？

构建论证

对哲学来说，论证就像一座大楼。楼顶是观点或者问题的答案，你要设法帮助别人到达此处。你希望他们相信你的观点，所以你要给出理由来支持这些观点。

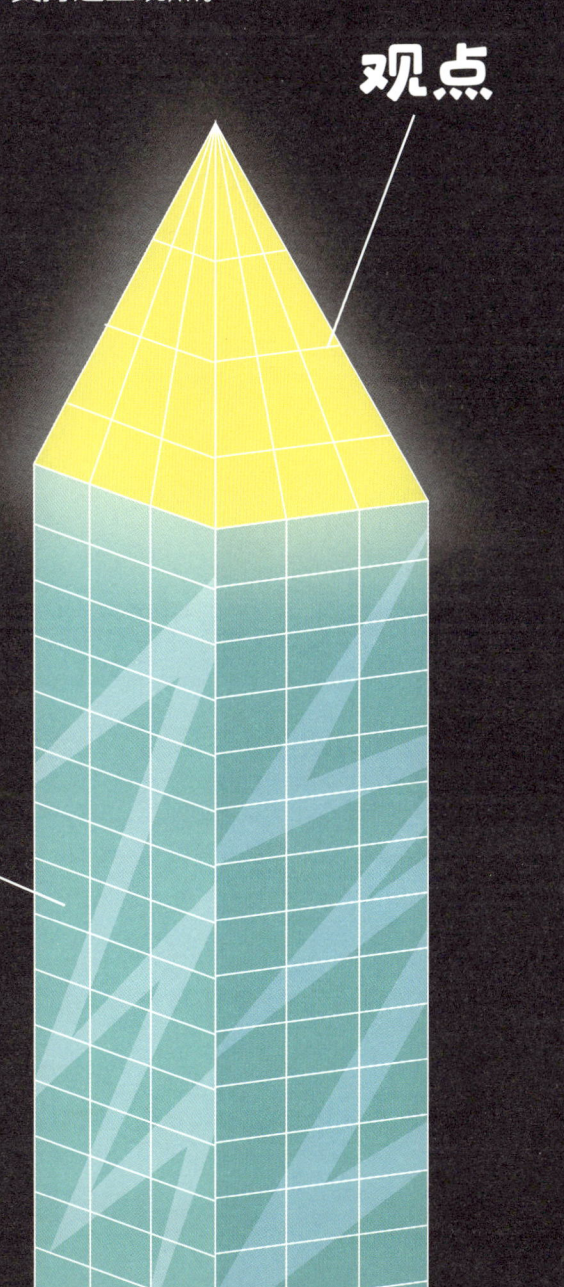

观点

理由

关于外星人是否存在的论证

安雅相信"有外星人存在"。她给出了几个理由：

1. 安雅看过的电影里有善良的外星人。
2. 安雅最好的朋友告诉她，她表哥的爸爸有一次开飞机的时候，看到了外星飞船。
3. 安雅在书中看到，宇宙中有数以亿计的星球。她觉得不可能只有地球存在生命，其他星球上很可能也有生命。

上述理由，有的比较合理，另外的则没那么合理。例如，电影往往是虚构的，我们不应该相信电影里的一切。朋友告诉你的也未必都是真的。第三个理由看上去更有说服力，也更有可能把人们带到哲学论证的楼顶。

我存在吗？

这部分哲学是"逻辑学"或"批判性思维"。

相信与知道

你的脑海整天被影像、声音、思想、感觉、欲望以及信念占满。信念是你对于万事万物的看法。

你的大脑很忙。你听到了冰激凌车的声音后,想要吃葡萄冰激凌,然后你冲向冰激凌车,想要买冰激凌。

> 我相信他们卖葡萄冰激凌。

信念

哲学家很关注信念。有的信念很重要,但有的也可能很无聊。比如:相信存在外星人,相信你手里有一本书,相信现在是 21 世纪,相信宇宙中有数以亿计的星星。

信念是你对外部世界的看法，同时也是你行动的前提。这意味着拥有真信念很重要。例如，你有理由相信，冰激凌车会售卖葡萄冰激凌，因为你之前买到过，但现在说不定已经卖光了，于是你准备去冰激凌车看看。哇，竟然还有葡萄味的！

> 我知道他们卖葡萄冰激凌。

五分钟前，你只能说："我相信他们卖葡萄冰激凌。"但现在你可以大声说："我知道，他们卖葡萄冰激凌。"因为你亲眼看到了。自苏格拉底时代以来，哲学家一直关注知识。哲学家经常说，具有理由支持的真信念，被称作"知识"。

哲学家想要仔细研究：我们相信什么，我们又知道什么；我们头脑中的信念是不是都正确，我们是不是有好的理由支持这些信念。

这部分哲学是"知识论"。

怀疑与知识的基础

我们如何知道，自己的信念是不是真的呢？想象你有一大桶苹果。你担心其中一些可能烂掉了，于是你把苹果倒在桌子上，一个一个检查。哲学家笛卡儿（1596—1650）认为，他也应该这样检查他的信念，而最好的办法是怀疑。所以笛卡儿不断问自己："这个信念有没有可能是错的？"

我思故我在

笛卡儿发现，几乎所有的信念都能被他怀疑，但有一个不能，那就是：他，笛卡儿，是存在的。因为笛卡儿一怀疑自己的存在，就会立刻意识到：他，笛卡儿，就是那个正在怀疑的人。所以他有一句名言："无论什么时候，只要我一怀疑或者思考，我就知道，这个在怀疑或思考的我必须存在。"简而言之就是："我思故我在。"所以，"我存在"就是确证无疑，并且有理由支持的真信念，"我在思考"就是笛卡儿为知识找到的坚实基础。然而这样的话，知识就更难定义了。难道一切知识都是由"我在思考"推演而出的？

知识从哪里来？

有的哲学家认为知识来源于"感觉经验"。你出生时一无所知，因为你还没有任何关于外部世界的经验。这时你的心灵就像一张白纸，等待着被书写。随着年龄的增长，你通过视觉、听觉、触觉等感觉，获得了关于外部世界的经验。所以，一些研究认为知识也许来源于感觉。

2 + 2 = 4 ✓

1. 苏格拉底是人。
2. 人都是会死的。
3. 苏格拉底是会死的。 ✓

另一些哲学家有不同意见。他们认为感觉可能出错，这一点有大量例子可以证明。看到、听到的东西都有可能出错。真正的知识只能来源于理性，比如，数学知识和逻辑知识。人们不会怀疑 2+2=4 的正确性，因为我们并不依靠感觉来判断它的正误。

这是理性主义者和经验主义者的争论。理性主义者认为知识来源于理性，经验主义者相信知识来源于感觉经验。

存在与实在

有时候,哲学家关注的问题看起来很简单。例如:"冰激凌车售卖葡萄冰激凌,我们是怎么知道的?"但更多时候,哲学问题很宏大,关注生命、宇宙以及万事万物。例如:"我们有多自由?""死后还有生命吗?""我是谁?"你可能也对这些问题感到好奇。

但科学家无法回答这些问题。因为这些问题超越了经验,超越了物理学的范围。哲学家却想要了解并描述超越感觉以外的真实世界。

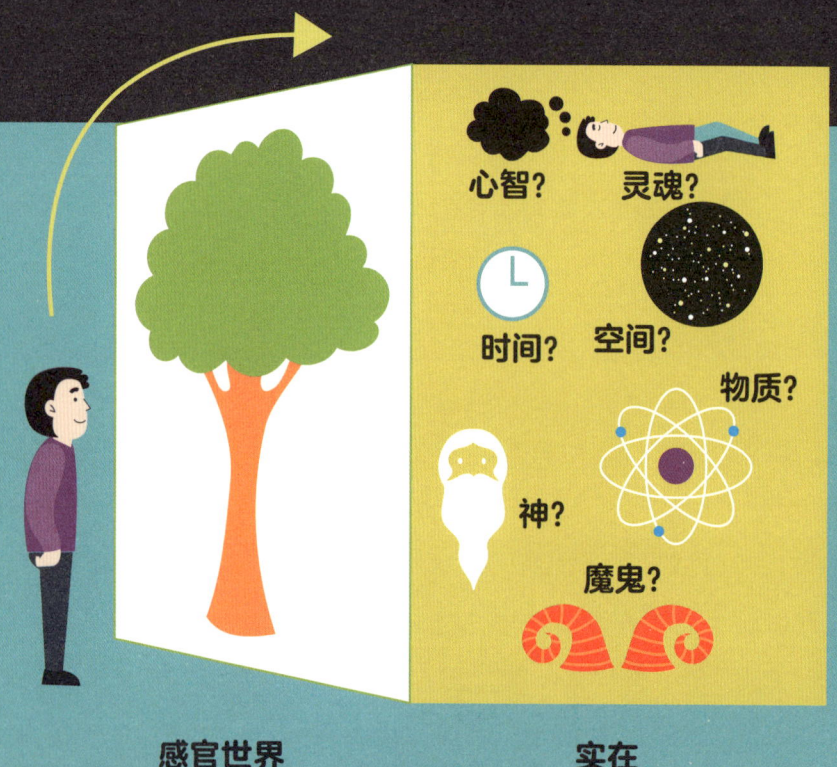

感官世界　　　　**实在**

万物皆变

我们的感觉以外的真实世界,在变化之中吗?古代哲学家赫拉克利特(约前540—前480)认为,事物确实在变化之中。他有一句名言:"人不能两次踏入同一条河流。"意思是河里的水不停流动,所以第二次踏入的河流,已经不是之前那一条了。而且随着时间的流逝,你也不是原来那个你了。因为你长高了,头发变长了,想法也改变了。赫拉克利特想要告诉我们,无论我们的感觉怎样,这个世界总在变化中。

变化是幻觉

另一位古代哲学家芝诺（约前490—约前430）认为，变化是不可能发生的。我们看到的周围世界的变化，只不过是幻觉。真实世界是静止不动的，不像我们通过感觉到的那样，一直处于变化当中。

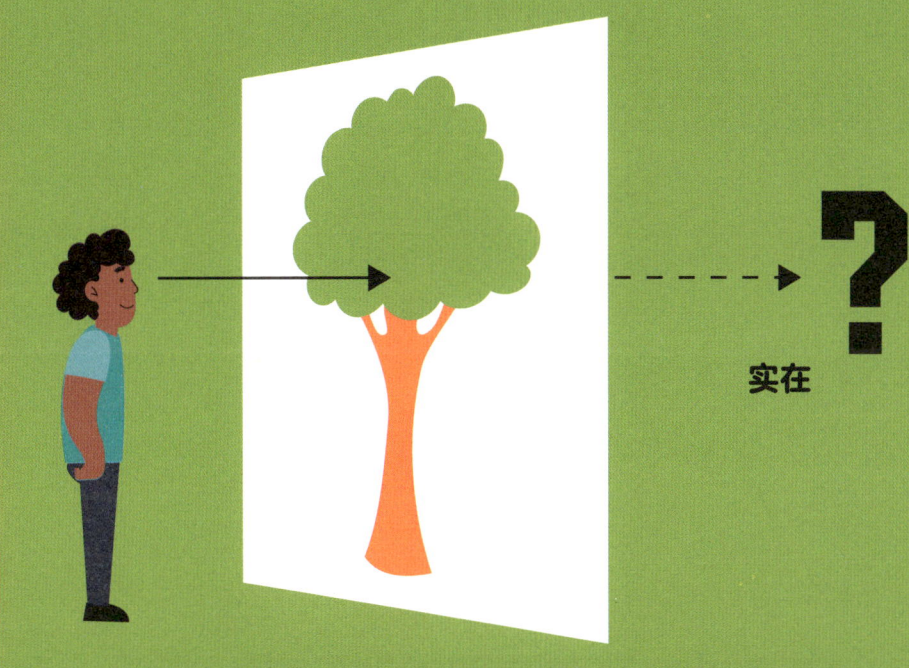

实在？

有的哲学家认为存在"知觉之幕"，他们认为我们感知到的东西只是一层幕布，真实世界隐藏在其后。

为了说明这个观点，芝诺给出了一个思想实验：想象有一个运动员正与乌龟赛跑。乌龟先跑，这名运动员出发时，乌龟已经跑出了一定的距离。她想要追上乌龟，就得先到达她出发时乌龟所在的位置，而这需要一定的时间，并且在这段时间内，乌龟又向前跑了一段距离。因此她又得跑完这段距离，这也需要花费一定的时间，而且这段时间乌龟又向前跑了一段距离。最终，这名运动员只会离乌龟越来越近，但永远也追不上乌龟。这个实验说明，我们所谓的运动，对芝诺来说只不过是幻觉。

这部分哲学是"形而上学"。"形而上学"总是关注抽象的概念。

思想与同一性：你是谁？

法国哲学家笛卡儿有一句名言："我思故我在。"（参见第 10 页）所以，"我是谁"一定与"我能思考"这一事实有关。

然而一个人思考的方式会变。你现在的思考方式肯定跟小时候不同。你的兴趣爱好也不会一成不变。你对事情的看法也已经改变了。但日子一天天过去，你依然还是你，这又如何解释？哲学家称这个问题为"同一性问题"。

10 年前　　现在

随着年龄的增长，我们的思想、我们的身体都变了。

正如你所看到的，同一性问题的根源是变化。穿不同的衣服，理不同的发型，学会弹钢琴……这些都是变化，但它们似乎对你的改变还不够彻底，不足以改变你是谁。

你在多大程度的变化中，还能保持同一个"你"呢？

古代哲学家用一个思想实验来讨论这个问题：忒修斯之船。

忒修斯是古希腊伟大的英雄，在多次冒险航行之后，他的船因年久失修，需要更换许多零件。随着时间的推移，所有零件都被更换了。更换了全部零件的忒修斯之船，还是原来那艘船吗？

假设有一个聪明的造船匠，他用所有更换下来的旧零件，造了一艘新船。这艘船跟原来的忒修斯之船一模一样。现在，哪艘船才是忒修斯之船呢？

我们有多自由？

自由是什么？丧失自由就意味着被关进监狱吗？自由就是随心所欲、为所欲为吗？

很多哲学家认为，自由与选择有关。

生活中充满了选择。从表面上看，我们可以自由选择我们喜欢的东西。例如，天气热的时候，只要你有钱，你就可以自由选择吃草莓冰激凌，还是吃巧克力冰激凌。

但也有一些事，你没法选择做或不做，比如从椅子上起飞，在屋子里飞来飞去，这与重力和人体构造有关。还有一些因素会影响我们的日常选择，比如时间、金钱、法律、父母或者老师。

所以作为人类，我们没有绝对自由，不能做出我们想要的所有选择。

然而，你可能会说，我们还是可以做一些大大小小的选择，比如选择吃什么冰激凌、看什么书，选择哪些爱好、职业、朋友、发型等等。

有些哲学家认为，我们表面看上去很自由，但实际情况并非如此。自然界的事是由自然规律决定的，在发生前就可以预测到。由于我们是大自然的一分子，所以我们也受自然规律支配。这种观点叫"决定论"。

比如，想象一只没被笼子关起来的小鸟。这只鸟可以自由自在地飞翔，可以随心所欲地吃饭、睡觉或者唱歌。但它就是自由的吗？并非如此。鸟也必须吃喝拉撒睡，但这出于它们的本能，而不是它们的自由选择。

当我们选择吃什么、穿什么、做什么时，我们可能像这只鸟一样没有自由。我们受的教育、性格和天性可能会为我们做决定。

更多哲学家认为，真实的情况可能不那么极端。我们既不是完全自由的，也不是完全被决定的。还有一小部分哲学家认为，我们

共同生活：
政治是什么？

政治涉及的是人们如何在社会中共同生活。社会要想良好运转，需要解决许多问题。通过家庭生活，你就可以明白这一点。你在家里有特定的义务，比如打扫房间；也享有权利，比如使用电脑；有一定限度的自由，比如选择不同的休闲方式。不同家庭成员可能有不同的义务、权利和自由。想让这一切顺利运转并不容易。

伟大的古希腊哲学家亚里士多德（前384—前322）认为，人类希望共同生活，并且天然地有能力理清所有需要解决的问题。其实，真正的幸福只有在我们的共同生活中，才能找到。

亚里士多德曾说：
"人生来就是政治动物。"

有时候，与他人共同生活会给我们带来挑战，这个过程也可能令人很不愉快。德国哲学家亚瑟·叔本华（1788—1860）认为，人类需要共同生活，但这个过程并不只有快乐。叔本华给我们讲了一个豪猪的故事，来说明这一点。

在寒冷的冬天，一群豪猪挤在一起取暖。很快，它们就被彼此的硬刺弄伤了，不得不分开，但为了取暖，不得不又挤到一起。就这样，这群豪猪不断挤在一起，又不断分开。叔本华认为，人类也是这样。在群体中生活会更安全、更美好。但当我们太接近对方时，我们就开始争吵，关系变得紧张，所以我们又得保持距离。然后我们因为需要对方，再次走到一起。

谁是对的？

亚里士多德认为，他人的陪伴使我们快乐，使我们的生活变得有意义。而叔本华认为，与他人一起生活总是困难重重，甚至令人不愉快。

道德问题：我应该做什么？

道德是我们用来判断是非对错的原则。从小，大人就教育我们要"做好人"。但"做好人"究竟是什么意思？我们为什么要"做好人"？以亚里士多德为代表的哲学家认为，我们需要成为善良的人，有两个原因：

1. 这让我们能更愉快地和他人一起生活。

2. 这也让我们自己更快乐。

外面正下着雨，伊莎带了一把伞，但亚历克斯没带。亚历克斯想到，他可以在伊莎毫无察觉的情况下，轻而易举地"借"来她的伞，明天再归还。诚然，这样做会让伊莎回家时淋雨。但他这样说服自己：如果他们两个中只有一个人能不淋湿，这个人为什么不能是他自己呢？亚历克斯拿走伊莎的伞有错吗？为什么？

我们为什么要"善良"？

德国哲学家伊曼努尔·康德（1724—1804）曾说，在判断我们的行为是否合乎道德时，我们应该设想，如果人人都这样做，情况会怎样。对亚历克斯来说，偷偷拿走伊莎的伞，可能是个好主意。但想一想，如果每个人都随意取用他人的东西，即便最后还了回去，世界将会变成什么样？我们应当能预见，在这样的世界里，每个人都只做对自己有利的事，人与人之间将不存在任何信任。

能像康德这样想确实很好，但也许只要有机会，我们可能都会很自私。

这里有个故事可以解释这一点：

在柏拉图的一本书里，哲学家格劳孔讲了一个"古各斯之戒"的故事。

古各斯是一个牧羊人。有一天，他发现了一枚神秘的戒指。这枚戒指可以让他隐身。古各斯起先不是一个大坏蛋，但他后来利用戒指犯下了种种罪行，最终当上了国王。

格劳孔相信，假如有两枚这样的戒指，好人、坏人各自拥有一枚，他们最后都会做坏事。因为这种诱惑太难抵御了。

格劳孔想说的是，做好人并不是出于我们自己的选择，而是因为我们知道，如果做坏事就可能会被抓起来。真的是这样吗？如果你也有一枚这样有魔力的戒指，你会怎么做？

这部分哲学是"伦理学"。

21

艺术与美

看到一朵玫瑰的时候，你可能会说："玫瑰是红色的。"这是从知识和判断的角度说的。

但如果我们说："玫瑰是美的。"情况就不同了。

区别在哪里？"玫瑰是美的"与"玫瑰是红色的"一样显而易见吗？有人会说，虽然我们都同意玫瑰是红色的，但是我们不一定都认为玫瑰是美的。

哲学家对此产生了好奇，是什么让我们说出"某物是美的"？原因可能有两种：

1 也许美是事物本身的属性，与协调的比例或者颜色有关。这意味着，当我们对某物是不是美的有不同意见时，一些人是对的，另一些人则错了。

2 另一方面，也许我们对事物美丑的判断，并不取决于事物实际上是美的还是丑的。这些判断只是我们的不同意见，取决于我们恰巧喜欢什么。所以，当你说"这首曲子是美的"时，你只不过在说"我喜欢这首曲子"。

艺术的力量

柏拉图担忧艺术和美会影响我们的感受，并借此改变我们的行为。例如，为即将参加拳击比赛的人演奏舒缓、悲伤的小提琴曲，会使他们流泪，削弱斗志。有时候，艺术也有积极的作用。例如，可爱动物的照片能让人们更加关爱动物。然而，柏拉图担忧的是，我们可能会被艺术和美所操纵。即便是出于好的目的，这也是不对的。

亚里士多德不同意柏拉图的看法，他认为艺术和美对我们的生活十分重要。艺术和美带来的感受，有助于呈现人性，并且让我们更加了解自己。如果生活在今天，亚里士多德肯定会喜欢街头艺术。

一些哲学家相信，艺术与美可以给我们带来快乐，对我们的成长有益。你怎么看？如果没有音乐、时尚、美，生活会是一种什么样的景象？

这部分哲学是"美学"。

科学与哲学

晚上，你如果有幸去到郊外，就可能看到天上有成千上万颗星星。这种景象令人眼花缭乱，人们不禁好奇：宇宙是怎么诞生的？为什么我们能存在于世界上？其他星星上有生命吗？这些都是长久以来困扰人类的问题。而科学为这些问题提供了答案。

自然哲学

在古代，科学是自然哲学的一部分。自亚里士多德时代起，人们就对无边无际的宇宙感到好奇：宇宙中最基本的元素是什么？地球是不是宇宙的中心？宇宙有没有边界？除此之外，人们还对身边的自然环境有了初步的思考，动物学、植物学、地理学、物理学等学科由此产生。当然，这些学科在那时都是自然哲学的一部分。

1687年，牛顿发现了伟大的万有引力定律。他将自己的研究发表在《自然哲学的数学原理》一书中，这时他用的还是"自然哲学"的说法。

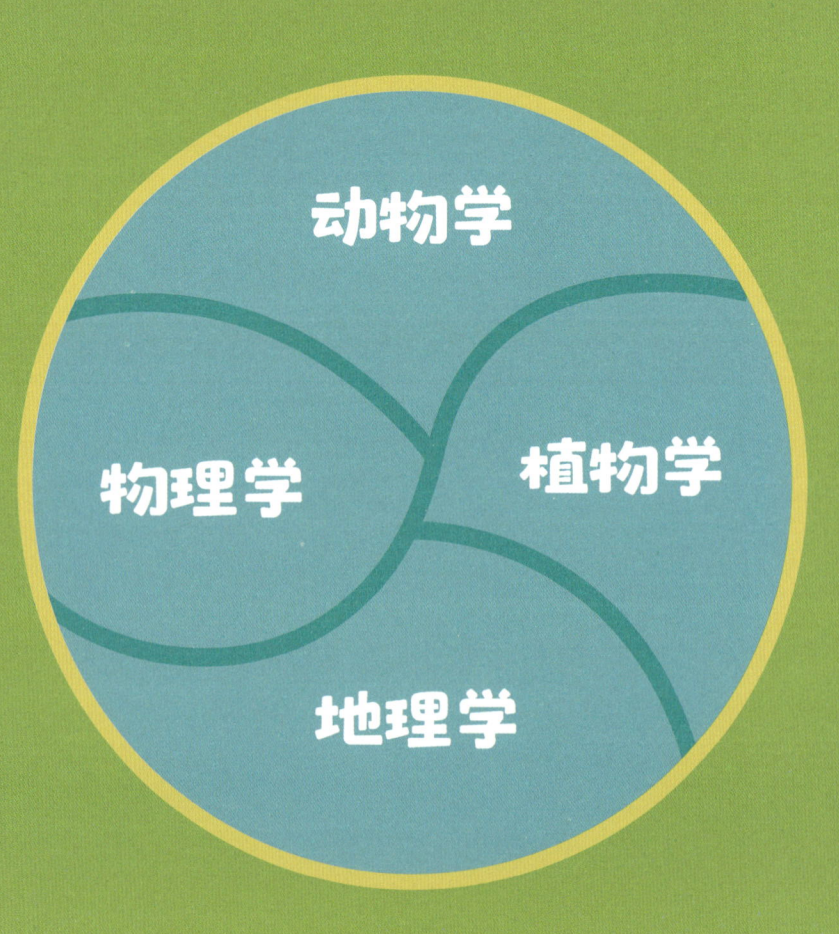

动物学　植物学　物理学　地理学

科学哲学

到了19世纪，随着物理学、化学、生物学、心理学等各个领域的迅速发展，科学渐渐从自然哲学中独立出来，成了一个个单独的学科。但哲学与科学并没有因此脱离关系，以科学活动和科学理论为研究对象的科学哲学出现了。科学哲学主要探讨科学的本质、科学知识的获得和检验，以及科学的逻辑结构等。它关注的核心问题是：科学是什么？

虽然物理学、化学、生物学、心理学等学科已经从哲学中分离出去，但科学哲学依然从概念和理论的角度，对这些学科进行思考，帮助它们更好地发展。这也是科学哲学最重要的研究内容之一，甚至发展出物理哲学、化学哲学、生物哲学和心理学哲学等具体的研究门类。

什么是科学？

有的哲学家认为，只有能被证实的东西才是科学。这些哲学家被称为逻辑实证主义者。但是在真正的研究中，科学知识主要来源于对经验的归纳，是不能被证实的。例如，即使我们找到了10000只白色的天鹅，也不能证实所有天鹅都是白色的。

既然不能被证实，那我们所说的科学到底是不是科学呢？

证伪主义

为了回答这个问题，英国的哲学家卡尔·波普尔反过来思考：虽然科学不一定能被证实，但是一个科学理论细节越多，就有更多可能被发现错误，也就越有可能被证伪。比如说天气预报，越具体就越容易出错。于是他提出，能被证伪的东西才是科学。波普尔的理论被称为证伪主义。宗教不是科学，因为人们找不到反驳宗教的证据，没办法证伪。

这部分哲学是"科学哲学"。

哲学的未来

哲学对我们来说很重要，确实如此。我们可以用哲学来分辨"论证"的好坏，得出有根据的结论。

因此，哲学能够帮助我们思考我们所处时代面临的问题。

比如，我们需要深入思考人工智能的本质。哲学家同样好奇：计算机能不能思考？计算机会不会像人类的大脑一样工作呢？为了避免交通事故，我们要怎样设计无人驾驶汽车的程序呢？机器人能成为孤独或弱小的人的好伙伴吗？

保护地球

这里还有一个例子：当前，我们这个时代最紧迫的问题是气候变化。哲学很关注这个问题。比如，减少温室效应是谁的责任？为了应对气候变化，我们要如何改变生活方式？

同时还有一些经典问题，值得我们反复思考。我们需要越来越好的答案。

例如：

在社会生活中，我们会面临很多问题，比如"谁该得到什么""谁应该或必须做什么"。哲学家认为这些都是关于"正义"的问题。约翰·罗尔斯（1921—2002）认为，"正义"就是"公平"。这个观点让我们对"正义"的了解向前推进了一步，但"公平"又是什么呢？

天气很热，奥斯卡、菲比和沙雷尔要做新鲜的柠檬汽水。沙雷尔买来了柠檬，奥斯卡搅拌了做汽水需要用到的东西。菲比什么忙都没帮，只是说她很渴。柠檬汽水要怎么分配呢？因为菲比没帮忙制作，所以一点都不分给她？或者因为沙雷尔花了钱，奥斯卡干了活儿，所以多分给他们一点？还是因为菲比太渴了，所以她有权分得更多的柠檬汽水？也许他们应该平分？

怎样分才算公平呢？谁有最终决定的权力呢？分配方案需要得到他们三个人的同意吗？因为这些柠檬是沙雷尔买的，所以听他的？或者他们请其他人来分配，比如他们的家长？

这些都是社会必须解决的问题。这不仅是柠檬汽水的问题，而且是金钱、机会、教育、权力以及惩罚的问题。

谁应该得到什么？谁有权获取帮助或者特权，例如受教育的权利？社会上人人平等吗？

如你所见，哲学家在未来有许多事情要做，快和哲学家一起行动起来！

词汇表

抽象：在哲学上与"具体"相对，指事物某一方面的本质规定在思维中的反映。

道德：人们共同生活及其行为的准则和规范，是社会意识形态之一。

缸中之脑：假设邪恶的科学家把一个人的大脑放入装有营养液的缸内，维持大脑存活，并将大脑的所有神经末梢与超级计算机相连。超级计算机可以向大脑传输各种各样的信息，比如人群、物体、天空等，让这个人以为一切如常。但实际上，这个人看到的只不过是幻觉，是超级计算机传输给大脑神经末梢的电子脉冲信息。

理性：认识发展的一个阶段。理性主义认为只有理性才是最可靠的，理性是知识的真正基础和源泉。

论证：由断定一个主张的真实性，通过推理确定另一个主张真实性或虚假性的思维过程。

逻辑：通常指人们思考问题，从某些已知条件出发，推出合理结论的思维规律。

人工智能：计算机科学的一个分支，主要解释和模拟人类智能、智能行为及其规律，进而设计出能用与人类智能相似的方式作出反应的智能机器。

实在：哲学中指客观存在的实体。

物理学：研究物质的基本性质、物质运动最一般的规律、物质的基本结构的科学。

信念：个体对某种思想或准则坚信不疑的心理状态。

原则：说话或行事所依据的准则。

知觉：人脑对客观事物各个部分或属性的整体反映，以感觉为基础，但不是感觉的简单相加，而是对各种感觉刺激分析与综合的结果。

你学会了吗？

① "洞穴之喻"是古希腊哪位哲学家提出来的？
　A. 苏格拉底
　B. 柏拉图
　C. 亚里士多德

② 下面关于理性主义者的说法，哪个是正确的？
　A. 理性主义者认为看到的、听到的东西不可能出错。
　B. 理性主义者认为知识来源于理性。
　C. 理性主义者认为知识来源于感性。

③ "人不能两次踏入同一条河流。"是谁的名言？
　A. 赫拉克利特
　B. 芝诺
　C. 泰勒斯

④ 忒修斯之船讨论的是什么哲学问题？
　A. 同一性问题
　B. 自由问题
　C. 道德问题

⑤ 下面关于亚里士多德的说法，哪个是错误的？
　A. 亚里士多德认为人天然地有能力理清所有需要解决的问题。
　B. 亚里士多德说："人生来就是政治动物。"
　C. 亚里士多德认为，与他人生活在一起总是困难重重，甚至令人不愉快。

⑥ 《自然哲学的数学原理》的作者是谁？
　A. 爱因斯坦
　B. 牛顿
　C. 伽利略

10岁开始学通识

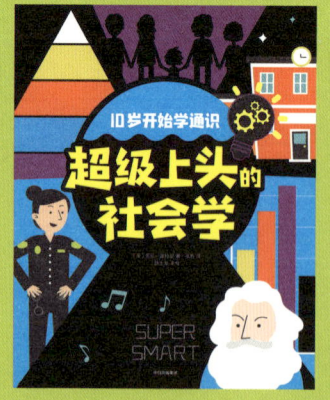

答案：1.B 2.B 3.A 4.A 5.C 6.B

超级上头的经济学

10岁开始学通识

SUPER SMART

[英]简·米勒斯-金斯顿 著　王静 译

中信出版集团 | 北京

图书在版编目（CIP）数据

超级上头的经济学 /（英）简·米勒斯-金斯顿著；
王静译 . -- 北京：中信出版社，2024.1
（10 岁开始学通识）
ISBN 978-7-5217-6007-1

Ⅰ.①超… Ⅱ.①简…②王… Ⅲ.①经济学—少儿读物 Ⅳ.①F0-49

中国国家版本馆CIP数据核字（2023）第 171280 号

Super Smart Thinking: Economics Made Easy
Written by Jan Miles-Kingston
First published in Great Britain in 2021 by Wayland
Copyright © Hodder and Stoughton, 2021
Simplified Chinese rights arranged through CA-LINK International LLC
Simplified Chinese translation copyright © 2024 by CITIC Press Corporation
ALL RIGHTS RESERVED

本书仅限中国大陆地区发行销售

超级上头的经济学
（10 岁开始学通识）

著　　者：[英]简·米勒斯-金斯顿
译　　者：王静
出版发行：中信出版集团股份有限公司
　　　　　（北京市朝阳区东三环北路 27 号嘉铭中心　邮编 100020）
承 印 者：北京瑞禾彩色印刷有限公司

开　　本：889mm×1194mm　1/16　　印　张：16　　字　数：640 千字
版　　次：2024 年 1 月第 1 版　　　　印　次：2024 年 1 月第 1 次印刷
京权图字：01-2023-0699
书　　号：ISBN 978-7-5217-6007-1
定　　价：169.00 元（全 8 册）

出　品　中信儿童书店
图书策划　红披风
策划编辑　陈瑜
责任编辑　陈瑜
特约编辑　胡雪琪
营销编辑　高铭霞　周惟　叶芮希
装帧设计　哈_哈

版权所有·侵权必究
如有印刷、装订问题，本公司负责调换。
服务热线：400-600-8099
投稿邮箱：author@citicpub.com

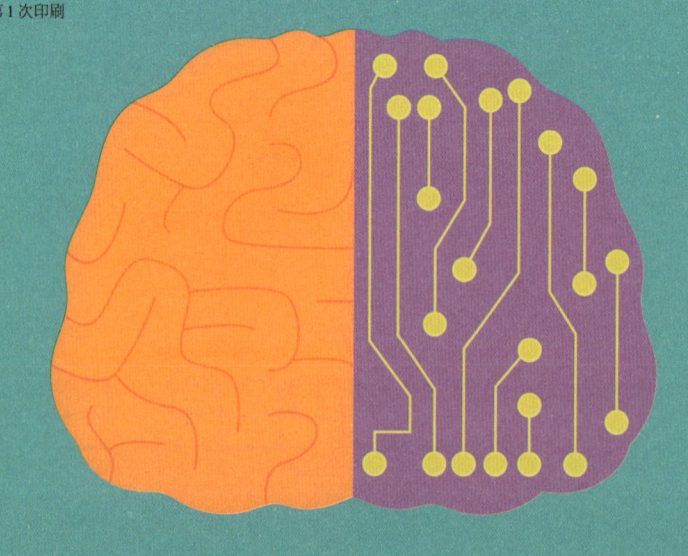

目录

什么是经济学? 2

像经济学家一样思考 4

人们如何决定购买什么物品? 6

企业如何确定销售哪种产品? 8

市场如何运行? 10

市场失灵 12

政府改善微观经济 14

整体的经济情况 16

政府的重要目标 18

政府改善宏观经济 20

为什么各国要通力合作? 22

全球化 24

未来的挑战 26

词汇表 28

你学会了吗? 29

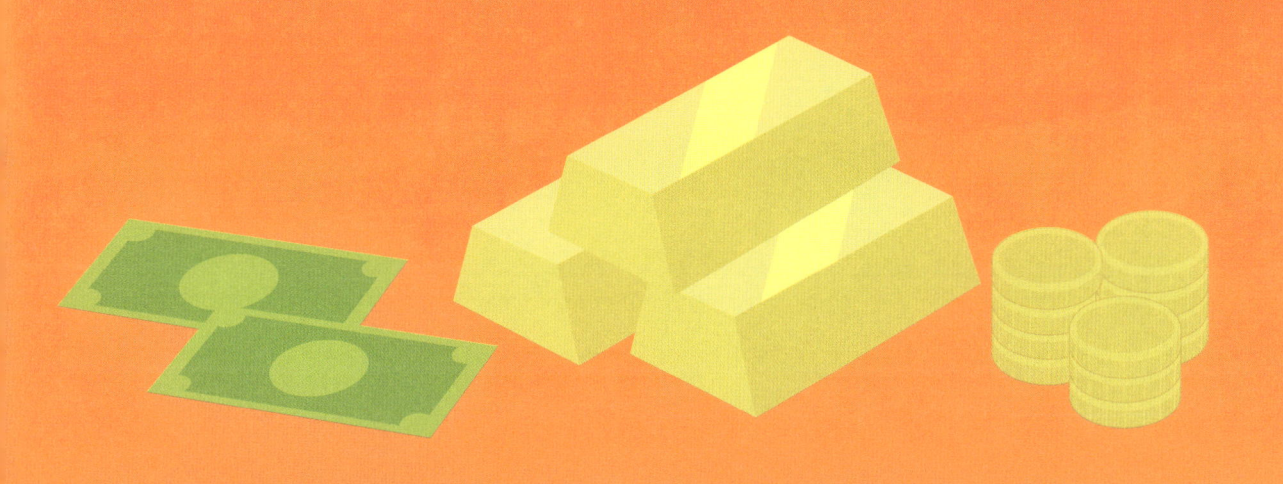

什么是经济学？

欢迎来到经济学的世界！经济学是一门有趣的学科，主要研究如何利用现有资源满足人们的需求。它可以帮助普通人、商人，甚至世界领袖做出决策。

经济学问题

"如何平衡有限的资源与无限的需求之间的矛盾？"是经典的经济学问题。这个问题包括了经济学的方方面面。虽然我们没有办法彻底解决这个问题，但是，思考它能够帮助我们更好地利用地球上有限的资源。

资源与首要需求

资源是有限的，因此，我们必须确定自己的首要需求，也就是最想要的东西，进行一定的权衡取舍。经济学家通过观察这个过程，预测我们未来的行为。

经济学问题可以分成以下几个部分：

经济学问题

↓

无限的需求 ＋ 有限的资源

1. 生产什么？
2. 怎么生产？
3. 受益者是谁？

这些问题的答案五花八门……

请思考：你有没有在资源有限，并且这些资源还有其他用途的情况下，做出过经济决策呢？比如如何分配你少得可怜的零花钱？请举例说明。

3

像经济学家一样思考

经济学家需要具备逻辑思维和创新思维能力。他们观察各种经济活动，推理出可能的结果。整个过程就像被推倒的多米诺骨牌一样，是环环相扣的。

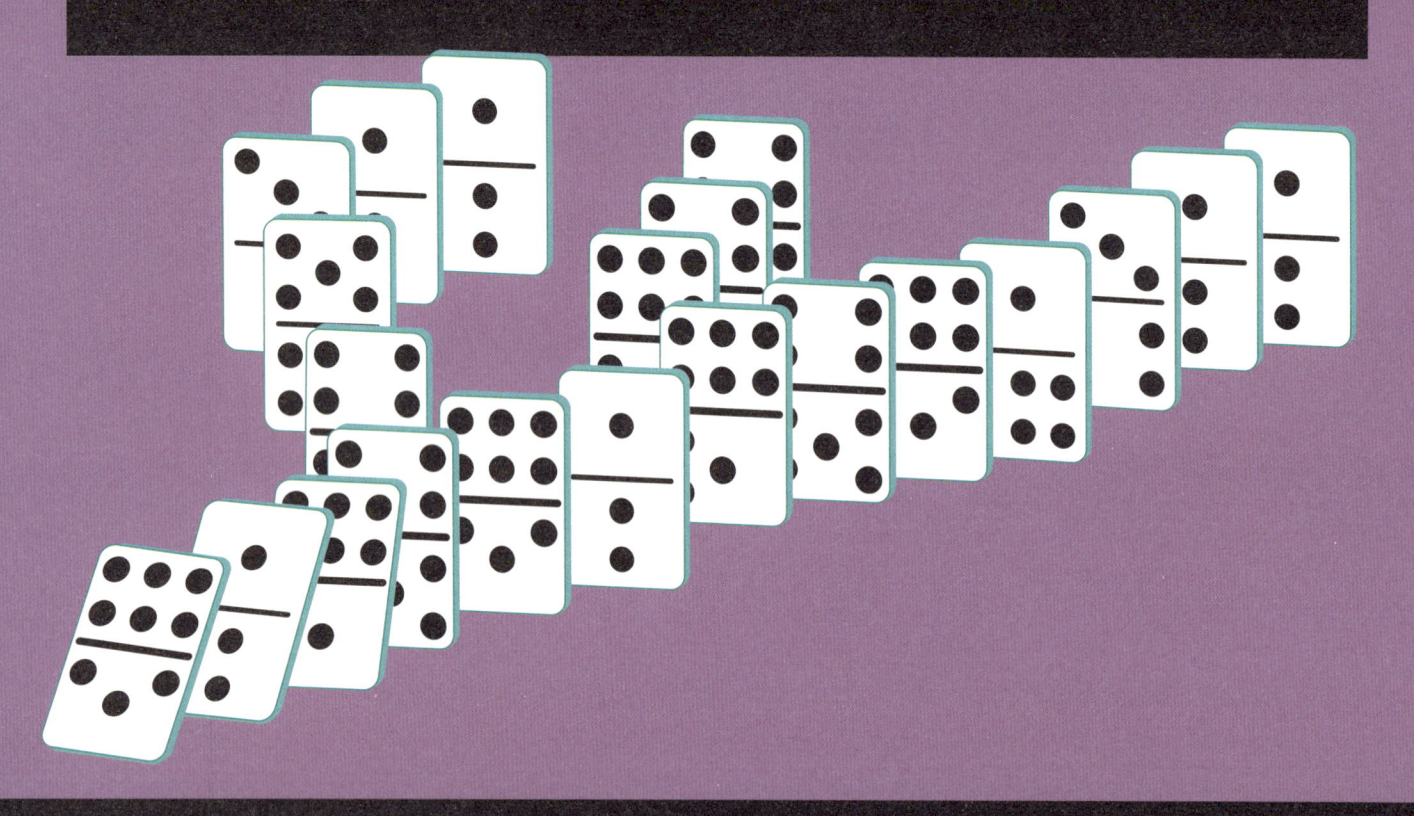

推理链条

经济学中的推理链条会把前因后果逐个串联在一起。

推理链条是一种推理工具，能够帮助经济学家预测未来。他们利用推理链条，预测经济活动可能带来的各种影响，以及这些影响产生的成本和收益。当一种经济活动的收益大于成本时，说明它充分利用了资源，并且对社会是有益的。这就是成本－效益分析。

企业开设工厂 → 招聘 创造就业

模型

在经济学中，推理得有科学的模型。模型能够搭建一个简单的经济场景。经济学家每次让一个因素变化，进而预测可能出现的结果。例如，搭建一个模型来反映巧克力棒的销量，以及价格调整对销量的影响。那么，这个模型就可以用来预测不同价格之下巧克力棒的销量啦。

使用模型时需要考虑的重要因素：

（1）消费者：产品的买方或用户。

（2）供给者：产品的生产者和卖方。

（3）政府：统治国家、管理经济的组织。

利己主义

模型通过假设将真实世界简化。在经济学中，我们假设消费者和生产者都是受利己主义驱动的。我们据此能够推测出在不同情景之下，消费者和生产者会做出什么样的行为。

除了推理能力，经济学家还要有数学头脑，能够准确地解读各种图表中的数据。

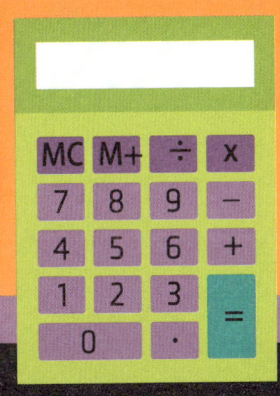

人口流动到这个地区 → 购房需求上升（已售）→ 房价上涨

这就是一条推理链条。

人们如何决定购买什么物品？

经济学认为，消费者希望获得最大的满足感，他们以此为基础做出购买决策。人类的大脑是一个非常了不起的计算机，一直在默默地计算自己能从商品中获得的满足感，快速评估商品的价值，并将价值换算成合理的价格。

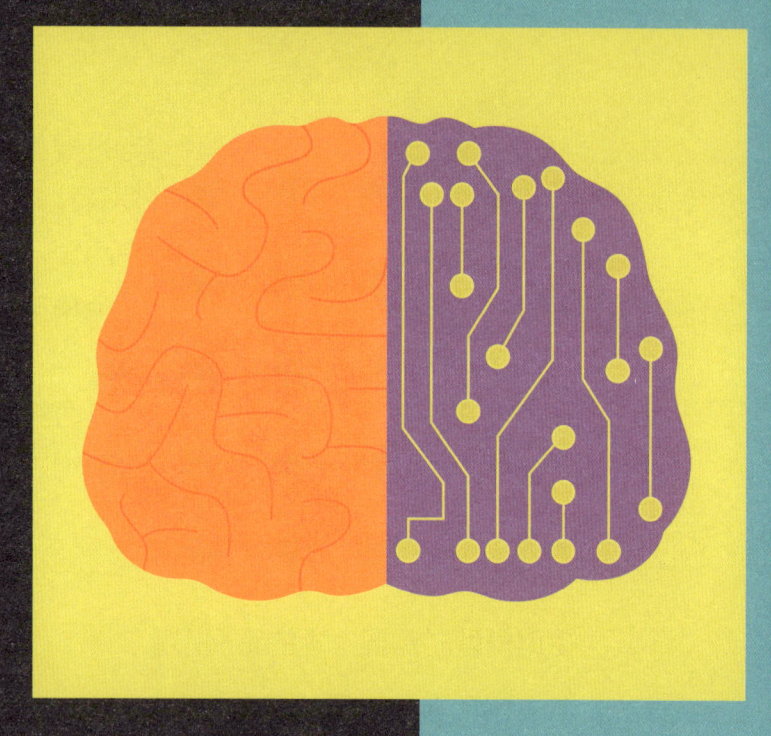

需求定理

需求定理是以利己主义为基础的。如果产品的价格上涨，一些消费者会觉得自己从中获得的满足感不值这个价格，就会放弃购买。

请思考：你在决定购买什么商品时，利己是不是主要的驱动因素呢？

经济学家利用图表进行推理、预测和论证。需求定理可以通过需求曲线展示出来。从需求曲线可以看出，价格变化会导致需求量的变化。消费者的需求总和能够反映整体的经济情况。

观察右侧的图表，如果苹果的价格上涨，你对它的需求会降低吗？

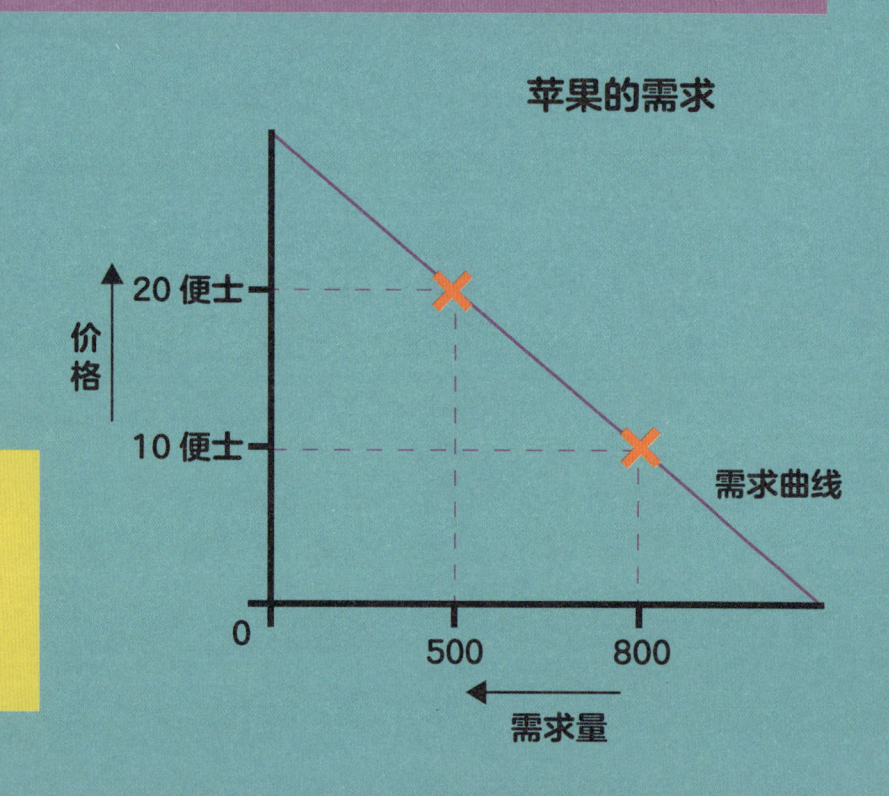

苹果的需求

购买商品时，价格是最重要的考虑因素。但是，非价格因素也会影响需求量。

人口

人口结构的变化会影响需求量。例如，婴儿潮时期，尿布的需求激增。

收入

收入水平的变化会影响个体的购买需求。

时尚

时尚潮流的变化会影响需求量。例如，社交平台上的"网红"可以增加人们对某种产品的购买需求。

竞品

竞争产品的变化（比如价格变化）会影响需求量。

行为经济学

行为经济学研究人们做出经济决策时的心理因素。例如，冲动消费——消费者不考虑产品的价值，就贸然购买。企业会利用消费者冲动消费的心理，引导人们购买特定的产品。千万要小心！

商店把巧克力、口香糖这类让人嘴馋的商品摆在收银台附近，就是希望消费者在购买其他商品的时候能够冲动消费，买点这类小零食。

企业如何确定销售哪种产品?

企业,也就是供给者,是产品的卖方和生产者。企业的主要目的是赚取利润,利润等于消费者支付的商品价格减去所有的生产成本。

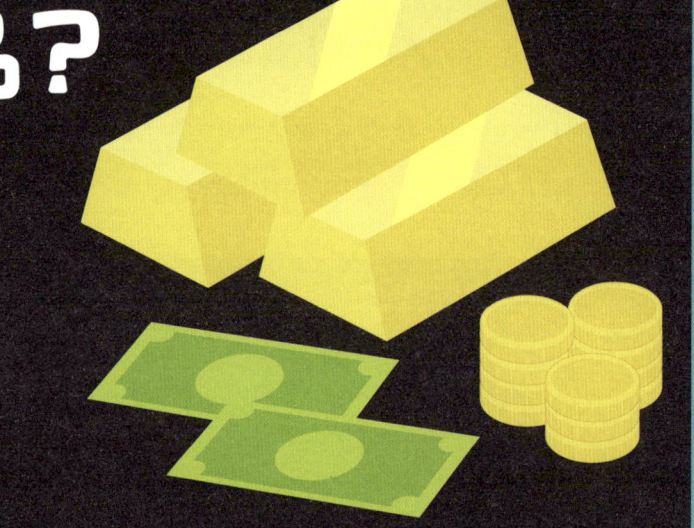

供给定理

经济学家使用图表预测企业的行为。如果市场中的某种产品的价格上涨,对企业来说,就意味着消费者正在争先恐后地购买这种产品。价格越高,企业的利润空间越大,他们就会供应更多产品。这就是供给定理:价格上涨时,供给量也会随之增加。

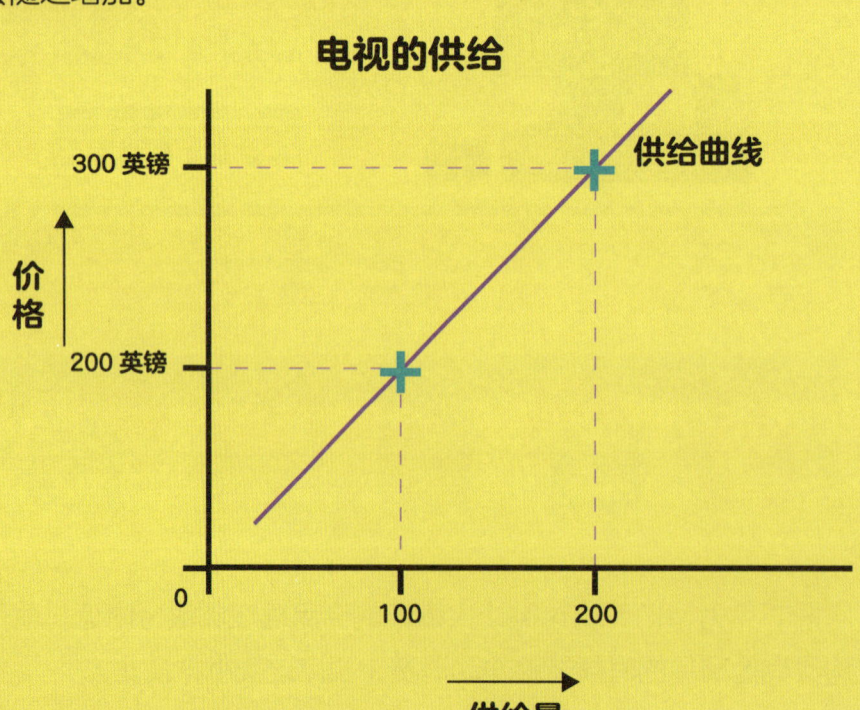

电视的供给

- 300 英镑 —— 供给曲线
- 200 英镑
- 价格
- 供给量
- 0, 100, 200

企业的目标

企业也会关注自己的生产成本，比如员工薪资、原材料等，以此计算自己获得的利润，从而决定是否要继续售卖这种产品。

企业售卖产品的原因有很多。例如，遵循公平贸易理念的企业并不追求利润的最大化，他们用"公平价格"从欠发达地区的供应商手里购买产品。这个"公平价格"往往会高于其他供应商的出价。但是，这种行为可以改善欠发达地区人们的生活。这些供应商还可以通过提高员工薪资来提升他们的生活水平。

有时，企业会把社会目标放在首位，例如通过公平贸易机制帮助茶农。

市场如何运行？

微观经济学从微观层面研究需求和供给，例如，某个具体产品的市场需求和供给。

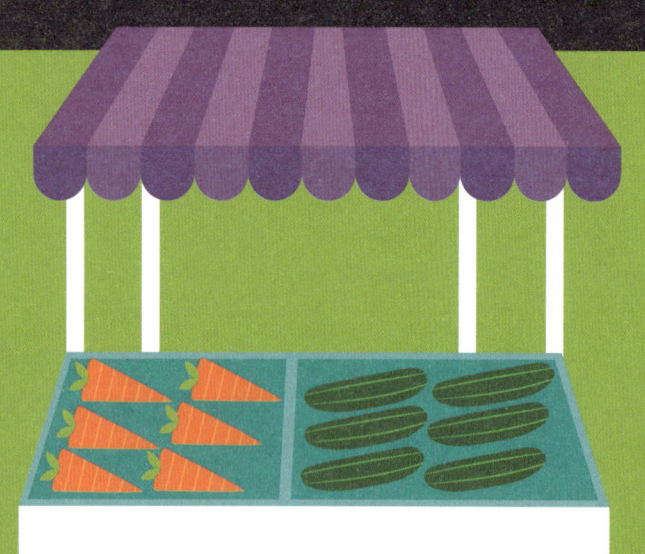

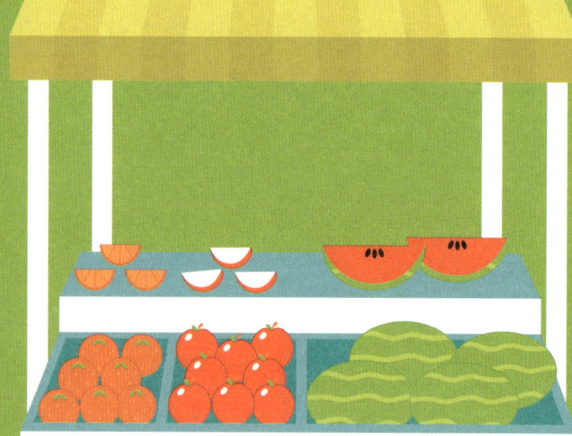

市场力量

市场是进行商品买卖的场所。它可以是一个实体场所，但在大多数情况下，它都是一个虚拟概念。当下，无数个市场正在全球运行——供给者和消费者为了自己的利益，做出各种经济决策，确保产品买卖的顺利进行。

请思考：在制作这本书的不同阶段，供给者和消费者做出了哪些经济决策？这就好像无形的力量正在发挥作用！

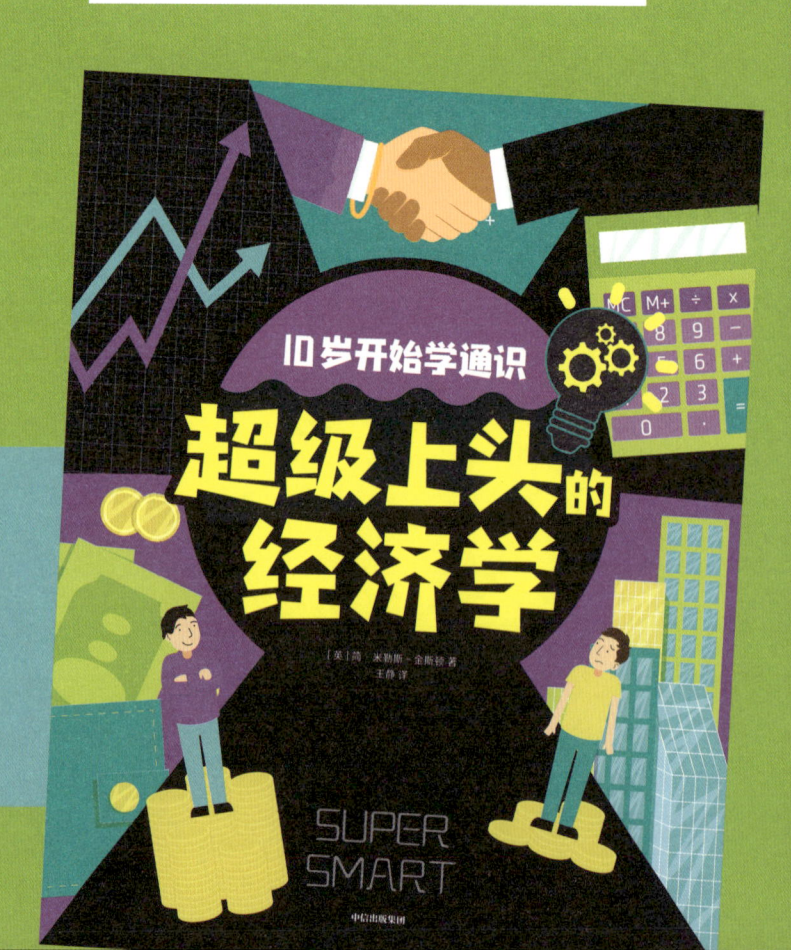

需求与供给

需求供给曲线可以展示产品的买入和卖出。右侧图表展示了书本的需求和供给。

当书本的价格与消费者从中获得的满足感匹配时，他们就会购买。此时，供给者给出的价格刚好等于需求曲线上的价格。如果有更大的利润空间，供给者就会提高供给量，直到价格达到消费者愿意支付的最高值。最终，供给和需求会达到平衡。

书籍的需求与供给

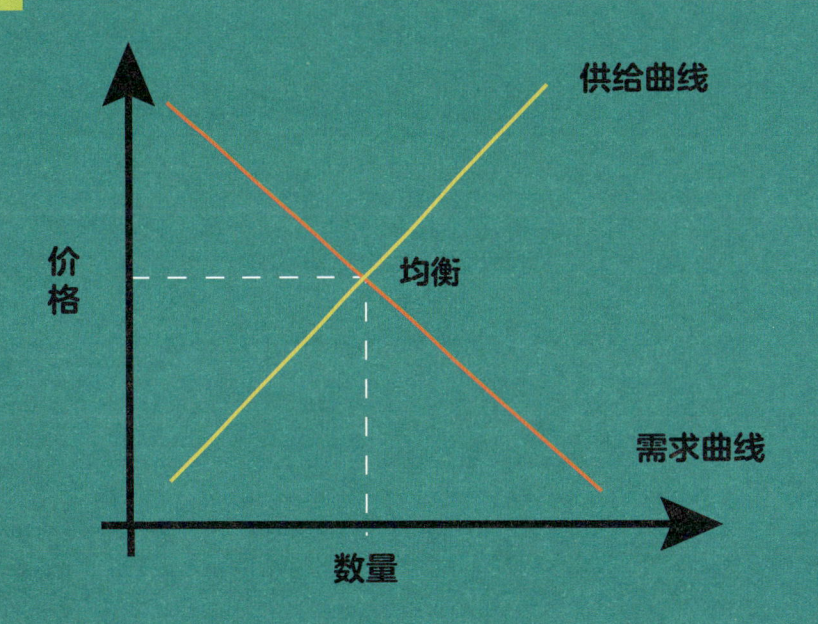

（图示：供给曲线、需求曲线、均衡、价格、数量）

均衡

均衡是指市场上的需求量等于供给量。当市场达到均衡点时，"如何平衡有限的资源与无限的需求之间的矛盾？"这个经济学问题就能够缓解。消费者和供给者拥有的资源有限，所以他们会再三思考，再决定购买什么或卖出什么，来实现个人利益的最大化。

例如，比较稀缺的资源供给量有限，它们的价格会因此上涨，需求会随之下跌。这就是市场制度在发挥作用。

钻石是一种稀缺资源，所以价格非常昂贵。

11

市场失灵

市场制度并不是完美的，有时也无法有效地配置稀缺资源。实际上，市场在一些时候还会加剧经济问题。

信息不对称

在市场制度中，信息非常重要，它能够帮助消费者和生产者做出正确的决策。例如，消费者在买汉堡时，如果不了解汉堡的原料以及汉堡对健康的影响，就可能做出不明智的决策，导致汉堡的市场需求过高，或过多的稀缺资源被投入到汉堡的生产中。

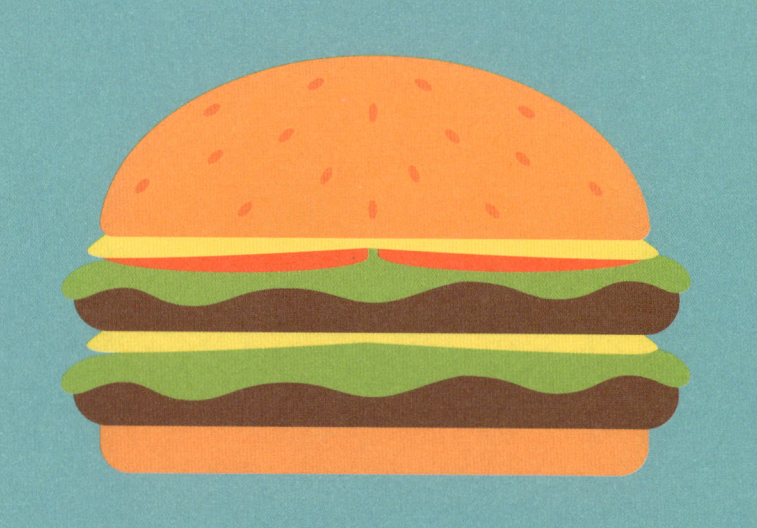

消费者在做出购买决策时，通常会面临"信息差"的问题。例如，在买二手车时，汽车经销商通常对汽车的状况更加了解。如果交易双方中的一方比另一方知道的信息更多，了解较少的一方就有可能做出错误的决策。

信息不对称更容易影响消费者，但供给者有时候也会受到影响。例如，一位新手司机要买保险，保险公司同意了，但保险公司很可能因为信息不对称而蒙受损失。

市场与利己

人们以利己为原则做出经济决策，市场制度就是在这种理念的基础上建立起来的。这意味着，消费者和供给者不会考虑自己的经济决策对他人的影响。这些影响被叫作"外部性"。例如，在时尚行业，服装生产可能会影响到那些并不生产或购买衣服的人——生产服装使用的化学品会造成污染，危害他人。而这些"外部性"成本并没有被计入卖家的生产成本，在计算利润时当然也没有被考虑在内，所以，这会导致服装的供给量过高。

外部性也会产生积极影响，这些积极影响也没有被市场制度算作收益。例如，消费者在购买健康的食物时，并不会意识到这种行为会对他人产生积极影响。

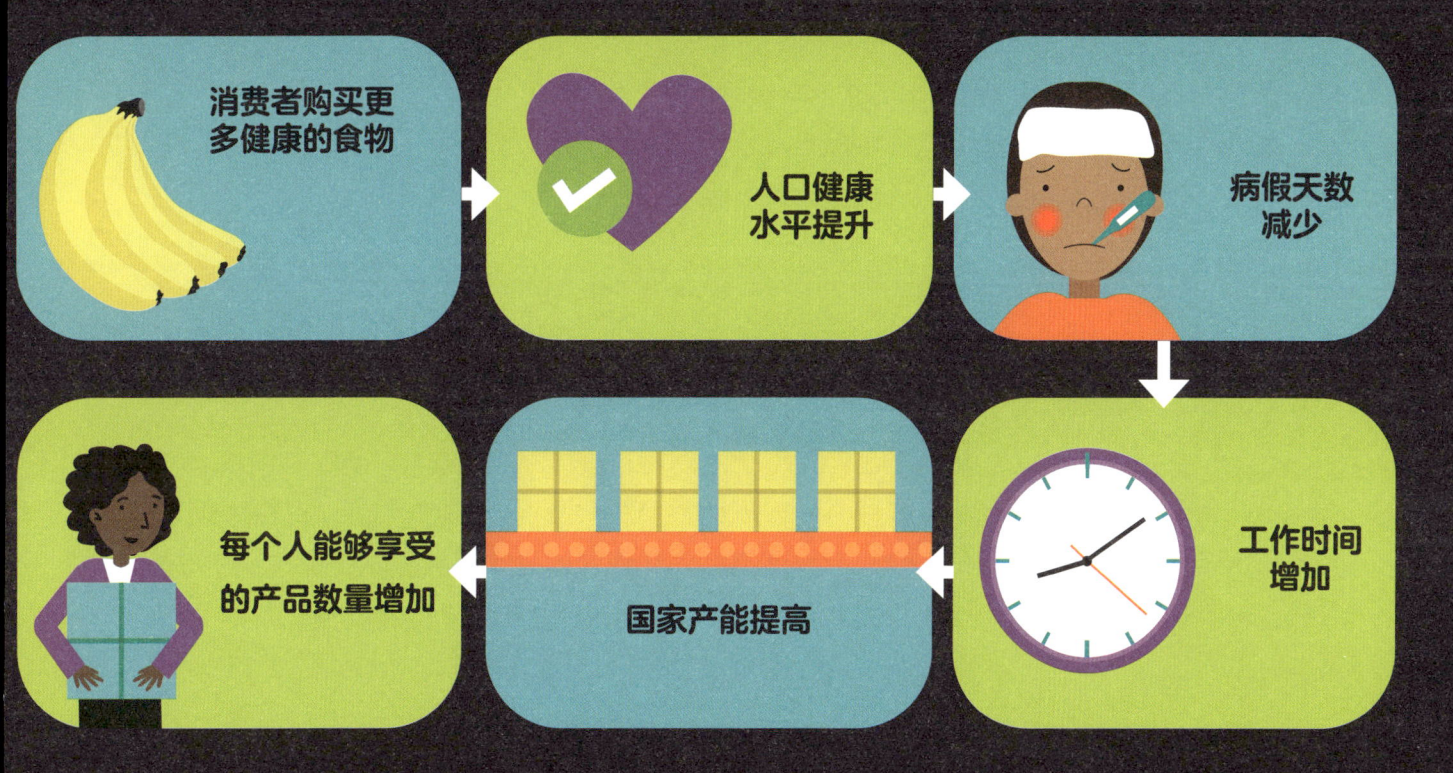

消费者购买更多健康的食物 → 人口健康水平提升 → 病假天数减少 → 工作时间增加 → 国家产能提高 → 每个人能够享受的产品数量增加

在购买健康的食物时，很少有人会想到这一连串的事情，所以，在市场制度之下，健康食物的需求量不会太高。

真正的均衡

经济学家通过调整供需关系，把这些隐性成本和收益考虑进来。从整个社会的角度看，达到均衡点，才能对资源进行充分利用。

政府改善微观经济

在很多国家，绝大部分商品市场可以自由发挥作用。但是，有时为了避免市场失灵，更加全面地考虑产品的成本和收益，以及实现资源的有效配置，政府也会进行干预。

政府干预

政府通过改变商品的价格来干预市场制度。

政府税收

在英国，政府会对有害健康的产品征收税款，比如含糖饮料。税收是指缴纳给政府的钱，在中国它会被算入商品的价格当中。税收的目的是，引导消费者遵循需求定理——商品价格上涨时，需求量下降。

£1.00 + 税款

政府补贴

如果政府认为一种产品或服务能够促进社会发展，应该增加消费，政府就会给予这类企业补贴，让企业降低价格，从而增加消费者对这种产品或服务的需求。例如政府会补贴铁路，因为坐火车的人越多，开汽车的人就越少，污染也会减少。

政府供给

如果政府认为一种产品或服务对社会十分重要，政府自己就会成为这种商品或服务的供给者。例如医疗、教育。

政府干预失灵

有时，政府干预也会失灵，甚至会导致成本大于收益。政府干预也会带来更多的问题。例如，为了减少化石燃料造成的污染，世界各国政府都鼓励农民种植可以用作燃料的作物。它们向农民发放补贴，鼓励种植生物燃料，没想到却让粮食的价格飞涨。有时，政府干预市场，也解决不了经济问题。

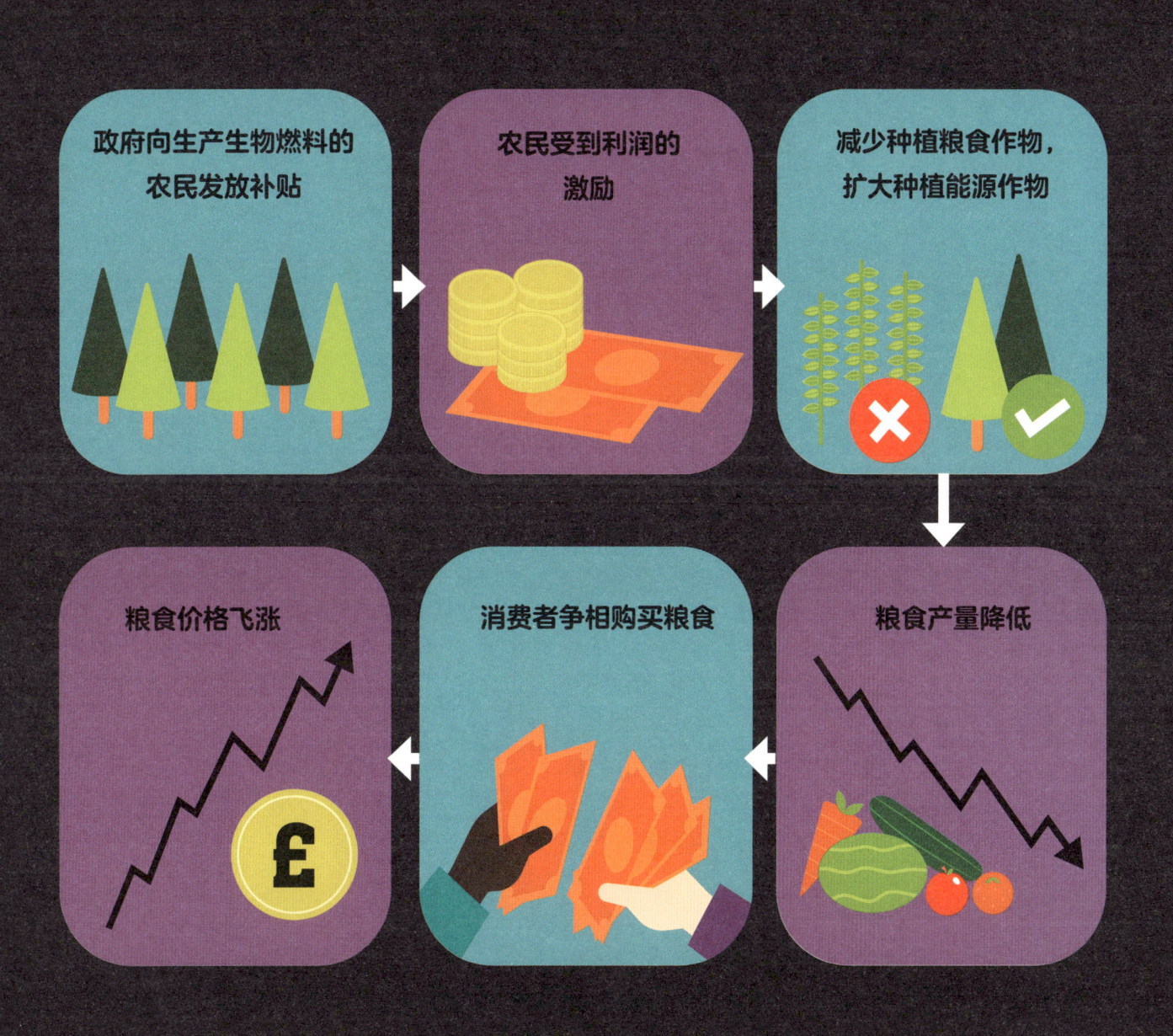

政府向生产生物燃料的农民发放补贴	→	农民受到利润的激励	→	减少种植粮食作物，扩大种植能源作物
粮食价格飞涨	←	消费者争相购买粮食	←	粮食产量降低

请思考：粮食价格上涨会带来什么样的后果呢？

整体的经济情况

宏观经济学研究的是整体的经济情况。单个商品市场加起来，就会构成一个国家商品服务的总需求和总供给。

总需求和总供给

总需求包括个人支出、政府支出和企业支出。影响这些群体以及他们做出购买决策的因素包括：收入的变化、未来的不确定性、政府干预经济的程度等。

总供给是指不同价格之下，供给者能够提供的商品服务的总量。影响总供给的因素包括：生产成本的变化、政府干预的程度、可用资源的质量与数量（例如劳动者技能得到提升）。

国内生产总值

总需求和总供给的均衡点，显示了一个国家提供的商品和服务的总和，也就是我们熟知的国内生产总值（GDP）。经济学家通过观察不同时期GDP的变化，预测一个国家未来的经济发展。

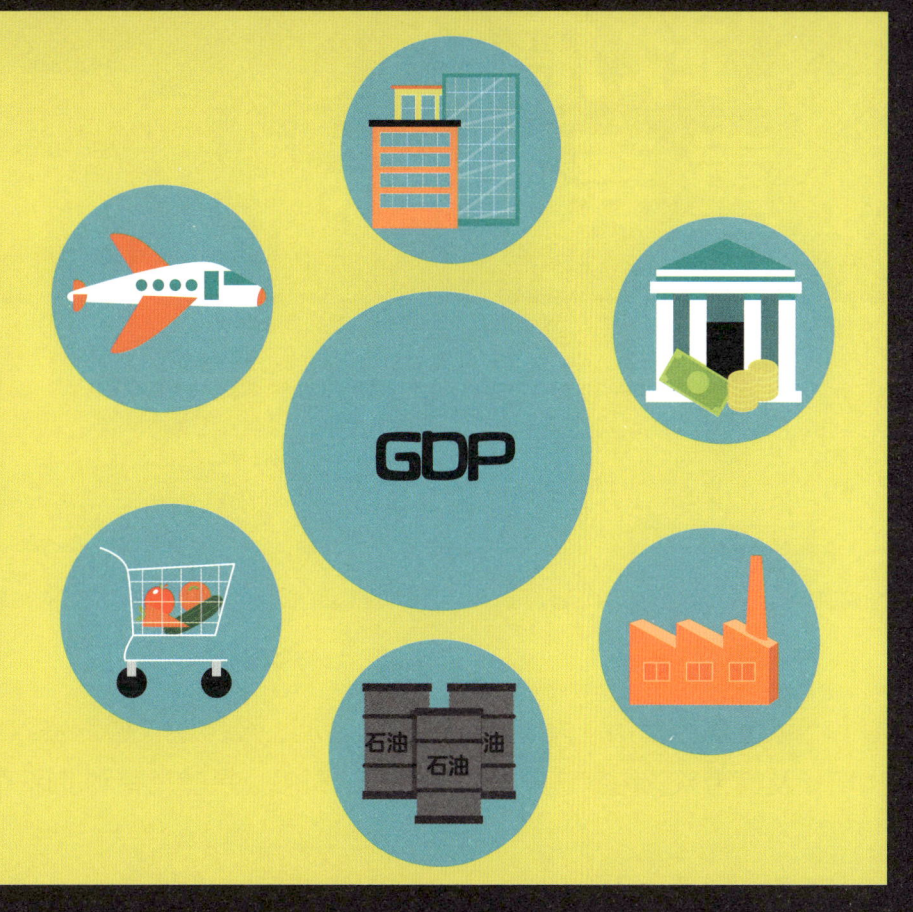

市场经济和计划经济

不同的政府会采取不同的经济政策。市场经济是通过市场配置资源的，政府干预较少。计划经济则由政府规划资源配置，控制经济决策。大多数国家都会将两者结合起来，一部分经济决策由市场主导，一部分经济决策由政府决定。

计划经济 ⟷ 混合经济 ⟷ 市场经济

无论政府实行哪种经济体制，目的都是减少经济问题、促进社会发展，只是方法不同而已。

政府的重要目标

大部分国家的政府都制定了本国经济发展的重要目标。经济学家的任务是，评估政府的各种措施有没有帮助达成这些目标。

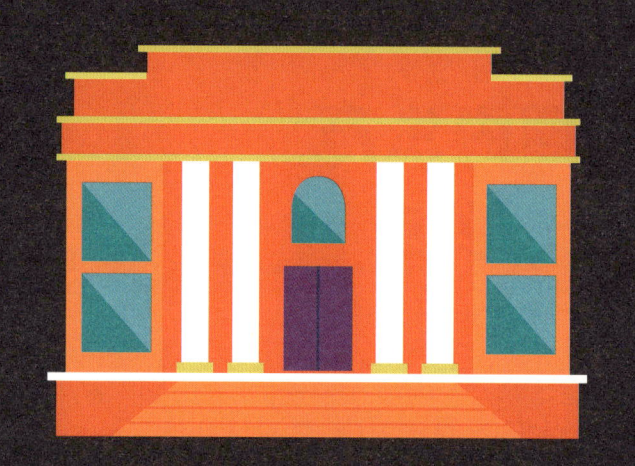

经济增长

经济增长是指一段时间内产量的增加。经济增长通常是政府的重要目标，因为经济增长及其带来的影响在评定政府成绩的时候，是非常有利的因素。

经济增长 → 产出和劳动力需求增加 → 就业岗位增加（招聘）→ 有稳定收入的劳动力增加 → 人们买得起更多的商品 → 生活水平提高

失业

政府想要降低失业率。首先，就业人口越多，产出的商品和服务就越多，经济增长就越快。其次，有稳定收入的劳动力越多，整体生活水平就越高。最后，政府如果可以减少失业补贴方面的支出，就可以增加在其他经济领域的投入，或者减少税收。这些都可以促进社会发展。

通货膨胀

政府想要抑制通货膨胀。通货膨胀是指一段时间内物价水平持续上涨的现象。如果物价涨幅过高，出口商品的价格也会变高，出口商品就会更加困难，商品的需求量也会下降。另外，消费者和企业也很难确定，商品的价值与上涨后的价格是否匹配，这会带来更多的不确定性。

价格

收入差距

政府的另一个目标是促进社会公平。收入差距是衡量社会公平的重要指标，它反映的是本国收入的分配情况。如果大部分财富都集中在少数人手里，就意味着收入差距过大。

政府改善宏观经济

政府不仅可以改善微观经济，还可以从宏观层面帮助经济运行。宏观经济政策会影响整体的经济情况。

财政政策

财政政策是指政府通过调整支出或税收，促进经济增长、降低失业率等的经济政策。

政府降低个人所得税 → 人们的可支配收入增加 → 总支出增加

消费增加，拉动内需（卖光了！）

总产量增加 → 经济增长

供给侧政策

政府也可通过制定供给侧政策来干预经济。供给侧政策能够增加一段时间内的潜在产出。例如，政府会采取一些措施，让企业能够更加便利地供给产品。

政府加大教育支出 → 每个学生都可以享受电脑/网络服务

货币政策

货币政策是指改变经济中所有影响货币的因素的政策。利率就是一种影响货币的因素。利率是利息和银行存款或贷款的比率。一些国家由中央银行控制本国货币，通过这种方法影响经济运行。英国的中央银行是英格兰银行，美国的中央银行是美联储。

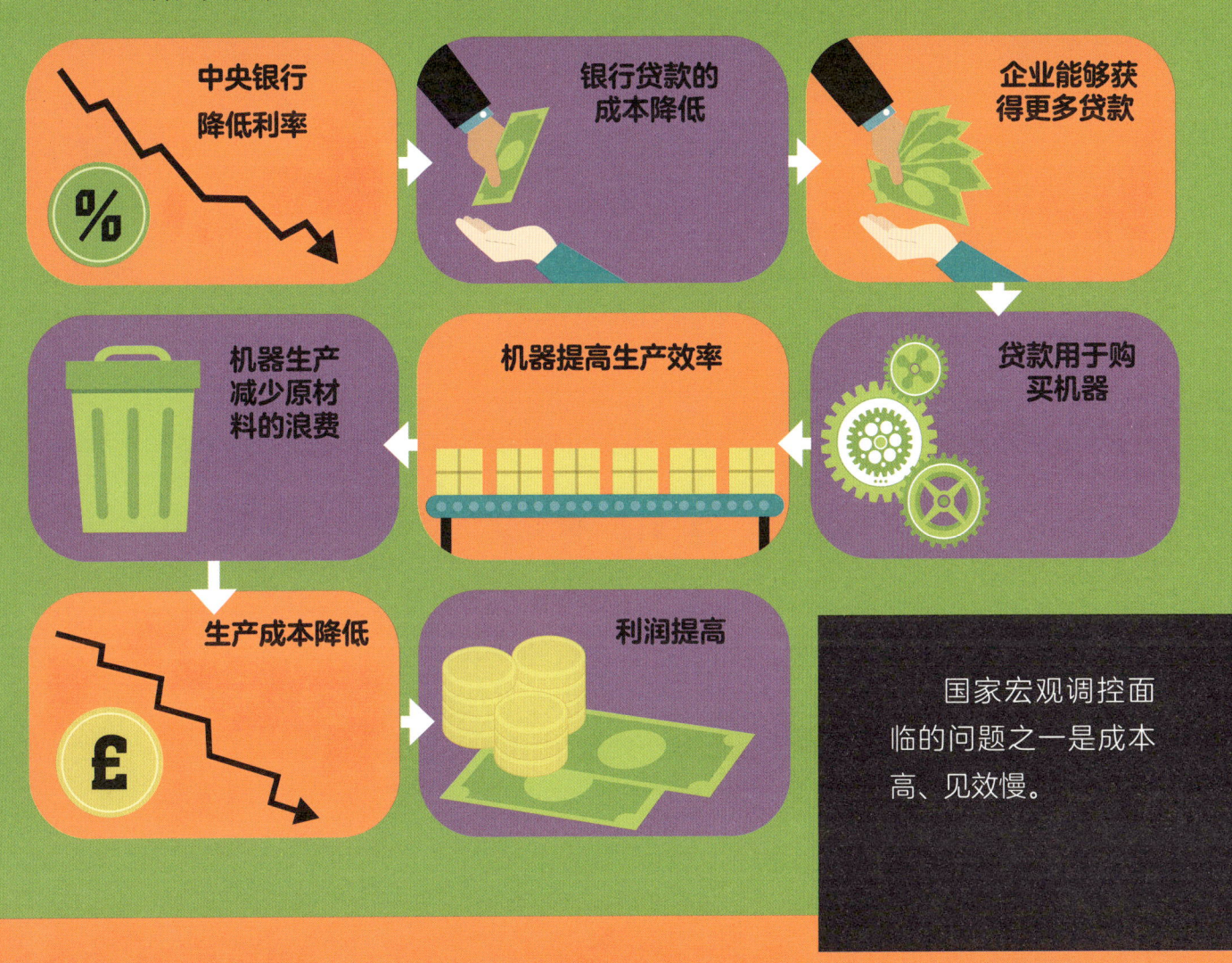

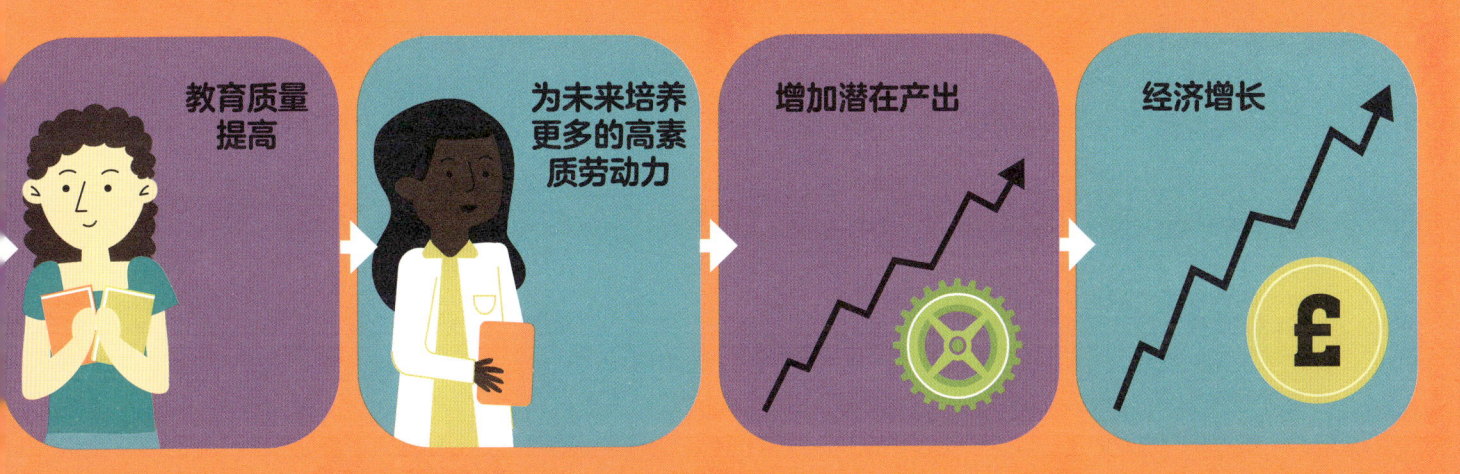

- 中央银行降低利率
- 银行贷款的成本降低
- 企业能够获得更多贷款
- 贷款用于购买机器
- 机器提高生产效率
- 机器生产减少原材料的浪费
- 生产成本降低
- 利润提高

国家宏观调控面临的问题之一是成本高、见效慢。

- 教育质量提高
- 为未来培养更多的高素质劳动力
- 增加潜在产出
- 经济增长

为什么各国要通力合作？

各个国家可以通过合作缓解经济问题，比如，通过国际贸易，进口其他国家的产品，出口本国产品。

全球资源

每个国家拥有的生产资源各不相同，例如，种植作物的气候条件不同、拥有的自然资源不同、劳动力技能水平不同。因此，有些国家在生产某些商品上具有优势。例如，相比印度等国家，英国的气候就不适合种植香蕉，所以，在英国种植香蕉会耗费更多的资源。

产品生产专业化 → 批量生产产品 → 生产技能提升 → 资源消耗降低，产量增加

国际贸易

国际贸易是指各国把自己的特色产品卖给其他国家,并购买对方的特色产品。这意味着每个国家的消费者都拥有了更多可以选择的产品,他们的满意度和生活水平也得以提升。

国际竞争

如果各个国家之间进行贸易合作,企业就会面临全球性的竞争。所以,企业必须努力提高产品质量并降低价格。这样一来,消费者能够从中受益,但缺乏竞争力的企业可能会因此倒闭。

倒闭

全球化

全球化是指各国之间通过国际贸易等方式，联系不断加强的现象。

全球化意味着几乎所有的产品都可以在全球范围内组织生产，并销往世界各地。跨国公司在一些国家设立工厂，同时在其他国家成立办公室，并在世界各地开设店铺。例如，有些国际知名品牌原本只在本国运营，现在却在全球各地制造和销售。你能列举一个在全球范围内家喻户晓的产品吗？

交通运输以及通信技术的发展促进了全球化进程。

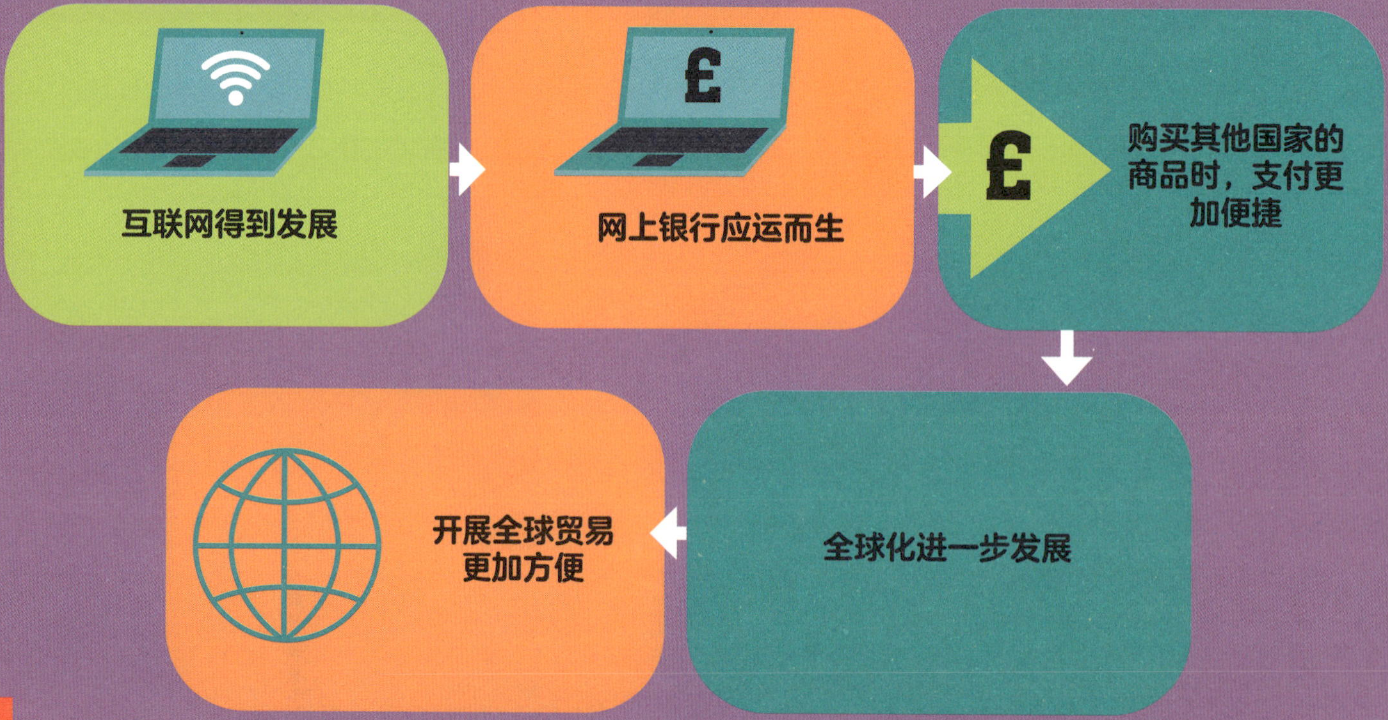

互联网得到发展 → **网上银行应运而生** → **购买其他国家的商品时，支付更加便捷**

↓

开展全球贸易更加方便 ← **全球化进一步发展**

优点

全球化有许多积极影响。首先，消费者和企业能够在全球范围内进行交易。其次，竞争更激烈了，因此企业提升了自身的专业化水平，从而生产出更多物美价廉的产品。最后，为了满足其他国家消费者的需求，企业在世界各地都增加了工作岗位。

缺点

全球化也会带来挑战。例如，来自全球的竞争压力会导致一些企业流失顾客、破产倒闭，从而使许多人失业、生活水平降低。政府可以通过发放失业补助、鼓励创业、帮助失业人口再就业等措施缓解失业问题，但是，这些措施成本高，而且需要一定的时间才能发挥作用。

一些规模庞大的跨国公司有时候会主导整个市场，导致其他企业很难与之竞争，甚至无法进入市场。如果一个企业成为市场上某种产品的唯一生产者，垄断就会产生。由于没有替代品，垄断企业可以随意抬高价格。

生产与保护

在贫困地区，跨国企业会带来投资和就业岗位，这对这些地区而言十分重要。尽管如此，当地政府还是需要制定法律法规，保护环境，维护劳动者的权益，确保产品生产不会影响本国人民的生活水平。

未来的挑战

经济学家也在努力应对未来的挑战，他们重点关注的问题之一是：资源越来越稀缺了。

经济学家的任务是解决眼前的经济问题，同时考虑哪些做法对未来的发展有利。这些做法就是可持续的，因此我们应该坚持。

改变习惯

随着全球人口的增加，商品的需求量也在不断增加，稀缺资源会被耗尽。也就是说，在未来，能够用来制造商品的资源会大大减少。所以又回到上面提到的问题：我们怎样通过开发可再生能源等手段，实现可持续生产？

被污染的星球

随着产量的增加，环境也在不断恶化。生产过程会造成空气污染，废弃塑料制品会导致水污染。只有改变生产方式，这些问题才能得到解决。我们可以探索绿色环保的生产方式。由经济学家预估各种措施的成本和收益，政府、企业、消费者可以据此决定用哪些手段降低污染。

气候变化

气候变化会影响经济。因为气候变化会影响资源，例如海平面上升或者天气模式的变化会导致陆地面积减少。经济学家可以研究，经济决策应该怎样应对气候变化，或者最大程度降低气候变化的影响。

拯救世界

解决现在和未来的经济问题是我们每个人的责任。这个世界需要能够创造性地解决问题、具有远见卓识、愿意探索各种可能性并且能够评估各种决策的经济学家。这个世界需要能够发现问题并且想要有所作为的人。这个世界需要你！

词汇表

补贴：主要指国家财政在一定时期内，对生产或经营某些销售价格低于成本的企业、因提高商品销售价格而受影响的企业和消费者，给予的经济补偿。

成本-效益分析：通过比较成本和效益，来评估项目价值的一种方法。作为一种经济决策方法，政府部门经常在计划决策中运用它，寻求以最小的成本获得最大的收益。

分配：经济学上指，把生产资料分给生产单位或把生活资料分给消费者，是社会再生产过程的环节之一。

供给：生产者愿意并能够提供给市场的物品和劳务。

国内生产总值（GDP）：一个国家或地区的居民，在一定时期内生产的全部最终产品和劳务的市场价值总额。

利己主义：以自我为中心，只顾自己利益，不顾别人利益和集体利益的思想。

利率：一定时期内，利息额与存入或贷出金额的比率。

模型：研究对象的替代物。在经济学中，模型能帮助描述事物实体或社会经济现象的主要特征和变化规律。

生物燃料：从生物中获得的能量，是一种间接的太阳能。

市场：商品交易的场所。

税收：国家对有纳税义务的组织和个人，依法通过征税取得的财政收入。

通货膨胀：纸币的发行量超过流通中实际需要的货币量，从而引起货币贬值、物价上涨的经济现象。

消费者：购买或使用商品和服务的一方。

资源：生产资料或生活资料的来源，包括自然资源和社会资源。

你学会了吗？

1. 需求定理是以什么为基础的？
   A. 利他主义
   B. 利己主义
   C. 个人主义

2. 在供给定理中，价格上涨时，供给量会怎么变化？
   A. 增加
   B. 不变
   C. 减少

3. 我们常说的GDP指的是？
   A. 世界生产总值
   B. 国内生产总值
   C. 消费者价格指数

4. 一段时间内物价水平持续上涨，可能引起什么经济现象？
   A. 通货膨胀
   B. 通货紧缩
   C. 经济增长

5. 利率是怎样计算出来的？
   A. 利息减去银行存款或贷款。
   B. 利息乘以银行存款或贷款。
   C. 利息除以银行存款或贷款。

6. 国家之间进行贸易合作，不会带来下面哪种影响？
   A. 企业将面临全球性竞争。
   B. 企业必须努力提高产品质量、降低价格。
   C. 缺乏竞争力的企业也可以生存。

10岁开始学通识

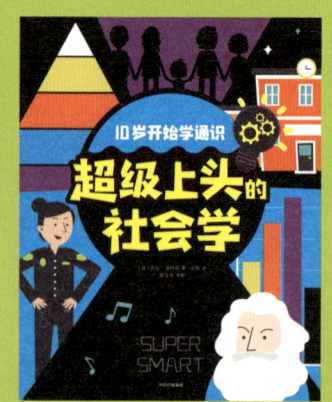

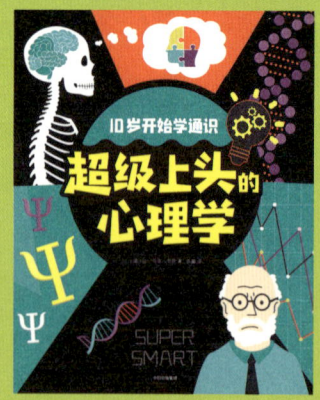

答案：1.B 2.A 3.B 4.A 5.C 6.C

10岁开始学通识

超级上头的社会学

SUPER SMART

[英]劳拉·波特尼 著 淡豹 译 赵士发 审校

中信出版集团 | 北京

图书在版编目（CIP）数据

超级上头的社会学 /（英）劳拉·波特尼著；淡豹译. -- 北京：中信出版社，2024.1
（10 岁开始学通识）
ISBN 978-7-5217-6007-1

Ⅰ.①超⋯ Ⅱ.①劳⋯ ②淡⋯ Ⅲ.①社会学—少儿读物 Ⅳ.①C91-49

中国国家版本馆CIP数据核字（2023）第171282号

Super Smart Thinking: Sociology Made Easy
Written by Laura Pountney
First published in Great Britain in 2021 by Wayland
Copyright © Hodder and Stoughton, 2021
Simplified Chinese rights arranged through CA-LINK International LLC
Simplified Chinese translation copyright © 2024 by CITIC Press Corporation
ALL RIGHTS RESERVED

本书仅限中国大陆地区发行销售

超级上头的社会学
（10 岁开始学通识）

著　　者：[英]劳拉·波特尼
译　　者：淡豹
审　　校：赵士发
出版发行：中信出版集团股份有限公司
　　　　　（北京市朝阳区东三环北路 27 号嘉铭中心　邮编 100020）
承　印　者：北京瑞禾彩色印刷有限公司

开　　本：889mm×1194mm　1/16　　印　张：16　　字　数：640 千字
版　　次：2024 年 1 月第 1 版　　　　印　次：2024 年 1 月第 1 次印刷
京权图字：01-2023-0699
书　　号：ISBN 978-7-5217-6007-1
定　　价：169.00 元（全 8 册）

出　品：中信儿童书店
图书策划　红披风
策划编辑　陈瑜
责任编辑　陈瑜
特约编辑　胡雪琪
营销编辑　高铭霞　周惟　叶芮希
装帧设计　哈_哈

版权所有·侵权必究
如有印刷、装订问题，本公司负责调换。
服务热线：400-600-8099
投稿邮箱：author@citicpub.com

目录

社会学是什么？ ……………………………………………………………… 2

社会学是怎样诞生的？ …………………………………………………… 4

社会学家如何研究人们的生活呢？ ……………………………………… 6

社会很有用！来自功能主义者的看法 …………………………………… 8

马克思是谁？ ……………………………………………………………… 10

女权主义：社会学里的女性 ……………………………………………… 12

为什么"意义"也很重要？ ……………………………………………… 14

理解"变化"的新方式：后现代思潮 …………………………………… 16

学着用社会学的视角看待家庭 …………………………………………… 18

人们为什么会犯罪呢？ …………………………………………………… 20

关于课堂的社会学 ………………………………………………………… 22

为什么说"整个世界就像一个村庄"？ ………………………………… 24

社会学家如何改变世界？ ………………………………………………… 26

词汇表 ……………………………………………………………………… 28

你学会了吗？ ……………………………………………………………… 29

社会学是什么?

欢迎来到社会学的世界!这门学科十分迷人,它会改变你思考世界的方式。"社会学"的意思很简单,指研究社会的学科。

社会是什么?

社会是共同生活的人类群体。社会通常以群体的形式组织,我们管这些形式叫"社会群体",比如,家庭、教育机构、宗教派别和政府等。

社会学家感兴趣的是,社会如何塑造了你的思考和行动。

我们如何学习成为社会的一部分呢?

这可不是一夜之间就能做到的!其实,人是逐步学会"做人"的,这种过程就叫社会化。

在社会化的过程中,每个人都会学到该如何表现得"正常",以及认识到在社会中哪些行为是正确的,哪些又是错误的。在我们的人生中,社会化贯穿始终,自从我们降生那一刻就会开始,持续到离开人世。比如:

学习正确的餐桌礼仪

学习交朋友

学习说话

如果人没有经过社会化,会产生哪些后果?

后果是,人可能会做出给社会带来危害的行为,造成社会反常状态。这个社会学概念的意思是混乱、没有规范。

研究社会时,社会学家要运用"社会学的想象力"。这意味着他们要在熟悉的事物中寻找有趣和有意义的东西。他们仔细研究人的日常行为和活动,提出有趣的假说,探索背后的含义。

社会学是怎样诞生的?

在19世纪的欧洲,人们对生物学、物理学、化学等自然科学,以及医学,都更感兴趣了。科学的思维方式与此前的思维方式不同,它注重经验证据。要证明某件事是真的,人们需要提供证明过程或者证据。

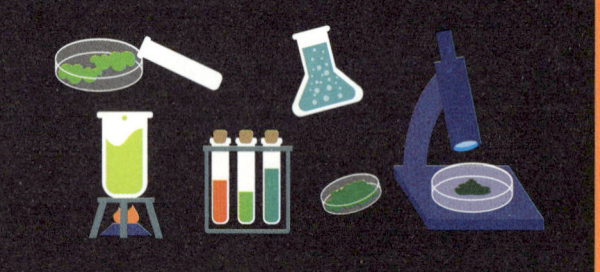

> 科学能回答一切问题!我们能用科学治好疾病,造出机器,让生活更方便。

> 如果自然科学这么厉害,那社会学也可以!

科学主义

埃米尔·涂尔干(1858—1917)是一位法国的社会学家。他坚信可以用科学方法解释社会在一定时段内的变迁。

涂尔干认为,社会学能帮助我们识别犯罪等各种社会问题。在此基础上,用科学的方法还能分析出社会问题背后的原因,比如只要找出犯罪的成因,就能解决犯罪问题。他甚至认为,研究社会可以采用做实验的方法。

你知道吗?

"社会学"(sociology)一词,是社会学家奥古斯特·孔德(1798—1857)提出的。他将拉丁文中的"伙伴"(societas)与希腊文中的"研究"(logos)组合,创造出sociology。

变迁中的社会

到19世纪，欧洲社会开始急速变迁。社会学家们认为，社会学能够解释这些变化。比如，在这段时间里，人们离开乡村、移居城市的城市化进程，带来了家庭的变化。社会也因此在短时间内变得复杂了许多！

变迁中的社会

平等

有些社会学家认为，这一阶段的社会变迁具有正面意义。另一些社会学家则有所怀疑，认为这使得社会中的一部分人比其他人更有权力。他们对这一阶段的社会变迁持批评态度，呼吁建立更平等、更公正的社会。

于是，社会学诞生了！社会学家对世界的理解方式有许多种，所以，关于社会问题的辩论时刻都在发生。

社会学家如何研究人们的生活呢？

社会学家可不只是坐在办公室里思考社会问题。事实上，他们工作中很重要的部分是走出去，在真实世界中研究社会。这是因为，对于社会学家来说，他们不仅需要提出对社会问题的看法，还需要可观察的或经验性的证据来支持自己的看法。

因此，社会学家会用各种各样的方法去解读人们思考和行动的方式，这就是"研究方法"。有一些研究方法需要运用大量的计算和数字，另一些方法则会用到文字和图像。

使用数字的研究方法，得出的是定量数据。

使用文字和图像的研究方法，得出的是定性数据。

定量方法	定性方法
数字是分析社会问题的最佳方式	文字和图像是分析社会问题的最佳方式
做实验和发放问卷	观察生活中的人。通过观察和访谈令受访者放松下来，讲述自我
做研究必须关注"信度"（可靠性），也就是说，研究可以重复，并得到相似的结果	做研究的根本目的在于发现真理，因此"效度"（真实性）很重要

卧底研究

选择哪种研究方法，要根据研究内容决定。假如你想研究窃贼，那直接去找他们，请他们填问卷，恐怕行不通。有时社会学家会做"卧底研究"，比如，在警察的协助下观察罪犯。

初级研究和二次研究

如果研究人员自己去做研究并取得数据，这种研究方法就叫"初级研究"。有时，社会学家也会使用现存的数据或信息去解读社会议题，这叫"二次研究"。

社会很有用！
来自功能主义者的看法

社会学家看待社会的观点各异。正如右侧这幅图，你从中看到了什么？

有人会看到一个上了年纪的妇女，还有人会看到一个年轻女郎转头望着别处。

社会学家以不同的视角分析社会，形成不同的"理论"。

理论就是能解释社会变迁的一系列主张。

> 社会，它很有用！

最早的社会学理论之一是功能主义。从名称就能看出来，信奉功能主义的社会学家相信社会是具有功能的。

他们认为社会有积极作用。他们相信它是有用的，或者是运转良好的，对社会中的每个人都能发挥正面效用。他们还认为，人需要感知到自己是社会的一部分，因此"社会化"很有必要。

功能主义者认为人们需要社会力量，来塑造自身的行为。事实上，在功能主义者眼中，人就仿佛是线上的木偶。

比如，人们需要被提醒，意识到什么是"正常行为"或规范，以及了解社会的价值观，也就是说，在社会中什么才是重要的。

包括涂尔干在内的功能主义思想家很重要，因为他们通过研究说明，社会事实是可以创造的。涂尔干认为，社会事实能够为社会问题找到答案。

比如，解释以下这些问题时，功能主义能起到重要作用：

随着时间的推移，家庭发生了哪些变化？对于维持社会的平稳运行，家庭能起到哪些作用？

为什么学校教育在人的成长中必不可少？为什么学校能帮助人在长大后更好地适应社会？

为什么会发生犯罪？为什么提醒人们什么是对的、什么是错的，很关键？

有些社会学家认为，功能主义者的主张过于积极正面了。也就是说，他们忽视了社会中存在的一些问题。还有些社会学家认为，功能主义者的观点已经过时了，老朽不堪。虽然功能主义的看法仍旧有意义，但是，别忘了它基本是由欧洲和北美的白人男性提出的，他们没有真正考虑到其他人的观点，譬如女性，或者是住在世界上不同地方、对世界有不同看法的人。

那我们呢？

9

马克思是谁？

卡尔·马克思于1818年出生在普鲁士王国。他的思想在当时就有很大影响力。直到今天，马克思还被评为过去一千年人类最伟大的思想家之一。

马克思的共产主义思想

在马克思生活的时代，欧洲发生了很多变化，其中，城市化是很突出的现象，许多人从农村进入城市生活。他通过研究这些变化，发现了社会发展的普遍规律。

比如，人们首先必须满足吃、喝、住、穿的需求，然后才能从事政治、科学、艺术等活动。所以，人们关于政治、法律、艺术等的观点，是从他们的经济基础上发展起来的。

马克思和当时其他的一些思想家构想出一种新型的社会，也就是共产主义社会。他们认为，这样的社会更加自由、平等与公正。

在共产主义社会，社会财富将得到更加公平的分配，每个人都能从事自己喜爱的工作，发挥自己的潜能，过上幸福美好的生活。社会主义社会是共产主义社会的初级阶段。世界上的社会主义国家有中国、朝鲜和古巴等。

马克思非常勤奋，一生中撰写了许多著作，比较著名的有《资本论》《共产党宣言》《德意志意识形态》等。其中，《资本论》是一部伟大的著作，它花费了马克思毕生的心血。他的朋友恩格斯曾与他一起做研究，两人的友谊十分深厚。

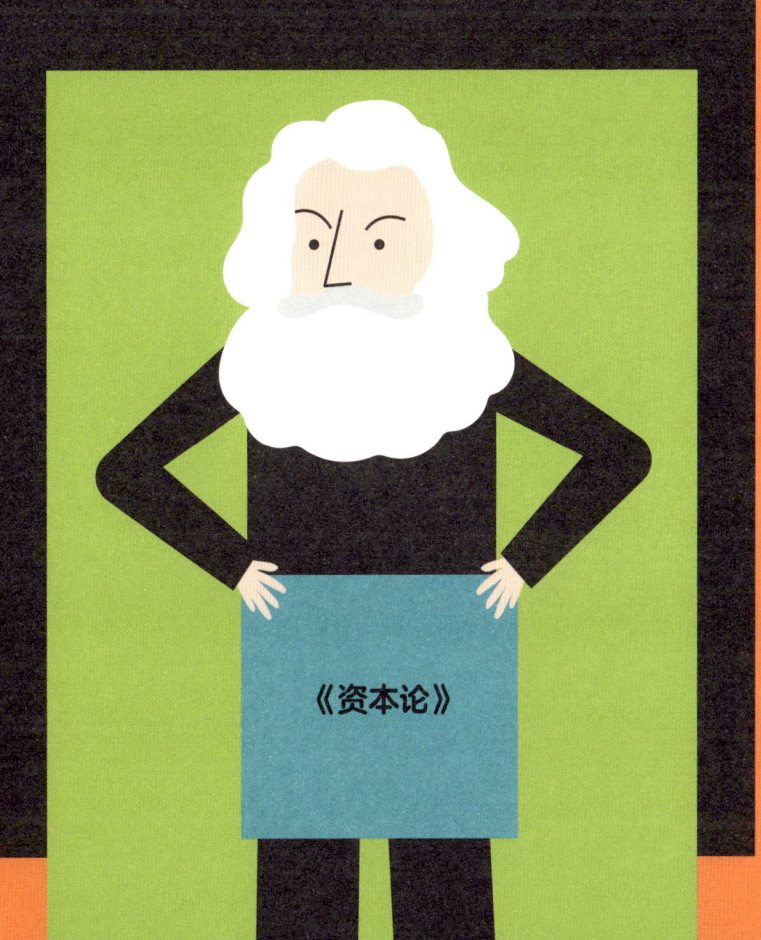

《资本论》

女权主义：
社会学里的女性

过去，女性无法受到和男性同等的教育，甚至有些女性根本没受过教育。许多妇女不被允许工作，而那些工作的妇女也只能从事特定种类的工作。女权主义者长期以来一直为女性的权利大声疾呼。不过，直到20世纪，女性才开始渐渐变得与男性平等。

> 女性选举权！　女性选举权！　女性选举权！

甚至到了20世纪，社会对大多数妇女的期待，仍旧是让她们用大部分时间照顾家庭。女性社会学家也很少。到20世纪60年代，一些非常重要的变化发生了。

女权主义社会学家写下一系列重要著作，让人们注意到她们在所谓的父权社会（男性主宰的社会）中，曾经经受并且仍然经受着怎样的压迫，以及她们的权力不如男性那么大的事实。她们还游行、抗议、成立社团组织，以防止妇女受到歧视。同时，女权主义者也要求修改一系列法律，比如，要立法保证男女同工同酬。作为一种社会运动，女权主义带来了巨大的社会变迁，且直到今天仍在继续。

> 我的身体和你的不同，并不意味着我不能做和你一样的事，我们应当是平等的！

为平等而战

女权主义者知道女性所处的环境千差万别。事实上,女权主义者也分很多类型。对于女性如何受到压迫,以及挑战父权的途径,她们看法并不相同。

> 我想拥有上学的权利!

> 如果我和男人做同样的工作,那我应该拿到相同的报酬!

> 男人要和女人平分家务!

别忘了,每个人都可以为实现性别平等出一份力!

尽管已经出现了一些重要的改变,但今天,在部分生活领域中,男女仍然不平等。所以,呐喊仍在继续!

为什么"意义"也很重要?

功能主义者和马克思主义者的共同兴趣,在于探索和解释社会的变化。他们关心的是,社会中的社会力量如何塑造人们的行为。并不是所有社会学家都同意这种研究方向。马克斯·韦伯(1864—1920)是一位重要的德国社会学家。他认为,要真正理解社会,应当关注日常生活里的小细节。

韦伯与加尔文主义者

韦伯研究了德国的一群基督徒——加尔文主义者。欧洲宗教改革者约翰·加尔文(1509—1564)想改变人们对基督教的理解方式,而加尔文主义者就是一群相信加尔文的宗教思想的人。加尔文认为,人应当勤奋工作,努力追求,谋事在人,成事在天。韦伯通过研究向我们揭示出,对加尔文主义者来说,他们日常生活中一天天的微小变化,最终导致他们的社会发生了巨大的改变。

韦伯总结道，日常生活中的细节能够揭示许多关于社会的信息。

许多社会学家采纳了韦伯这种观点，发展出了标签理论等学说。标签理论指，人们会通过观察其他人的穿着、言行举止来对他人做出判断。比如，学校里，老师可能会观察学生，认为看起来干净整洁、有礼貌、安静的孩子也许更优秀。

理解"变化"的新方式：后现代思潮

在 20 世纪 80 年代，有一群社会学家认为世界已经发生了如此大的变化，以前解释世界的方式行不通了。这些社会学家被称为后现代主义者，"后现代"的意思就是"超越现代"。

这就是艺术！

一种新的世界观

后现代主义思想不仅出现在社会学界，也出现在艺术、写作、电影等领域。这种思想的核心在于，它试图理解我们身处的世界，一个每时每刻都在发生许多变化的新世界。

从前，人们的生活比较简单，变化不多，因此人们对世界的看法比较相似。

拿家庭生活举例子吧。从前，人们通常先结婚，再生育。如今，人们组织家庭的方式有很多种。

现在，随着旅行的增多，随着人们能够通过电脑和互联网去了解其他人的生活方式，我们不再持有一套该如何生活的"现成"想法了。发生这种变化的部分原因在于，不同的人、不同的思想之间的联系增强了。社会学家管这种过程叫作全球化。

因此，后现代主义者认为，对于生活中的问题，不再有"一套现成的答案"。相反，世界上存在着许多种真理、许多种理解世界的方式，没有哪种一定比另一种更好。

科学　哲学　艺术　医学　社会学

后现代主义者对描述我们今天生活的世界非常感兴趣。他们的研究主题包括选择、人的多样性、独角兽、爆米花……什么都有！

学着用社会学的视角看待家庭

社会学家向来对家庭在社会中扮演的角色感兴趣，换句话说，他们喜欢研究家庭的"作用"。

功能主义者认为家庭具有积极作用，它有助于社会平稳运行。家庭是一个孩子经历社会化、成年人得到放松的地方。

女权主义者认为传统家庭是父权制的，意味着男性占据家庭的支配地位。女权主义者希望看到家庭发生变化，变得更平等。

单亲家庭——父亲或母亲一方独自抚养孩子的家庭。

重组家庭——夫妻离婚后，与他人再次结婚组成的家庭。

家庭结构

在过去，大多数家庭可能由一位母亲、一位父亲和多个孩子构成，称为核心家庭。但是，在过去50年里，家庭结构（家庭成员的数量和"角色"）与家庭关系都发生了巨大的变化。

核心家庭——一对已婚夫妇及其成年或未成年子女组成的家庭。

大家庭——人们还有可能和亲戚住在一起，比如姑姑、叔叔、祖父母。

有些人甚至会分开居住，但不影响他们共同组成家庭。

亲属，也就是那些彼此间有婚姻或者血缘关系的人，对彼此来说十分重要。不过，近年来，社会学家更感兴趣的是人们将谁视为家庭成员，即使他们之间并没有婚姻或血缘关系。

旅行和互联网带来的那些新的家庭生活组织方式，也让社会学家感兴趣。

他们还对不断改变的童年的定义、社会变化如何影响人口统计（对人口的研究），以及与家庭生活相关的法律变化感兴趣。

人们为什么会犯罪呢?

社会学家喜欢解释社会问题的形成原因。其中一个社会问题就是犯罪,也就是违反法律。关于什么是"罪"的观念随时间的推移而改变,在不同地区也有所不同。换句话说,"罪"是一种社会建构,也就是一种由社会构建出的观念。

功能主义者认为,如果人们没有经历正确的社会化,就会犯罪。功能主义者还认为,我们需要犯罪来确保人们知道社会的界限(即提醒人们什么是对,什么是错)。

窃贼因违反法律而被送进监狱。

你惹上大麻烦了!

女权主义者认为女性往往是犯罪的受害者，而且，社会倾向于鼓励男性的暴力行为和好斗脾性。他们还指出，如果犯罪的是女人，她会被视为双重越轨，因为她既是罪犯，又违反了社会为女性制定的行为规范！

社会行动论者认为，警察经常给特定群体贴上犯罪嫌疑人的标签，导致他们更有可能被警察拦下。

后现代主义者认为，在思考不良或错误行为时，"犯罪"这个概念不太有用。他们主张换用"社会危害"的概念，来看待犯罪对社会造成的影响，而不是简单把触犯法律的人关进监狱。

罪与罚

在研究法律的实际应用与犯罪的后果方面，社会学家能起到重要作用。他们还会研究警察的工作方式，分析谁更可能犯罪，谁又可能成为受害者。

有些特殊人群更有可能犯下某些罪行，比如反社会型人格障碍者。

社会学家也研究刚出现的新型犯罪，比如破坏环境的"绿色犯罪"。

21

关于课堂的社会学

课堂只是学习的地方,对吗?社会学家可不赞同,他们认为课堂是向学生传递信息的空间。

你是一名理想的学生!

我对你、对所有人一视同仁!

你什么都能做成!

功能主义者认为上图中的这些信息是积极的,让每个人知道自己和别人有同等机会在学校表现良好,所以,学校是个唯才是举的地方。

女权主义者发现,虽然女孩在学校的成绩通常比男孩好,但她们在以后的生活中仍然工资较少,部分原因是她们被鼓励从事工资比较低的工作。

标签理论家认为，学生有时会被区分为"理想"的学生和"淘气"、不太可能表现好的学生。通过研究，社会学家已经证实，被认定为"好学生"或"坏学生"，也就是被贴上标签，具有强大的影响力。学生会相信标签，反过来导致他们的行为符合身上的标签。

关于课堂的法律

近年来，社会学家对于影响学生经历、学生表现的那些法律变革与规则变化很感兴趣。他们还想知道学校的市场化带来了哪些影响。学校的市场化是指学校像商业机构一样运作。

不同学生群体的考试成绩差异很大，社会学家十分关心为什么会发生这种情况。

一些社会学家认为，这可能与家庭生活和学校的情况有关。

为什么说"整个世界就像一个村庄"？

社会学家一直都对揭示社会变迁感兴趣。最近这些，世界发生了许多重大的社会变迁，其中不少与全球化进程有关。

什么是全球化？

在社会学中，全球化意味着世界的相互联系进一步加强。这说明，在某些方面，世界正变得越来越小。

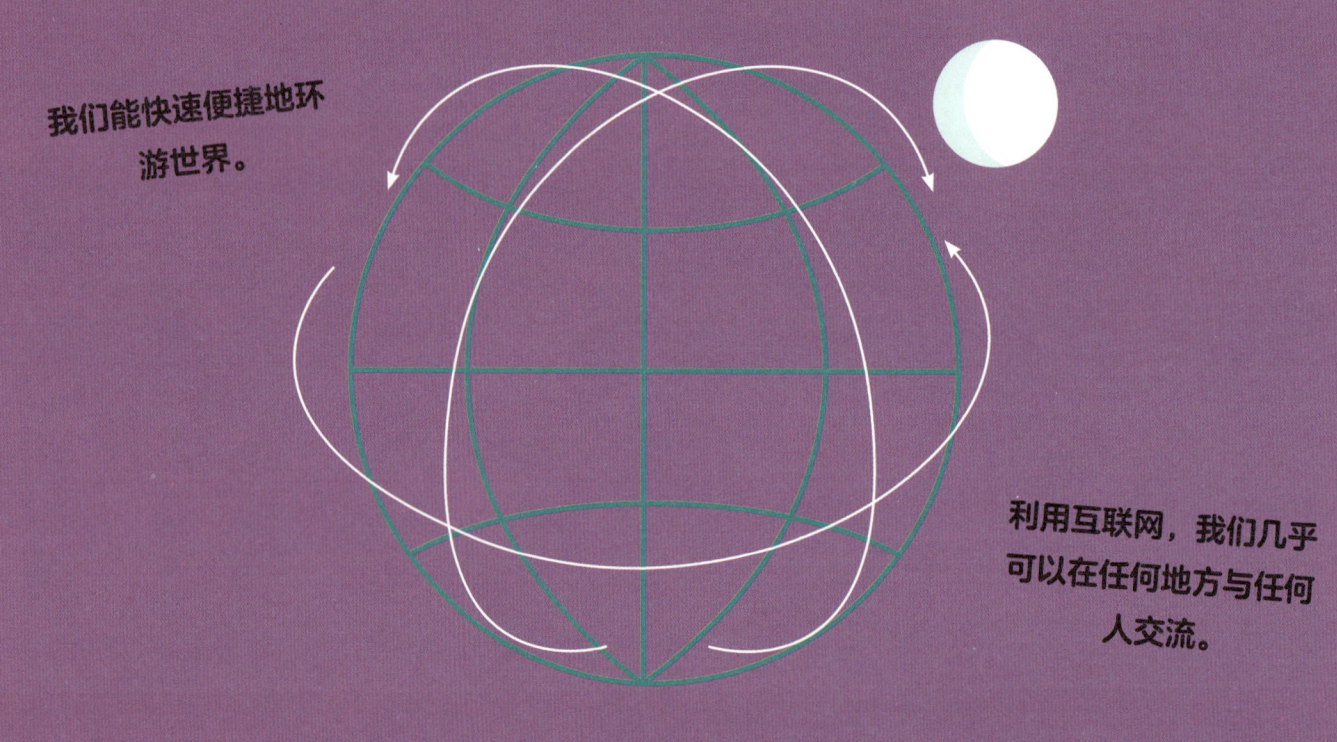

我们能快速便捷地环游世界。

利用互联网，我们几乎可以在任何地方与任何人交流。

社会学家对全球化带来的影响感兴趣，他们正在研究：

| 人们可以迁移到其他地方工作、生活。 | 罪犯能跨越国界，警察也可以跨国打击犯罪活动。 | 商业企业能同时在许多国家经营业务。 |

利与弊

这些影响有些是积极的，有些则会带来问题。比如，当新思想席卷而来，一些人或许会觉得，自己的信念在别人眼里可能不那么重要了。

可我想保持原有的生活方式。

哇，好酷啊，快来看看这种新的生活方式吧！

全球化为社会学带来一种很棒的影响：社会学家更了解世界各地的人们如何思考、如何看待这个世界了。

25

社会学家如何改变世界?

正如你在整本书中看到的,社会学家绝不仅仅是记录,他们也在推动社会变迁、带来立法变革。

同工同酬

妇女权利

消除种族歧视

社会学家的成果包括:

反对种族主义和性别歧视的法律。

针对破坏环境罪的新法律。

换种方法思考

除了促进立法外，社会学的研究对帮助普通人转变思维方式也很有用。

有关性别的观念正处在变化中。随着经济发展和受教育水平的提高，女性拥有了更多就业机会，社会地位逐步提升。越来越多的人认为，女性应该和男性一样，进入职场实现自己的人生价值。

社会学有助于打破关于特定人群的既定叙述。比如，社会学能帮我们更好地理解移居到另一个国家的人（移民）做出的贡献。

社会学还会指出为什么我们需要新政策，或者政策需要做出哪些调整。比如，最近一些国家的政府削减开支的政策可能会使一些群体变得贫困。

社会学家研究这些影响，并为社会实现更大范围内的公平而努力。

词汇表

城市化：农业人口转化为非农业人口、农业活动转化为非农业活动的过程。

法律：由立法机关或国家机关制定，国家政权保证执行的行为规则。

犯罪：严重危害社会、触犯刑律、应受刑罚惩罚的行为。

共产主义社会：在社会主义社会基础上建立的最高级、最理想的社会经济形态。社会生产力得到最充分发展，物质财富极为丰富，实行各尽所能、按需分配。

规范：约定俗成或明文规定的标准。

后现代主义：继现代主义之后，对现代主义否定和反驳的当代文艺思潮之一，涉及哲学、艺术、科学等多个领域。

全球化：一种动态的社会进程，即世界范围内的经济、政治、文化、环境的关联和流动。在这一状态或进程中，全球性的社会联系增多，世界逐渐成为一个整体。

社会反常状态：一种标准规范缺失的社会状态。

社会化：自然人成长为社会人的过程。

社会问题：社会关系或社会环境失调，影响社会全体成员或部分成员的共同生活，破坏社会正常活动，妨碍社会协调发展的社会现象。

文化：人类在社会历史发展过程中创造的物质财富和精神财富的总和。

你学会了吗？

1. "社会学"（sociology）一词是由谁创造的？
   A. 埃米尔·涂尔干
   B. 奥古斯特·孔德
   C. 卡尔·马克思

2. 社会学家使用现存的数据或信息去解读社会议题，这种研究方法叫作什么？
   A. 初级研究
   B. 二次研究
   C. 定量研究

3. 下面关于功能主义的说法错误的是？
   A. 功能主义是最早的社会学理论之一。
   B. 功能主义者认为，人不需要社会的力量来塑造自身行为。
   C. 功能主义可以帮助解释"为什么学校教育在人的成长中必不可少"。

4. 下面哪本书不是马克思的著作？
   A.《资本论》
   B.《共产党宣言》
   C.《家庭、私有制和国家的起源》

5. 马克斯·韦伯是哪个国家的社会学家？
   A. 英国
   B. 德国
   C. 法国

6. 下面关于后现代主义思想的说法错误的是？
   A. 后现代主义思想仅仅出现在社会学界。
   B. 后现代的意思是超越现代。
   C. 后现代主义思想试图理解，我们这个每时每刻都在发生许多变化的新世界。

10岁开始学通识

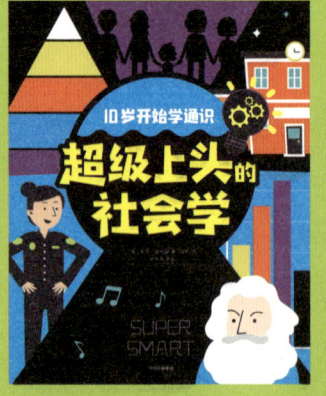

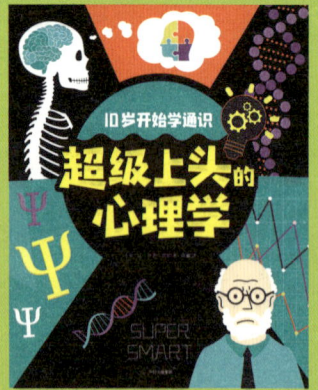

答案：1.B 2.B 3.B 4.C 5.B 6.A

10岁开始学通识

超级上头的纳米技术

SUPER SMART

[英]文森特·托宾 著 舍其 译

中信出版集团 | 北京

图书在版编目（CIP）数据

超级上头的纳米技术/（英）文森特·托宾著；舍其译. -- 北京：中信出版社，2024.1
（10岁开始学通识）
ISBN 978-7-5217-6007-1

Ⅰ.①超… Ⅱ.①文…②舍… Ⅲ.①纳米技术—少儿读物 Ⅳ.①TB303-49

中国国家版本馆CIP数据核字（2023）第171287号

Super Smart Science: Nanotechnology Made Easy
Written by Dr Vincent Tobin
First published in Great Britain in 2020 by Wayland
Copyright © Hodder and Stoughton, 2020
Simplified Chinese rights arranged through CA-LINK International LLC
Simplified Chinese translation copyright © 2024 by CITIC Press Corporation
ALL RIGHTS RESERVED

本书仅限中国大陆地区发行销售

超级上头的纳米技术
（10岁开始学通识）

著　　者：[英]文森特·托宾
译　　者：舍其
出版发行：中信出版集团股份有限公司
　　　　　（北京市朝阳区东三环北路27号嘉铭中心　邮编 100020）
承 印 者：北京瑞禾彩色印刷有限公司

开　　本：889mm×1194mm　1/16　印　张：16　字　数：640千字
版　　次：2024年1月第1版　印　次：2024年1月第1次印刷
京权图字：01-2023-0699
书　　号：ISBN 978-7-5217-6007-1
定　　价：169.00元（全8册）

出　　品　中信儿童书店
图书策划　红披风
策划编辑　陈瑜
责任编辑　陈瑜
特约编辑　胡雪琪
营销编辑　高铭霞　周惟　叶芮希
装帧设计　哈_哈

版权所有·侵权必究
如有印刷、装订问题，本公司负责调换。
服务热线：400-600-8099
投稿邮箱：author@citicpub.com

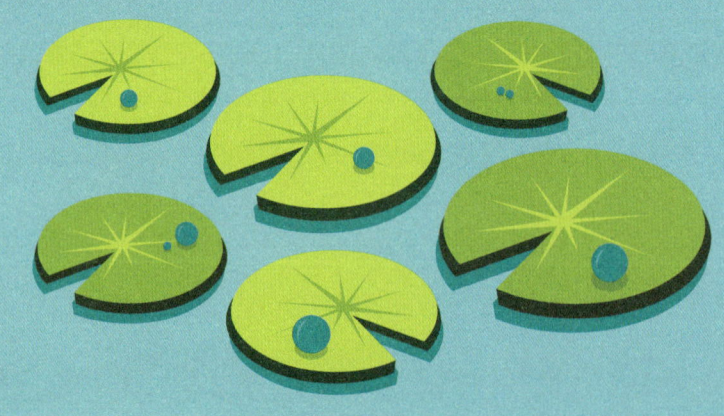

目录

欢迎来到纳米技术的迷你世界！.................2
最小的碎片..4
多小才算小？.....................................6
质子、中子和电子...............................8
神奇的食盐.......................................10
连在一起..12
水是怎么来的....................................14
材料..16
钻石和铅笔.......................................18
石墨烯...20
碳纳米管..22
超材料...24
隐身..26
词汇表...28
你学会了吗？....................................29

欢迎来到纳米技术的迷你世界!

纳米技术是一个很新的科学领域,并且在不断成长壮大。有多新呢?就连"纳米技术"这个词,都仅出现了 50 年左右。

纳米技术在一个方面非常特别,就是它并非只跟科学的一个分支有关。今天,化学家、生物学家、物理学家、材料学家、电子工程师……都在从事纳米技术项目的研究,而且很多时候他们都需要通力合作。

在纳米技术领域,每天都会有新的、让人激动万分的发现。然而,这个科学领域理解起来也可能会相当困难。

但我们认为,不管是什么事情,只要解释到位,任何人都能理解。

纳米技术是指什么呢？

"纳米"这个词指的是1米的十亿分之一，英文为nanometer，nano就是"十亿分之一"的意思。拿一根1米长的直尺，平均分成十亿份，每一份就是1纳米。而"技术"这个词就是指利用科学做出新的产品，或研发出新的操作方法与技能。

纳米技术在很多方面都很有趣，其中一点是，如果把东西变得非常小，或者在最小的尺度上把材料组织起来，就会发现这些材料一下子有了特殊的性能，甚至以你意想不到的方式做出反应。还有个会让你大吃一惊的事情是，有些生物已经运用了纳米技术数百万年而不自知（见第24—25页）。

是不是开始摩拳擦掌啦？
记住哦，接下来我们要阐述的，是当今最难理解的科学之一！

3

最小的碎片

在开始讨论纳米技术之前，我们先得知道，这个世界以及世界上的万事万物，都是由什么组成的。

假设你搞到了一小块金子。你可以将它一分为二，得到两块更小的金子。你还可以继续切下去，得到越来越小的金块。但是，你不可能永远往下切！总有个时候，你会切出最小块的金子，并且再也不可能往下切分了。

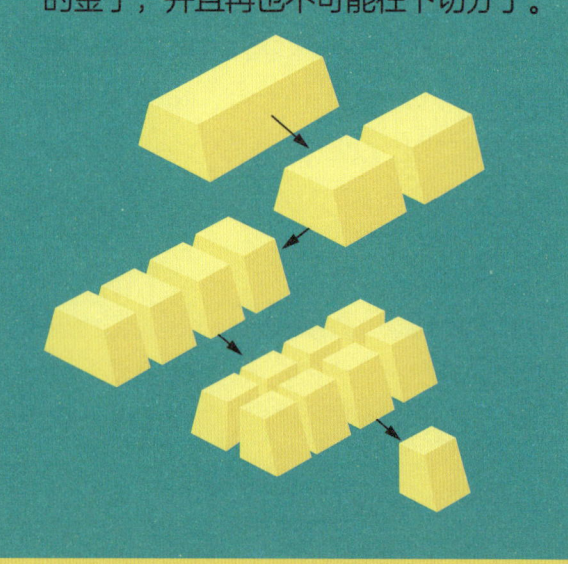

这个"最小块的金子"是一个非常小的球，叫作原子。实际上，宇宙中所有东西，包括你和我、这本书、老虎、火箭，还有彗星，全都是由原子组成的。

我们来看一个典型的原子。

原子的中心有个原子核，由质子和中子组成。原子核外面，有电子绕着原子核高速旋转。中子、质子和电子都叫亚原子粒子，这里"亚原子"的意思是比原子小，因为这些粒子都是原子的不同组成部分。

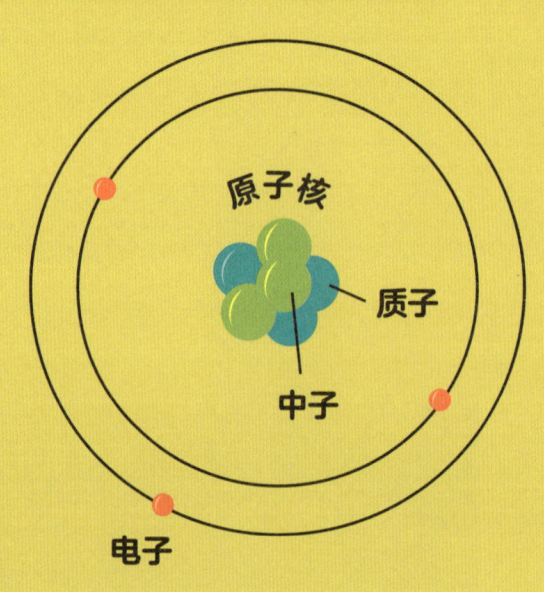

原子以不同方式混合在一起或抱成一团，就组成了我们周围的万事万物。但是，原子本身也有结构，而原子结构能帮助我们理解不同类型的原子，以及原子之间会发生什么反应。

质子和中子的质量基本上一样，原子质量的99%以上由它们构成。而电子的质量要小得多，只略微超过单个质子或中子质量的两千分之一。

宇宙中所有的质子都完全一样，也可以互换。无论是在地球上还是在火星上，在木星上还是在别的任何地方，质子都是一模一样的。中子和电子也是这样。

电子会绕着原子核转圈，是因为受到了原子核里的质子的吸引。电子和质子之间相互作用的引力叫静电力。质子带1个单位的正电荷，电子带1个单位的负电荷。正负电荷会互相吸引，而同种电荷会互相排斥。中子从名称就知道，它是电中性的，不带电。

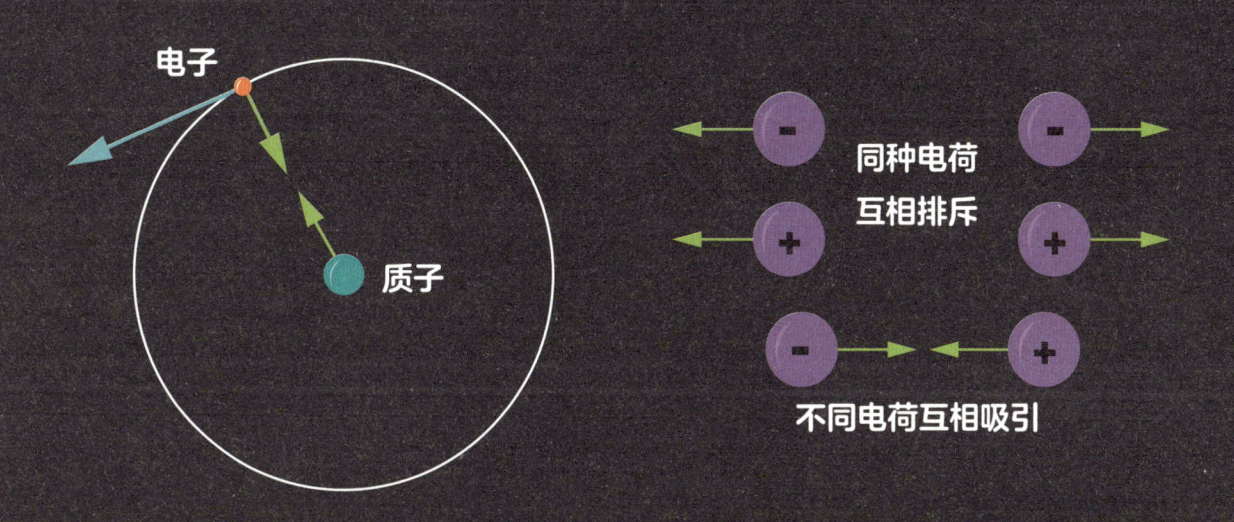

电子

质子

同种电荷互相排斥

不同电荷互相吸引

我们在日常生活中经常见到静电现象，比如在你的头发在气球摩擦下会根根直立。此时，每根头发都带上同种电荷，这会使头发之间互相排斥，头发也就全都立起来了。

让电子待在原子核附近并绕着原子核高速旋转的，就是这种作用力。

多小才算小？

原子很小，但多小才算小呢？当我们说什么东西很小的时候，这个"小"的意思是因人而异的。跟高头大马相比，小马驹很小；跟人相比，老鼠很小；跟蚂蚁相比，细菌也很小。所以我们才要用毫米、纳米这样的词来描述有些东西究竟有多小。

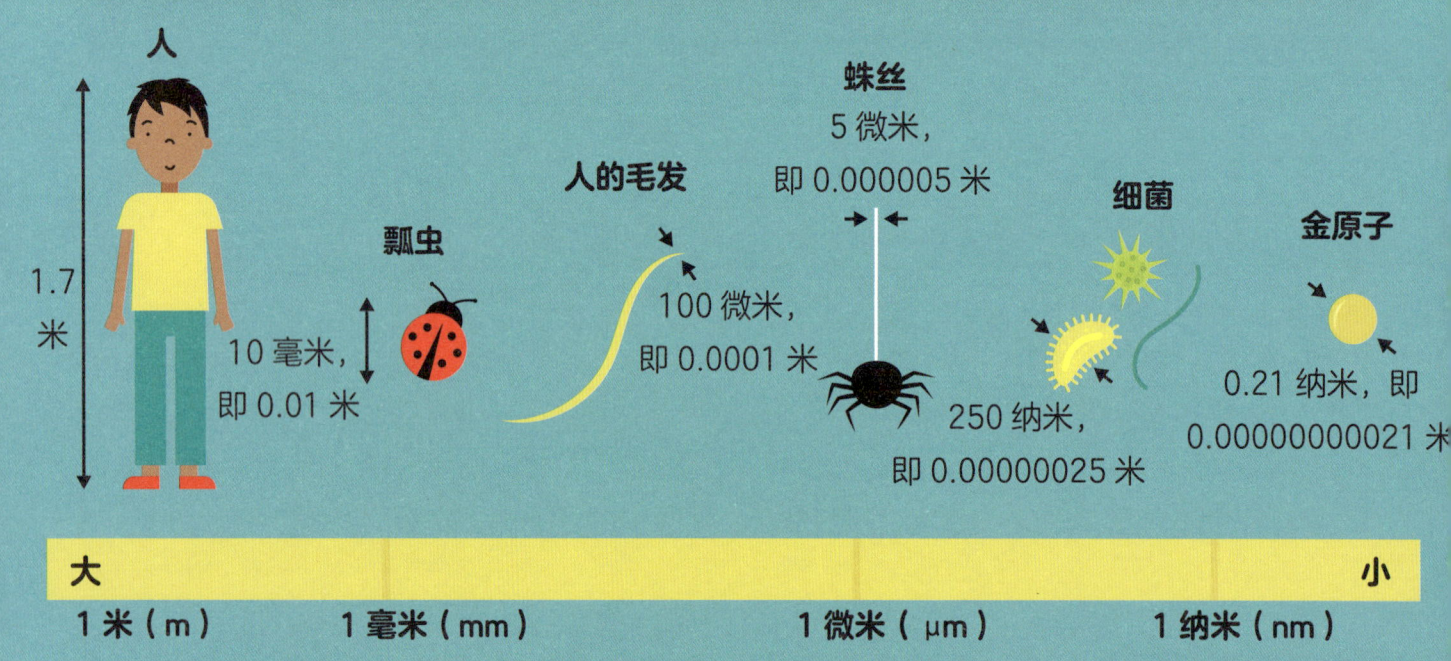

人
1.7 米

瓢虫
10 毫米，即 0.01 米

人的毛发
100 微米，即 0.0001 米

蛛丝
5 微米，即 0.000005 米

细菌
250 纳米，即 0.00000025 米

金原子
0.21 纳米，即 0.00000000021 米

大 ← 1 米（m） 　　1 毫米（mm） 　　1 微米（μm） 　　1 纳米（nm） → 小

我们用的尺子上面通常都有厘米和毫米的刻度。特别小的东西，比如说原子，我们没法用肉眼直接看见，但如果把两根头发（直径 0.0001 米）并排放在一起，多数人能看清它们是两根，却分不清哪根粗，哪根细。如果拿头发跟原子相比的话，头发丝直径那么宽的地方就能放下大约 47.6 万个金原子。

纳米技术的严格定义是，操作和加工纳米尺度（一般指小于 100 纳米）的材料或器件的技术。

应用纳米技术，主要有两种方式。

→ 自上而下的纳米技术指的是把现有的东西做得越来越小。比如说，电脑芯片就是印在硅上的小型电路，而自上而下的纳米技术会使用能把电路印在更小部件上的新仪器，把芯片做得越来越小。

自下而上的纳米技术指的是在原子层面操控材料，通过将原子相互连接，做出仪器设备的零部件。此外，科学家也可以通过让原子自动组装在一起，来实现想要的样子。

在第 4 页我们看到，一切事物都是由原子组成的，而原子是非常小的球，由质子、中子和电子组成。但是，原子也有很多种，大小各不相同。

现在，我们就从最简单的原子开始吧。

第一种最简单的原子，原子核里只有 1 个质子，还有 1 个电子绕着原子核转。这种结构的原子都是氢原子。具有相同质子数的原子叫一种元素。氢是最简单的元素，也是宇宙中最常见的元素。构成太阳的元素，70% 以上都是氢。如果给一个气球充满氢气，这个气球会飘起来。但是，氢非常易燃，所以这个气球很容易爆炸。

氢

第二种最简单的原子，原子核里有 2 个质子和 2 个中子，还有 2 个电子绕着原子核旋转。这种原子叫氦。氦气跟氢气一样会飘起来，但并不易燃。

氦

第三种原子的原子核里有 3 个质子，第四种原子有 4 个质子，以此类推。如果你能看到原子内部，那么原子核里的质子数就能告诉你这是什么元素。而这些元素的性质一个个天差地别！原子核里有 3 个质子的元素叫锂，是一种很软的金属，会漂在水面上咝咝冒泡，加热到 180℃ 左右就会熔化。

锂

原子核里有 4 个质子的元素叫铍。这也是一种很软的金属，在水里会沉下去，跟水不会发生反应，要加热到 1200℃ 以上才会熔化。

铍

宇宙中一共有 100 多种元素，都由原子核里有多少个质子来定义。把这些元素按照原子核里的质子数排列起来，就形成了一张表格，科学家称之为元素周期表（见本书末尾）。

质子、中子和电子

从前面的讲述我们已经知道，万物都是由原子组成的。原子里又有原子核和电子。那原子为什么没有四分五裂呢？带负电的电子没有从原子里跑出来，是因为受到了原子核里质子的吸引。但是在原子核里，还有带正电的质子挤在一起。还记得吧，同种电荷可是会互相排斥的！

中子可以让质子相互之间不会靠得太近，从而解决了拥挤这个问题，不仅如此，中子还让能把原子核结合在一起的力量变得更强。

我们需要记住的另一件事是，在所有呈电中性的原子中，质子数等于电子数。

所以原子总的带电量才是0。例如，锂有3个质子（+3电荷）、3个中子（0电荷）和3个电子（-3电荷），所以总的带电量是0。

电子环绕着原子核旋转，有点像我们生活的太阳系里行星绕着太阳转一样。但还有一个问题要注意，就是电子在环绕原子核旋转时，根据物理学定律，电子只能在一些特定"轨道"或者说特定距离上运动。

行星沿着椭圆轨道在一个平面内绕太阳转动，然而电子跟行星不同，电子的"轨道"是球面的。电子可以在球面上的任何位置运动，只要跟原子核保持固定距离就行。所以电子的"轨道"看起来就像正圆的一层"蛋壳"，科学家称之为电子层。

物理学里还有一条定律，揭示了每个电子层能容纳多少个电子。

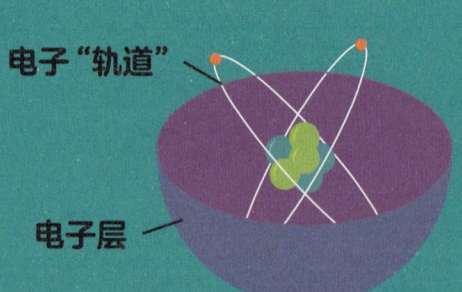

值得注意的是，这些物理学定律的存在是有理由的。这些定律可不是科学家凭空想出来的，他们只不过发现了这些定律而已。

我们来观察几种元素，看看它们的电子都是怎么分布的。

钠有 11 个质子，因此也有 11 个电子。每个电子层只能容纳一定数量的电子。第一层只能放两个，第二层只能放 8 个，而第三层如果是最外层的话，也只能放 8 个。只不过在钠原子中，最外层只剩下 1 个电子。

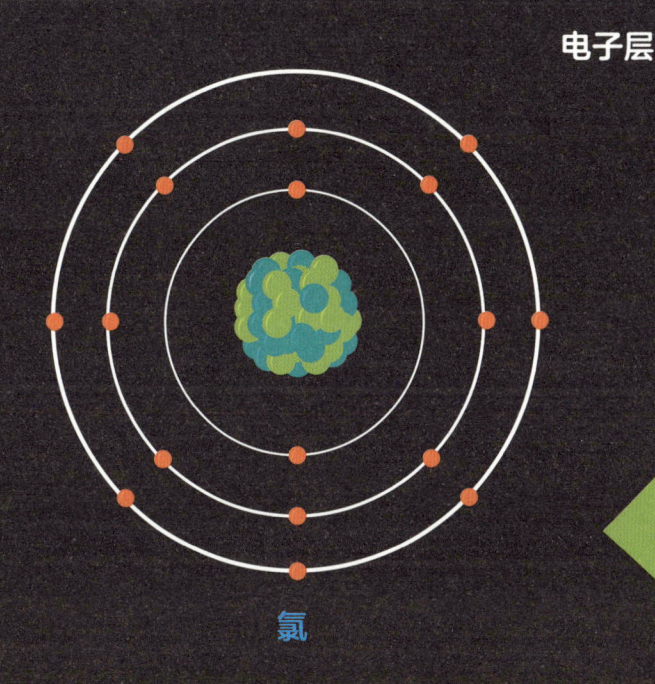

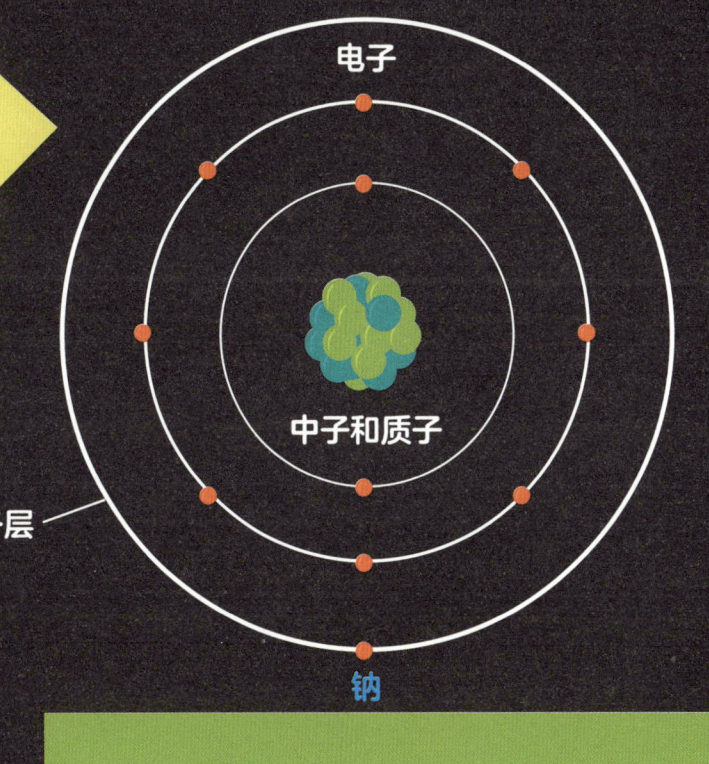

电子

中子和质子

电子层

钠

氯有 17 个质子，所以也有 17 个电子。电子在各电子层是这么分布的：两个在第一层，8 个在第二层，剩下 7 个在第三层。

最外层最多可以容纳 8 个电子，但现在只有 7 个……

氯

纳米技术的诞生

美国物理学家理查德·费曼（1918—1988）在全世界都享有盛名，也是杰出的科普作家。1959 年，他在加利福尼亚州发表了一场题为《在底部还有很大空间》的演讲，标志着纳米技术的诞生。

但是，"纳米技术"这个词，最早是由日本科学家谷口纪男（1912—1999）于 1974 年提出的。

神奇的食盐

我们明白了原子为什么没有四分五裂。其实我们这个世界并不是由一个个原子随机堆砌而成的。原子以各种奇妙的方式连在一起。我们也看到了元素为什么会各有千秋，如果把不同元素放在一起，我们会得到新材料，各有各的外观、感觉、味道和强度。

原子连在一起的方式主要有两种，我们来看看吧。

在第9页我们看到了钠元素和氯元素。但你可一点儿也不会想沾上这两种单质（由同种元素组成的纯净物）的边，因为钠随便碰一下就能把你的皮肤烧个洞。

氯气有毒，在第一次世界大战期间（1914—1918）还曾经被当成化学武器。

但是，如果让这两种元素（采用合适的安全设备）在实验室里发生反应，你就能得到……食盐！

它就是我们做饭的时候会用到的那种盐。食盐的化学名称是氯化钠。

氯

钠

反应中发生的事情就是，1个钠原子跟1个氯原子连在一起了。

反应的发生跟环绕原子的电子有关。在第 9 页我们说过，钠的最外层只有 1 个电子，但本来可以容纳 8 个。氯的最外层有 7 个电子，但本来也可以容纳 8 个。

科学家发现原子都有这样一个特征，就是如果最外面的电子层是满的，原子就会处于最稳定、最放松的状态。就是这个特征决定了原子会怎么结合，以及为什么只可能出现某些特定的结合方式。

还有一件事很关键，就是电子很容易转移。但是原子得到或失去了电子，并不会让这个原子变成别的元素，因为决定原子种类的是原子核里的质子数，而要想移动质子可是难上加难。

接下来我们就来看看，把钠和氯放在一起会发生什么吧！

连在一起

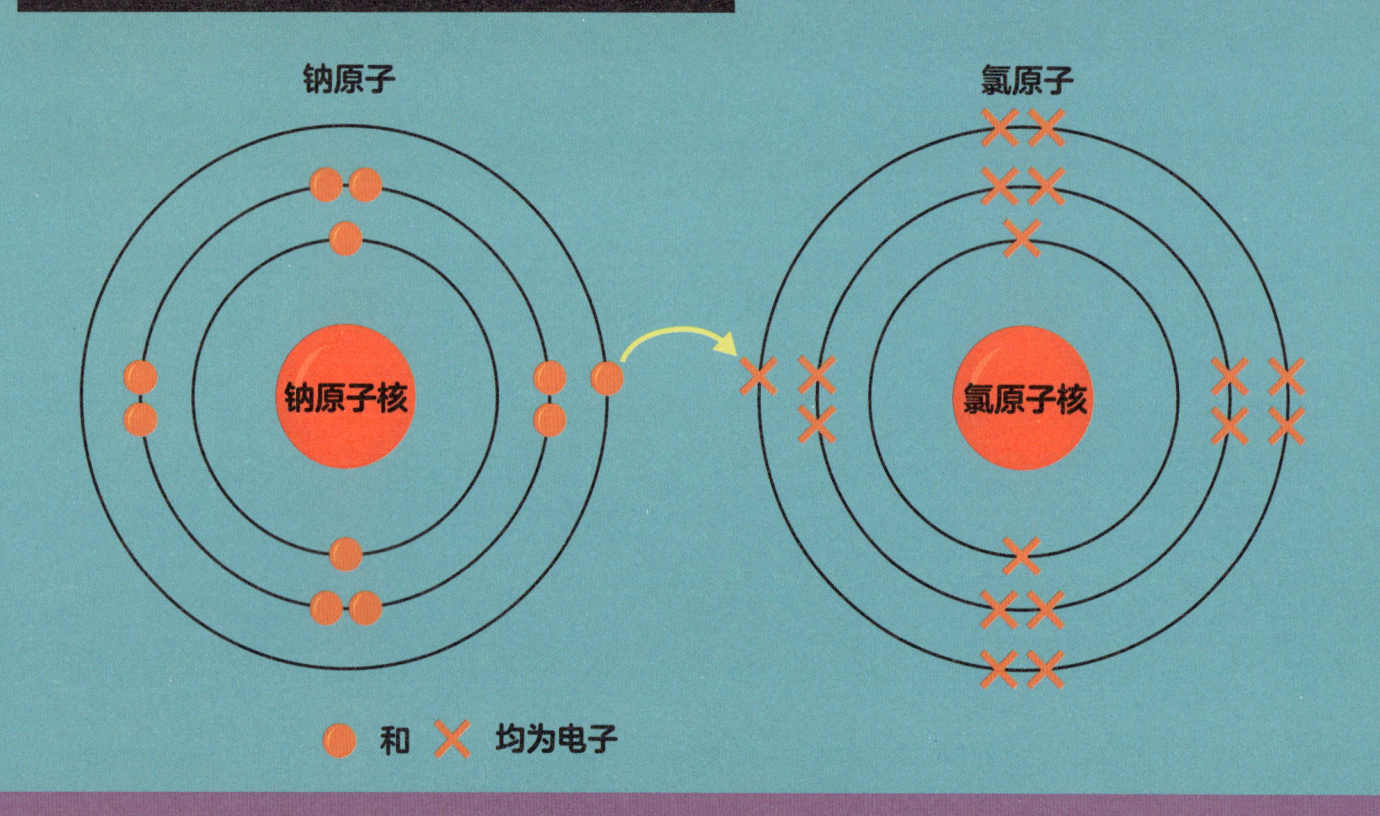

钠原子　　　　　　　　　　　　　氯原子

●　和　✕　均为电子

钠原子的最外层有 1 个电子。如果最外边的电子层是满的，钠原子会稳定得多。而要让最外层变满，最简单的办法不是再找来 7 个电子，而是失去 1 个电子！

而氯原子呢，最外层基本上已经满了，只需要再加 1 个电子就好了。

把这两种元素在恰当条件下放到一起之后，嘭！钠原子最外层的那个电子一下子就跳到了氯原子的最外层。现在两个原子都更稳定了，因为它们的最外层都是满的（行，你也可以说钠的最外层"空"了，但里面那层现在是满的，所以还是比之前稳定）。

但事情并不是到这儿就结束了。还记不记得我们在第 8 页说过，在呈电中性的原子里，质子数和电子数相等，所以总的带电量为 0？现在呢，这里的钠原子和氯原子已经都不是电中性的了！

钠原子失去了 1 个电子，现在有 11 个质子、10 个电子，所以总带电量变成了 + 1。

氯原子现在有 18 个电子，但质子只有 17 个，所以电子多了一个，总带电量变成了 – 1。

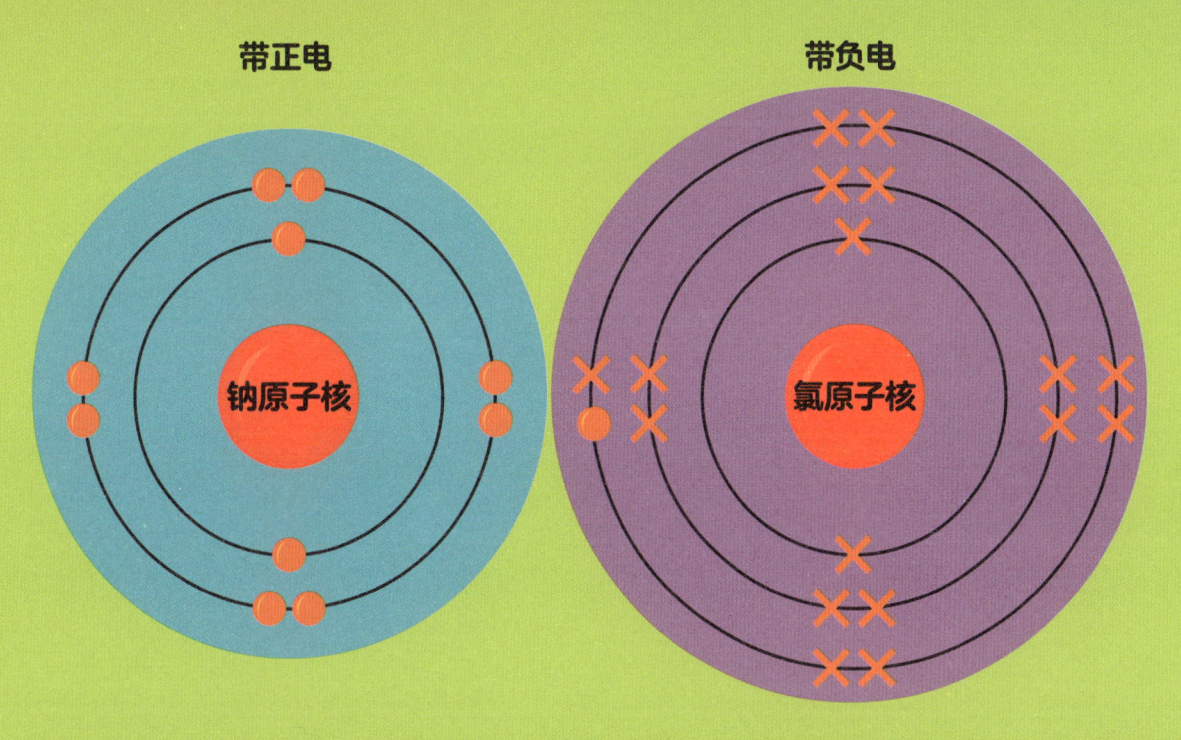

带正电 **带负电**

钠原子核 **氯原子核**

这些原子不再呈电中性，而是都带了一定的电量，我们称这种原子为离子。因为两者所带电荷相反，所以会因为静电力而互相吸引，连在一起。这两个原子之间形成了一个离子键。

现在这两种元素成为一体了。两种元素成为一体之后，我们就称之为化合物。氯化钠跟组成氯化钠的两种元素的单质性质截然不同！

把钠原子和氯原子结合在一起的强烈的力，叫离子键，是化学键的一种。只有部分材料能形成化学键。盐是其中最常见的例子之一。

化学这门学科，大部分时候都是在讲化学键是怎么在环绕原子核的电子之间形成的，又会在什么时候断裂。

质子

电子

质子决定原子的种类，电子决定原子的特性。
——比尔·布莱森《万物简史》

水是怎么来的

还有一种方式可以让原子之间连在一起形成化学键。在第 11 页我们看到，原子想让最外层装满电子（不过要记住哟，不是说原子会思考，而是说这样会使原子更稳定）。

一个原子把电子交给另一个原子，形成离子键就能满足这一点。第二种化学键是原子之间共用电子形成的，这样两个原子的最外层就都是满的。

我们来看看水分子。有时候我们会说水是 H_2O，因为 1 个水分子由 1 个氧原子、2 个氢原子组成。现在我们来想想这是怎么回事。氢是易燃气体，而我们每天呼吸的空气中就有氧。

但是，如果让两者在适当条件下发生反应，就得到了水。

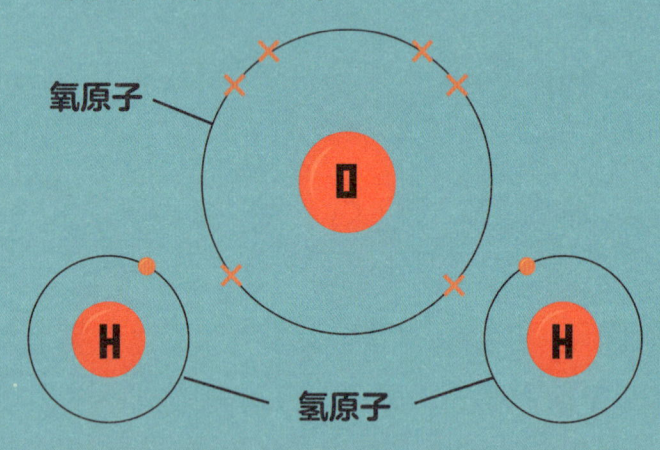

氧原子

氢原子

来看看氢原子和氧原子：

氢的最外电子层只有 1 个电子，这也是氢的第一层电子层，只需要两个电子就能填满。氧原子的外层有 6 个电子，需要 8 个电子才能填满，所以还需要两个电子。

氢和氧并不是谁给了谁电子，而是在共用电子。

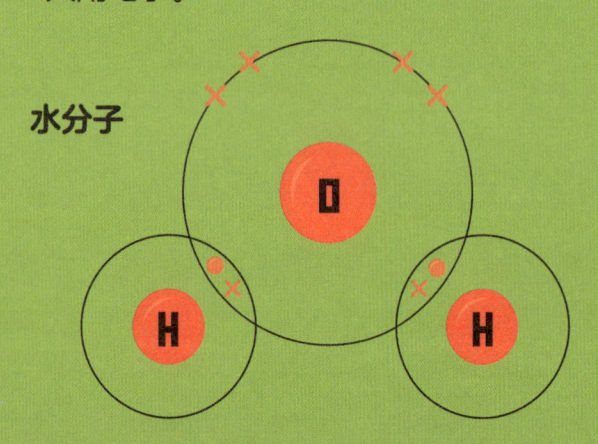

水分子

每个氢原子都跟氧原子共用一个电子，而氧原子跟每个氢原子也在共用一个电子。这种方式让氢原子和氧原子连在了一起，因为氢原子核里的质子在吸引共用电子对，而氧原子核里的质子同样在吸引共用电子对。

氢原子

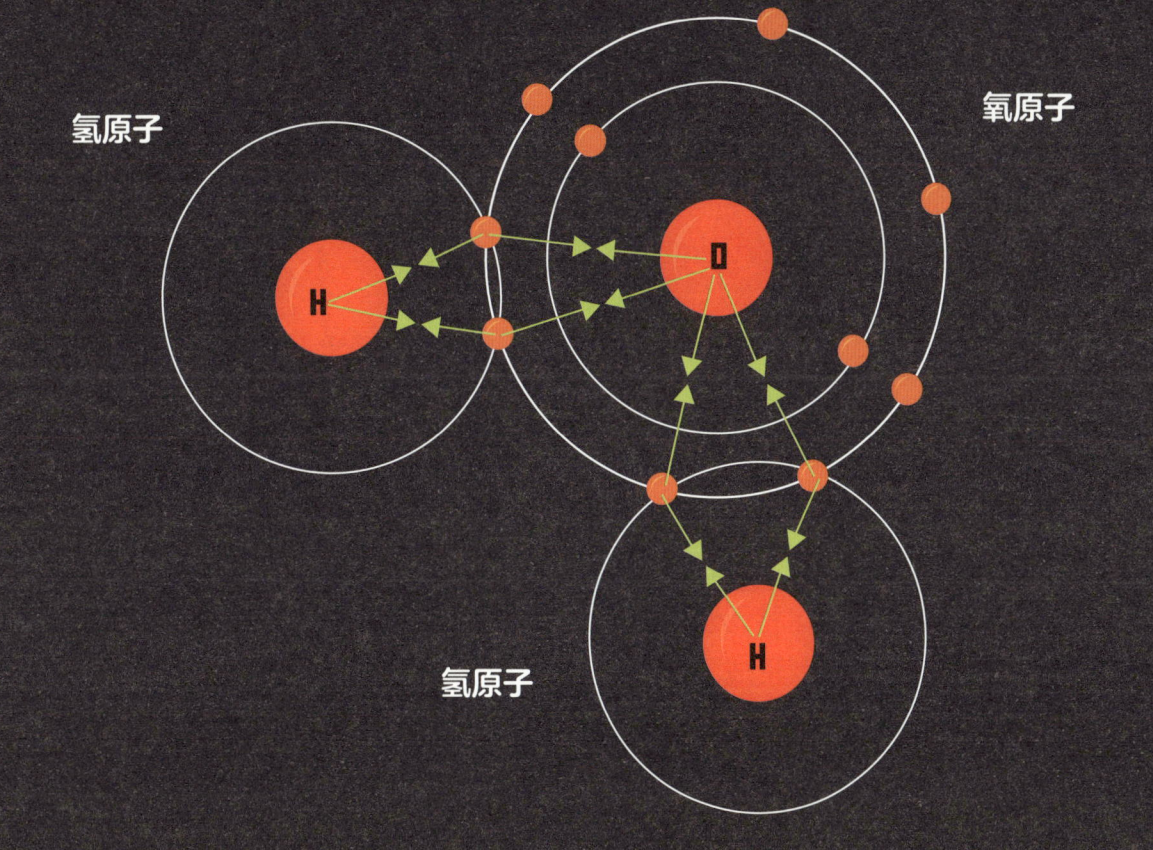

氧原子

氢原子

设想你跟一个朋友正在像拔河一样争抢一只玩具熊：你俩都在拉那只熊，但这只熊也让你俩连在了一起。

这种有共用电子对的化学键叫共价键。共价键很结实，很重要，也很常见。

水是由两种元素以共价键的形式结合而成的，是一种化合物。

材料

这个世界上，神奇的材料真是太多了。决定这些材料特性的，有组成它们的元素，有这些元素形成的化合物的类型。还有一个很重要的方面也会影响材料的特性，那就是材料的结构。

物质的三种状态：

固态

液态

气态

比如说，你知不知道，好几万元一颗的钻石和几角钱一支的铅笔里用的石墨，其实是由同一种元素组成的？这种元素就是碳，无数碳原子堆积在一起就形成了上述两种材料，只不过堆积方式不同罢了。一种无色透明光彩照人，既坚且美；而另一种深灰色不透明，质地很软。

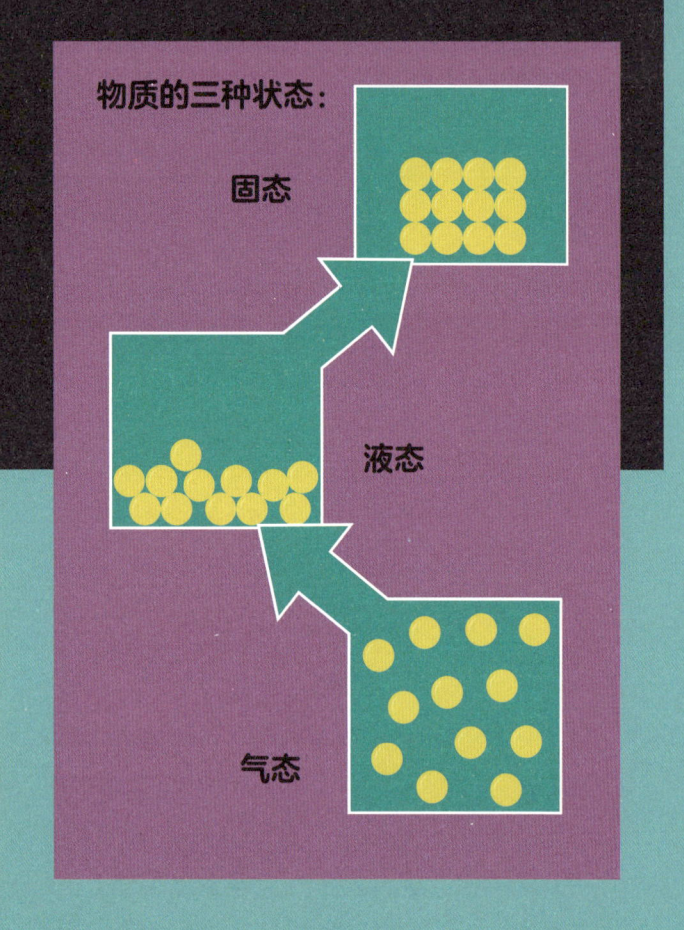

另一种会变的材料是水！化合物H_2O可以是固态（冰），可以是液态（水），也可以是气态（水蒸气）。无论什么状态都是H_2O，因为水分子从未分解。

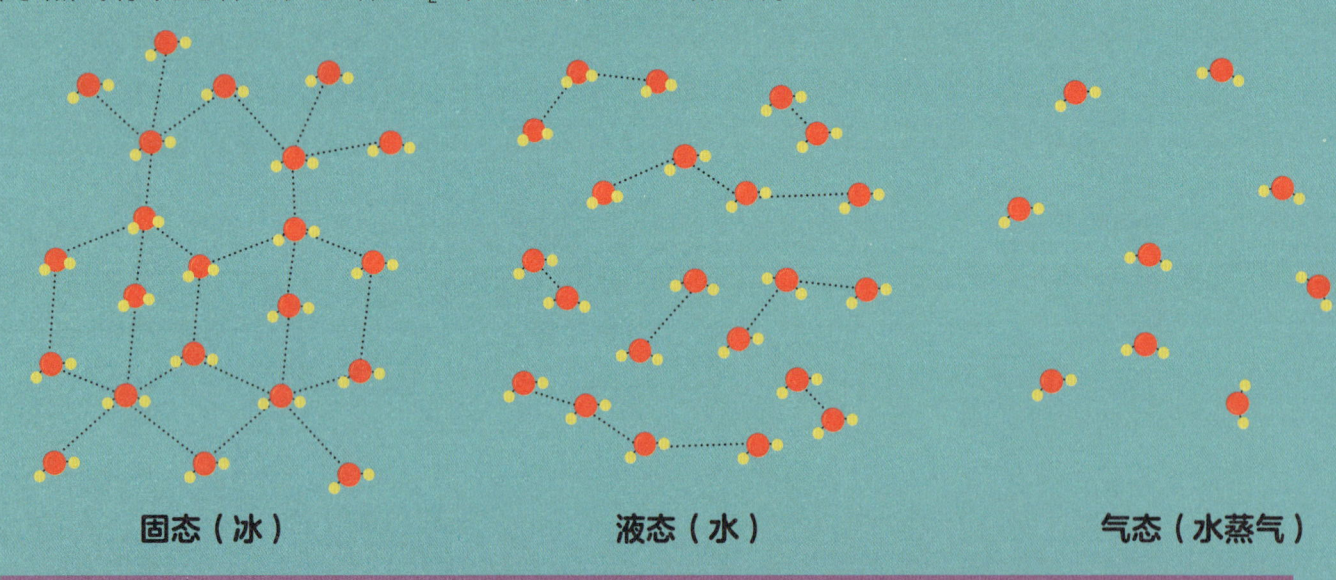

固态（冰）   液态（水）   气态（水蒸气）

如果两个或多个原子连在一起，我们就可以用"分子"这个词来描述它。我们说的分子可以是氧分子，通常都是氧原子自己跟自己连着，以O_2的形式存在（并非化合物）；也可以是CO_2分子，由两种元素组成（是化合物）。但两者都是分子！在描述由很多个原子连在一起形成的材料时，分子是个很好用的词，比如汽油（C_8H_{18}）和葡萄糖（$C_6H_{12}O_6$）。

很多材料都跟水一样，能以固态、液态和气态三种状态存在。但对不同材料来说，状态之间的变化发生在不同的温度下。例如水从固态变成液态是在 0℃，而铝要到 660℃才会变成液态。

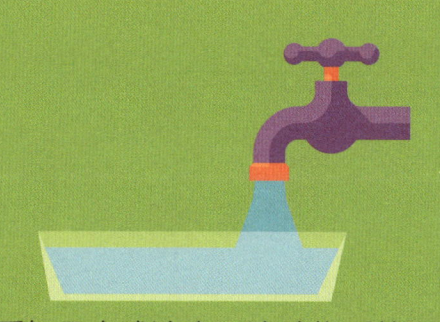

物质如果变成液态，这种物质的原子或分子就可以到处流动，如果把液态物质倒进一个容器，容器就可以被装满。

如果加热液体直到变成气态，分子就会克服分子之间的引力，以及地球对分子的万有引力，到处飞舞。对水来说，变成气态就是变成水蒸气。

关于固态，以及固体有哪些种类，我们稍微再多讲一点。某种材料中的原子或分子如果不能移动（除了在原位置振动），这种材料就处于固态。我们周围大部分东西都是固态的。

固态物质不能被压缩，也不会流动。这些分子要么随机堆积在一起，要么整整齐齐地码放在一起，前者叫非晶体，后者叫晶体。最井然有序的晶体，在所有方向上都排列得整整齐齐的。

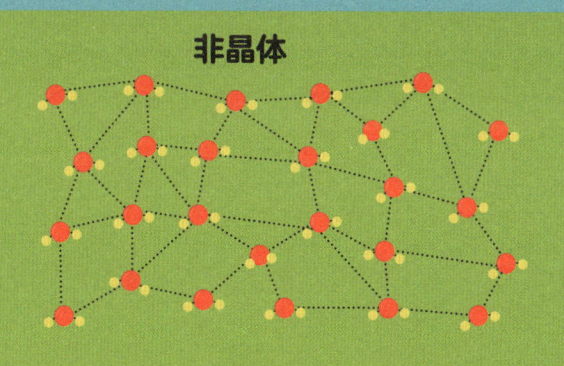

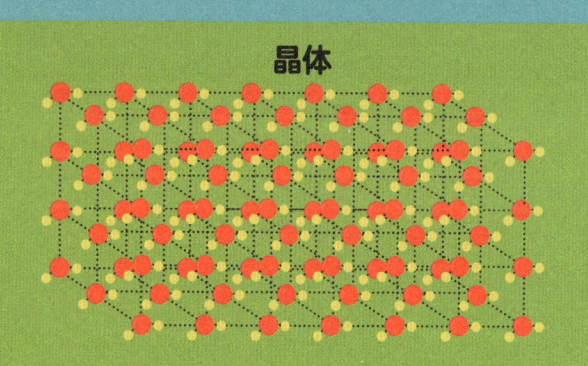

非晶体　　　　　　**晶体**

沙子和水如果混在一起，不会发生化学反应，它们还是沙子和水。我们称这种物质为混合物，跟由不同元素连在一起形成的化合物不同。在混合物中，各元素之间没有形成新的化学键。我们呼吸的空气就是混合物，由大约 78% 的氮气、21% 的氧气、0.9% 的稀有气体、0.03% 的二氧化碳和很多种其他气体（但占比非常小）组成。

晶体可能比你认为的还要常见——最明显的例子是钻石和红宝石，没那么明显的例子有水结成的冰、食盐、钢和岩石。非晶体的例子有玻璃、塑料和橡胶。有些材料既可以是非晶体也可以是晶体，取决于它是怎么形成的。

17

钻石和铅笔

我们知道，钻石和石墨（铅笔芯）都是由碳组成的，只是排列方式有所不同。

碳原子

共价键

钻石是晶体，结构如图。

钻石中所有的化学键都是共价键（见第15页）。每个碳原子都跟另外4个碳原子形成了共价键。之所以这样，是因为碳原子（有6个质子、6个中子、6个电子）的最外层有4个电子。通过跟另外4个碳原子组成共用电子对，所有碳原子的外层就都被填满了。

钻石是自然界中最坚硬的天然材料之一。中国古代管钻石叫金刚石，现在，它的学名也是金刚石，取"能断金刚"、无坚不摧的含义，后来有了用于锔瓷的"金刚钻"，再后来就有了"钻石"一词。钻石这么坚硬，是因为那4个共价键的作用，也是因为碳原子非常小，又十分紧密地挤在晶体结构里。也就是说，跟其他常见材料比起来，钻石在单位体积内容纳的牢固化学键更多。

石墨又是怎么回事？

石墨也是晶体。看看下面一层一层的石墨，能看到每个碳原子都跟另外 3 个而不是 4 个碳原子形成了化学键。这也就意味着这些碳原子的最外层还没有完全填满：通过共用电子对得到了 3 个电子，但还有 1 个电子没配对。碳原子可以形成非常薄的薄层，石墨（铅笔芯）就是由这些薄层堆积起来的，薄层之间只有分子间作用力。跟钻石不一样，石墨很容易被破坏。我们用铅笔写字的时候，满纸留下的笔迹就是被破坏的石墨。小朋友也能有这样的力气。

铅笔芯

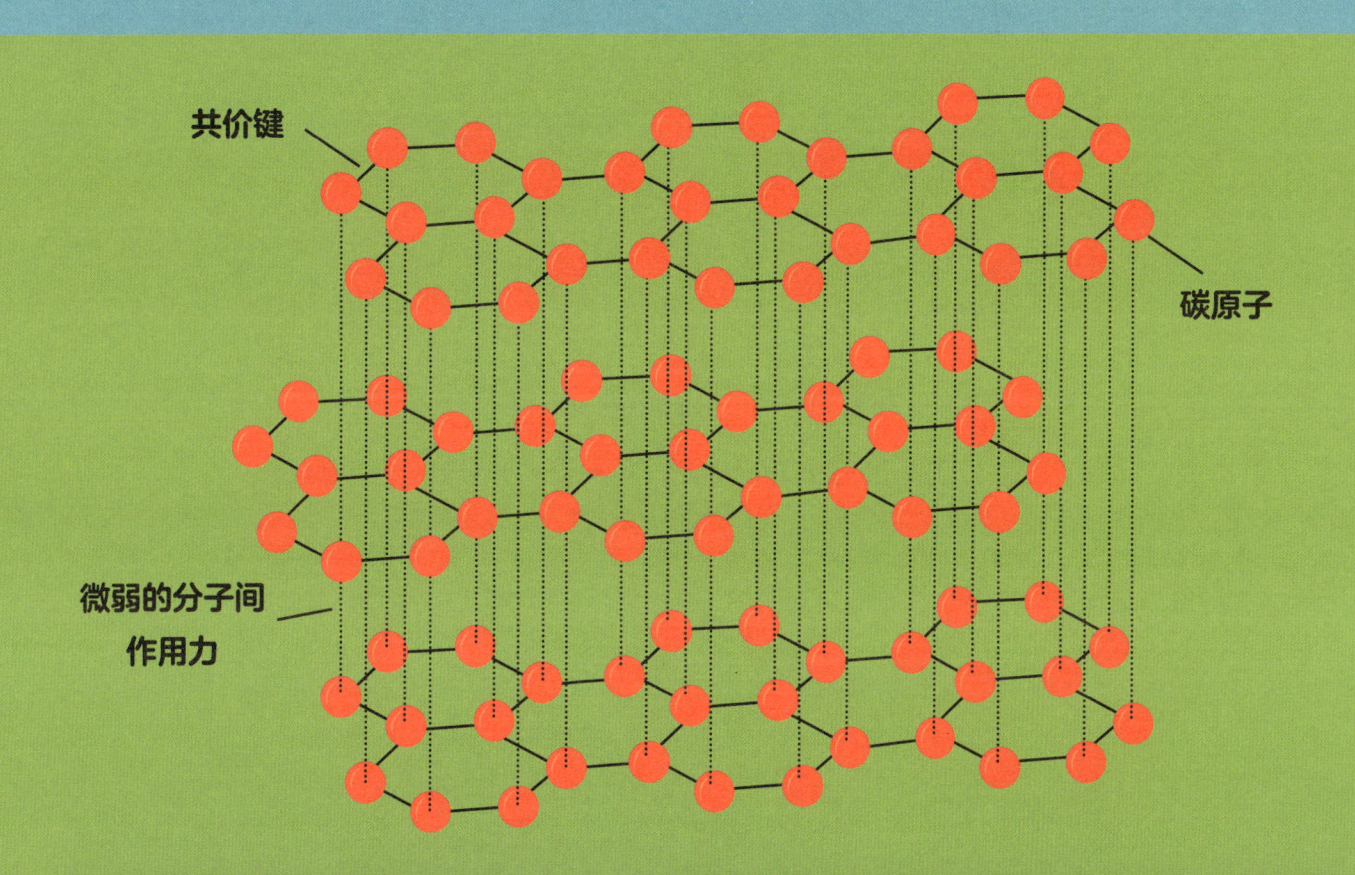

共价键

碳原子

微弱的分子间作用力

很久以来人们都认为，不可能从石墨中单独剥离出一层碳原子。然而在 2004 年的一天，俄罗斯物理学家康斯坦丁·诺沃肖洛夫（生于 1974 年）和安德烈·海姆（生于 1958 年）尝试用胶带从普通的石墨片上粘下一层碳原子来，结果还真成功了！单层石墨叫石墨烯，我们来看看石墨烯有什么特别的地方。

石墨烯

2004 年，物理学家康斯坦丁·诺沃肖洛夫和安德烈·海姆在曼彻斯特大学发现了石墨烯。在那之前整整 70 年，科学家们都认为不可能把单层石墨完好无损地剥离下来。因为这一发现，他们获得了 2010 年的诺贝尔物理学奖，是从发现到获奖时间最短的例子之一。

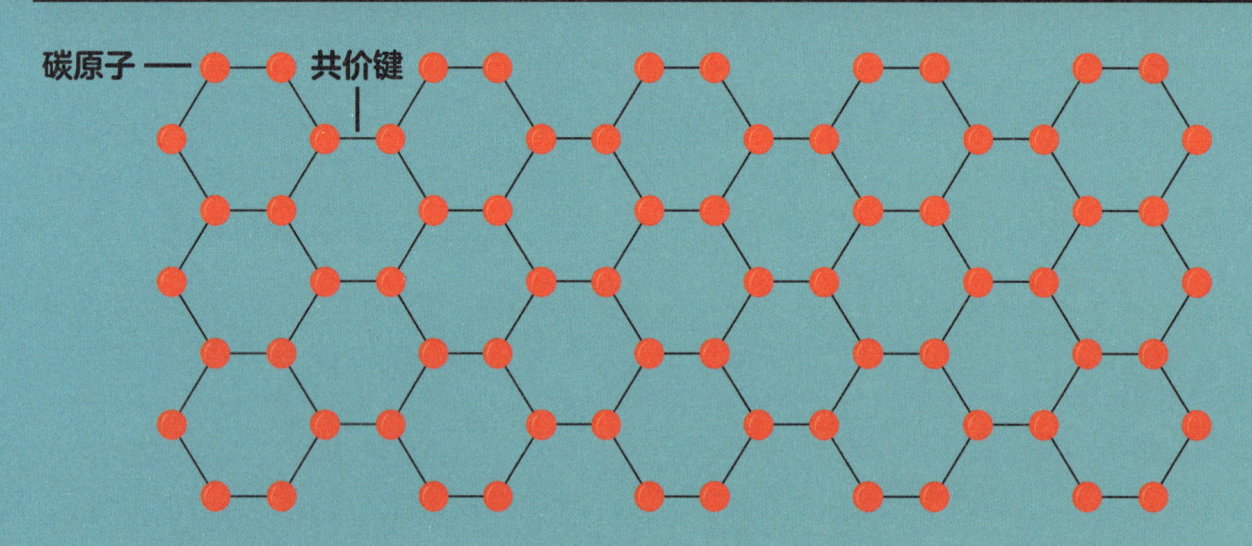

碳原子 —— 共价键

科学界沸腾了。这是因为石墨烯打开了通往一个充满无限可能的世界的大门。

有了只有 1 个原子那么厚的晶体后，很多奇特的事情开始出现。

石墨烯的强度高到令人叹为观止。科学家已经证明，单层无任何瑕疵的石墨烯的强度，是钢的 100 倍。实际上，石墨烯是我们创造出来的最坚固的材料之一。石墨烯还有一个很神奇的特点，就是它可以被拉长，最多能拉长 25%。

石墨烯另一个叫人惊掉下巴的特性是，任何原子都无法穿过它！石墨烯中原子之间的孔隙太小了，就连最小的原子都钻不过去。

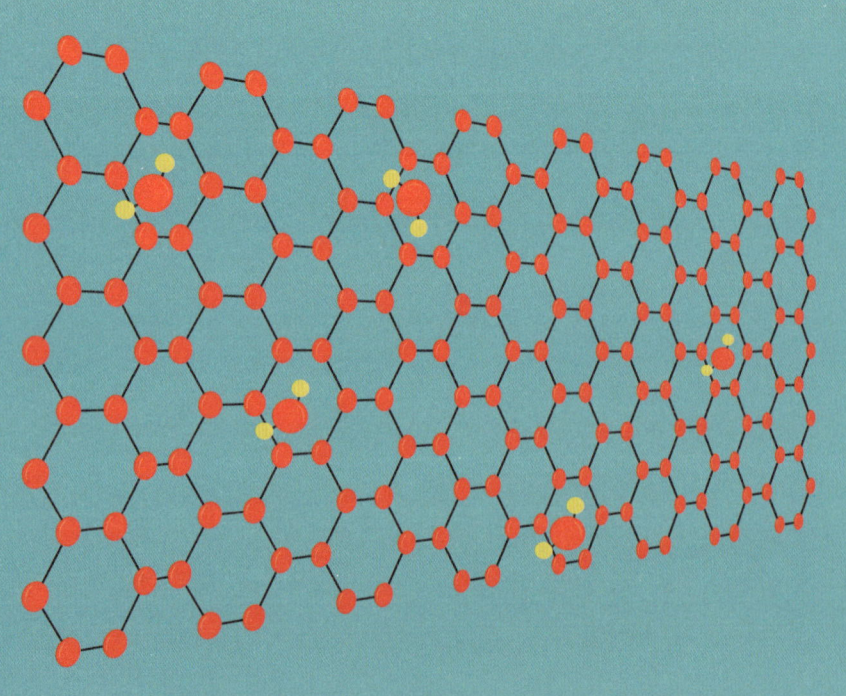

我们花点时间来讨论一下电流。电流可以照亮我们的房子，让我们可以使用电话，还能帮助火车高速运行。电流是电子在某种材料中的流动，就是这些电子把能量传给了各种设备和机器。在让电流速度减慢或完全阻挡电流方面，不同材料的性质很不相同。

但是，因为石墨烯只有1层原子厚，电子更不可能一头撞进某个原子核，所以能以非常快的速度在这片薄膜上运动。实际上，电子在石墨烯上的运动速度是在硅上面的100倍，而目前大部分计算机处理器（手机、平板电脑和计算机的"大脑"）都是用硅做成的。

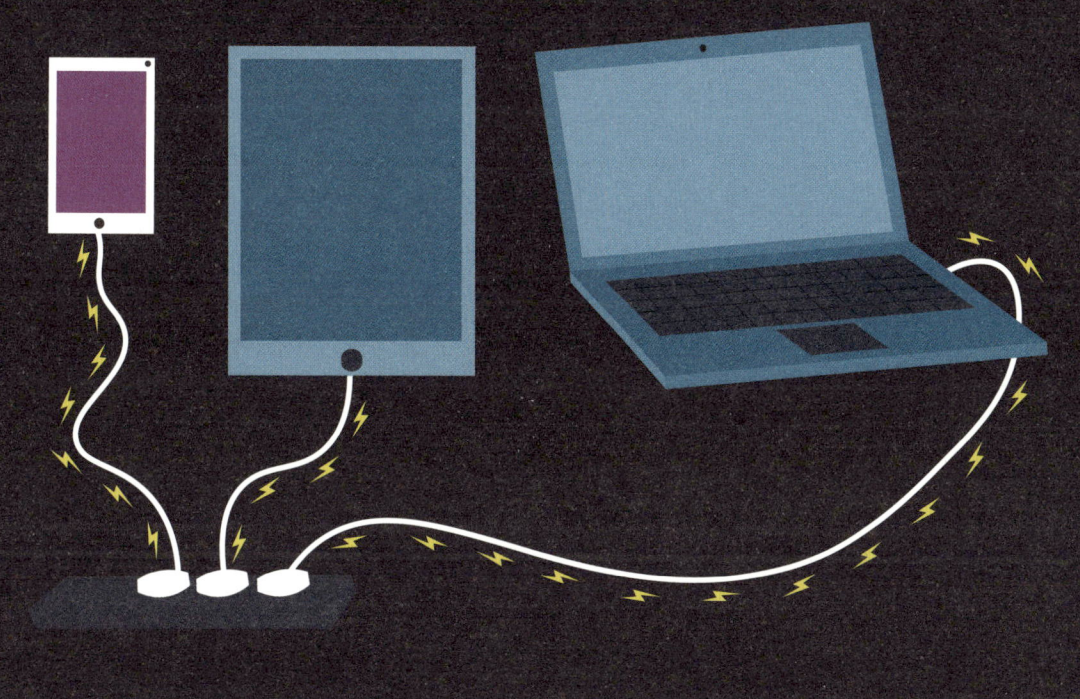

光是想想用这种超级强大的材料能做什么，就已经很激动人心了。

但我们也需要知道，很多实验都只是在很小片的石墨烯上进行的，面积不到1平方厘米。

尽管从2004年到现在已经过了好久，但要制造大张连续的（没有瑕疵的）石墨烯还是很困难，这也阻碍了石墨烯在日常用品中的应用。科学研究需要时间。要想得到长度为1厘米的完好无缺的石墨烯，你可能需要3500万个由碳原子组成的六边形，它们必须一字排开不断裂，没有瑕疵，也没掺杂其他粒子。

碳纳米管

刚才我们看到，石墨烯是由碳原子六边形构成的一层完美薄膜。如果我们把这样一层石墨烯卷成管状，并将两端都用共价键（见第 15 页）连起来，就得到了碳纳米管（CNT）。

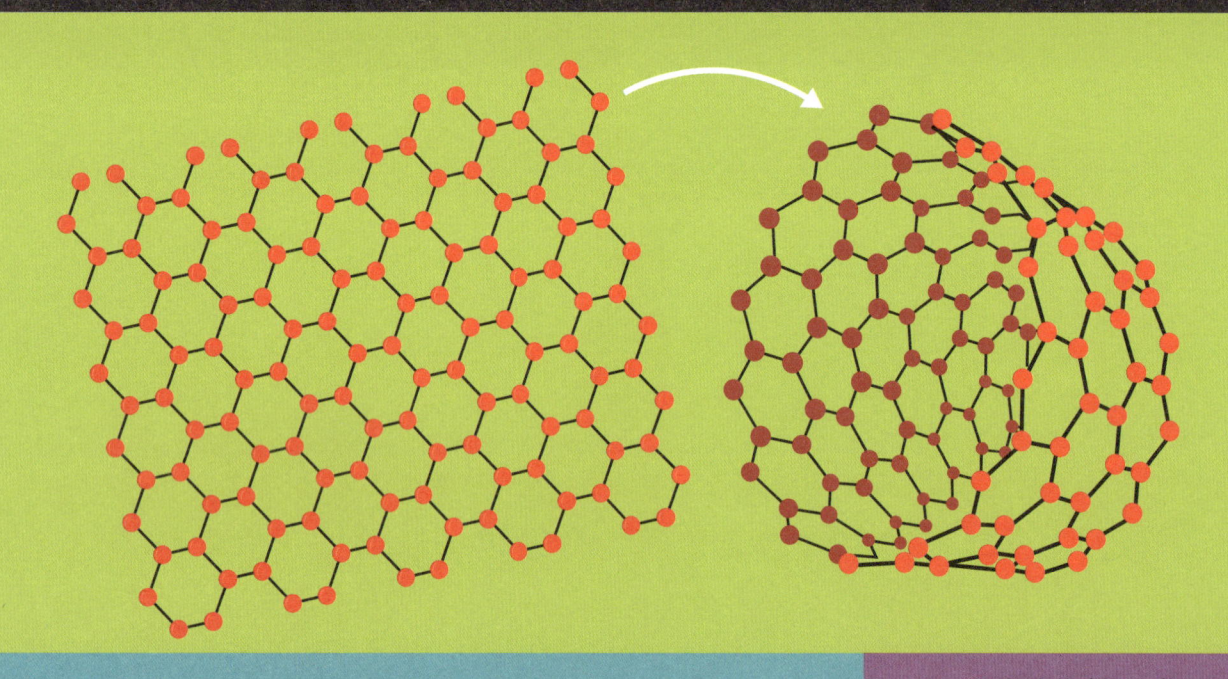

不过，碳纳米管并不是直接由石墨烯卷起来的，而是用了许多高能技术才做出来。实际上，碳纳米管的发现比石墨烯还早！1991 年，日本物理学家饭岛澄男（生于 1939 年）发现了碳纳米管。

碳纳米管通常只有 1—2 纳米粗，也就是说，人的一根头发比它粗 5 万到 10 万倍！

碳纳米管的特性让人惊讶。和石墨烯一样，这种材料可以导电，但因为卷起来的方式或者说制成纳米管的方式不同，碳纳米管的导电性也有差别。

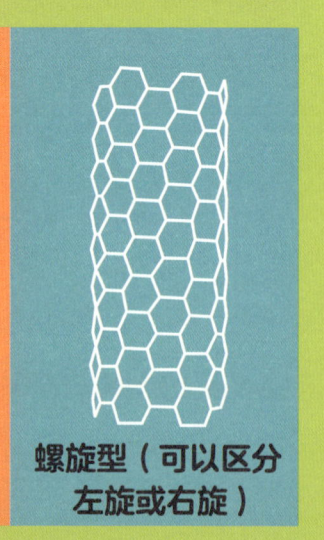

扶手椅型　　锯齿型　　螺旋型（可以区分左旋或右旋）

如果你看不出来三者之间的差别，那就看看这几种碳纳米管的一端，也就是底部碳键连成的线。

如果你能把好多根碳纳米管放在一起做成1毫米粗的绳子，那么这根绳子完全能吊起一辆大车。如果你能做出头发丝那么粗的碳纳米管绳子，那么这根绳子能吊起一个保龄球！

你也可以如右图所示，把碳纳米管一层层套起来，得到的就是多壁碳纳米管（MWCNT）。多壁碳纳米管往往比单壁碳纳米管粗。

将碳纳米管应用到日常技术中的工作进展缓慢，因为碳纳米管的研究也遇到跟石墨烯类似的问题（见第21页）。但目前应用石墨烯和碳纳米管的一种方式是把它们加入其他材料，比如塑料和金属中，这样不仅可以提高材料强度，而且可以让材料变轻。

碳纳米管不会损伤或毒害人体和其他动物，也就是说它有很好的生物相容性。碳纳米管可以应用在生物学和医学中，也有很多相关研究正在进行。但这种材料并不是毫无风险——要是通过呼吸进入身体还是很危险的，因为它会影响肺的舒张（这是肺部的重要功能）。

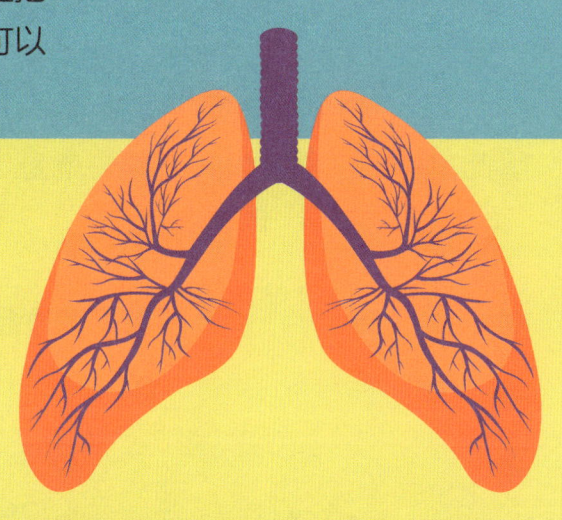

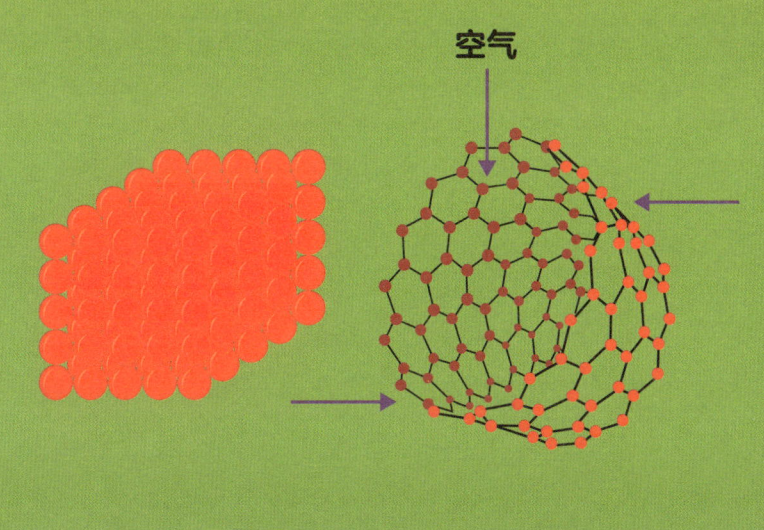

空气

碳纳米管可以用作气体探测器。如果用整块的金属铜来制作气体探测器，那么只有金属表面的原子能接触到大气，里面的原子则不受影响。碳纳米管的所有原子都暴露在空气中，因此所有原子都能跟周围的气体相互作用。相互作用会改变碳纳米管的导电性，从而可以测量气体的变化。

碳纳米管能派上很多用场，我们也有很多方法可以制造碳纳米管。但需要强调的是，目前制造出来的碳纳米管在长度上仍有限制，因为碳纳米管的大部分特性只在碳纳米管没有破缺、没有瑕疵的时候才会出现。

超材料

我们在第4—5页已经看到，原子组成了材料。组成材料的元素以及原子，是否以化学键的方式连起来形成化合物，都对材料的性质有决定性影响。进一步来看，原子组织起来的方式，是像晶体一样纵横有序还是像非晶体一样乱，也会对材料的外观、触感和强度产生巨大影响。

有个正在发展的科学领域关注的就是原子的组织方式。科学家造出了尺寸非常非常小的材料，有时候只有30纳米大小（150—200个原子那么宽）。这样的尺寸给了这种材料超能力，是那些常规材料所不具备的。

制造具备这些微观特征的材料是为了让它们拥有超越常规材料的性能。因此，科学家称之为超材料，就是"超越了常规材料"的意思。

但是，在讨论人工制造的超材料之前，我们还是先来看看，大自然是如何运用这种能力的。

荷花是一种会生长在水面上的植物。

荷叶跟大部分材料都不一样。水落在上面的时候，不会像雨滴落在窗玻璃上那样滑落、漫开，而是会保持球形并滚落。这是因为荷叶的表面有疏水性（会排斥水）。人们已经找到了很多方法来实现类似的性能，比如化学涂层，但自然界的"荷叶效应"是以一种我们意想不到的方式做到的。

如果在普通的显微镜下观察荷叶，就会看到叶片表面有小凸起（0.01毫米大小）。

电子显微镜用的是电子而不是光来成像，显微能力非常强大。如果在电子显微镜下看，就能看到这些小凸起的上面有好多细长的管道，管道内外径分别在50纳米和100纳米左右，这种管道叫作纤毛。

水落在大多数植物的叶片上都会散开，但在荷叶上，这些凸起和纤毛让水珠不会散开，而是保持球形并滚落。荷叶是一种天然的超材料，其超能力就来自上面的纳米结构。

日本东京有一组科学家，用一种叫作"喷溅"的方法把一薄层金粉（10—30纳米）喷到两种叶片上，一种是普通叶片，另一种是荷叶。喷完后，普通叶片跟预期一样呈金色，而荷叶却是漆黑的。

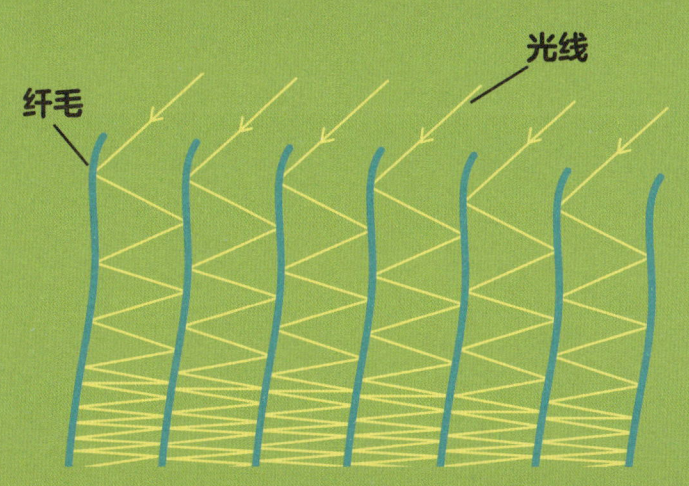

普通叶片　　　荷叶

纤毛　　光线

他们测量了一下喷过金粉的荷叶究竟有多黑，结果发现照在上面的光99.9%都被吸收了。金粉盖住纤毛形成薄层金膜，相当于由金柱组成的金属超材料。数十亿细小的反光管道让所有光线都被反射进荷叶并被吸收，因此没有光线从叶片上反射回来。

这就是超材料的力量。

神奇的壁虎

壁虎是一种小型蜥蜴，因为能粘在墙上而得名。很多年以来，科学家一直不知道壁虎是怎么把自己粘在墙上的。它们几乎在任何表面都能粘住，包括疏水性很强、几乎什么都挂不上去的墙面，而且不用任何胶。

后来人们发现，壁虎的脚结构非常复杂。壁虎脚趾的隆起上有很细小的毛发，叫作刚毛（直径5—10微米）。将刚毛进一步放大后科学家发现，刚毛上还有更细小的纳米尺度的毛发，叫作匙状毛（直径100—200纳米）。壁虎在墙上行走时，这些匙状毛会让壁虎脚接触到的墙面带上一点电，但科学家们对这个过程究竟是怎么发生的还没有一致的看法。墙面上带的电跟匙状毛上带的电相反，因此墙面跟壁虎脚上的毛发互相吸引，壁虎就可以像粘在墙上一样在上面走来走去了。

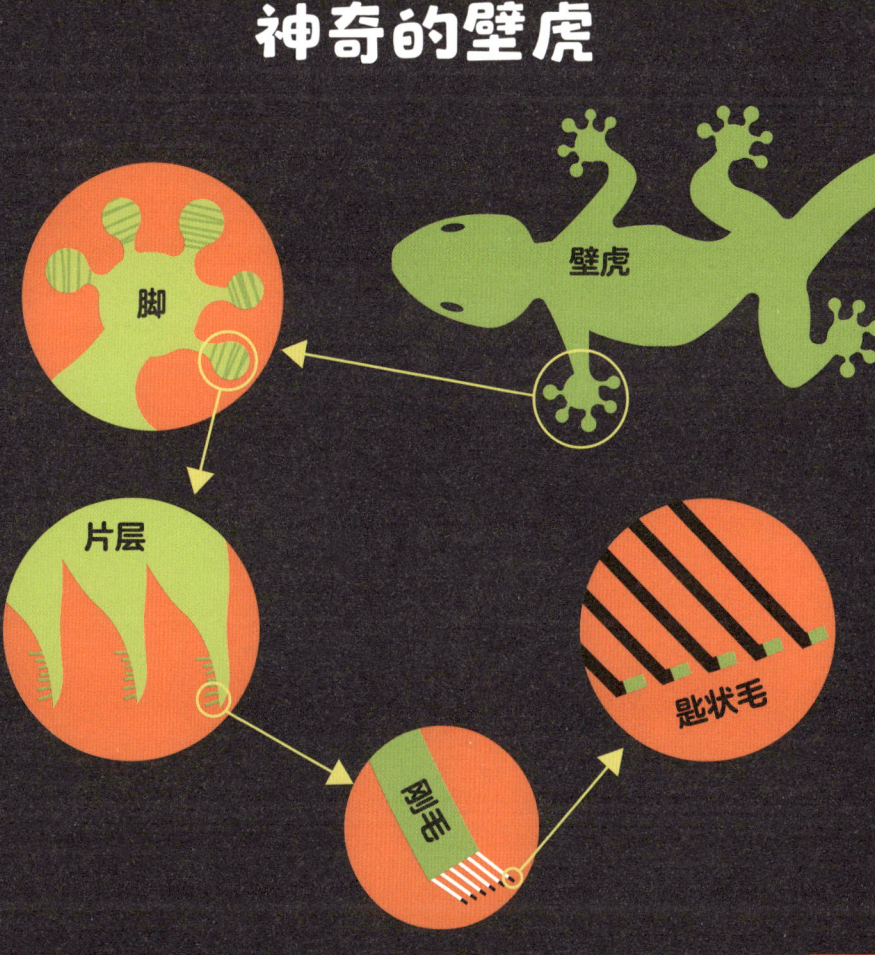

壁虎　脚　片层　刚毛　匙状毛

25

隐身

要是能隐身是不是会很酷？

我们能看到物体（或者人），是因为来自灯或太阳的光从我们看着的对象上反射回来，进入了我们的眼睛。

有时候我们也会看到，物体挡住了光，形象映在地面上。我们称之为影子。

现在人们很容易就能让光不从某个表面反射回去。有很多种材料和涂层都能做到不反射光。但是，这些材料并不能让物体隐身。物体表面如果没有光反射，看起来就会乌黑一团。如果你在找这个物体，还是可以说这个乌黑的东西挺显眼的。

要让一种东西隐身，难点在于需要让这个东西看起来跟它背后的东西一模一样，而且要确保不会留下影子，不然别人还是能看到它在哪儿。

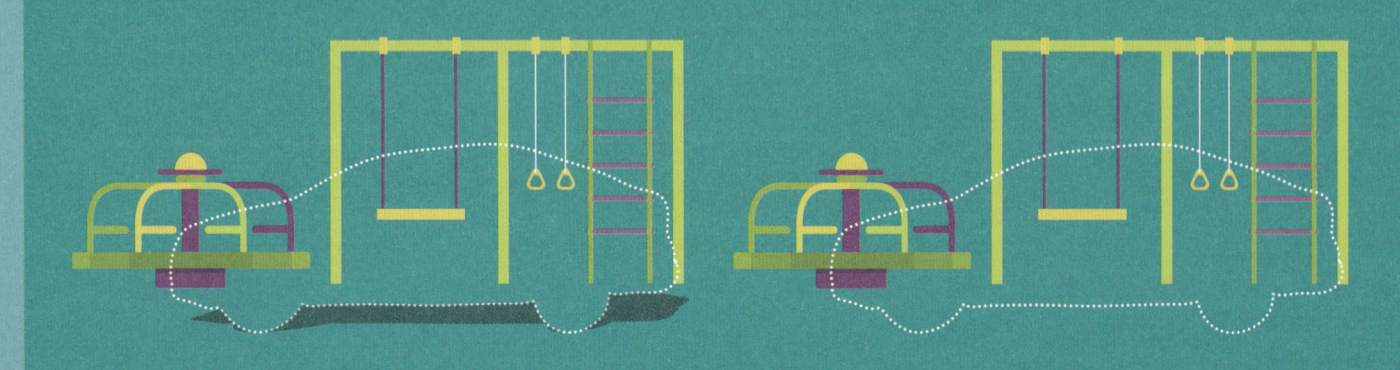

26

2006年，对隐身的研究有了重大突破，并从此一发不可收。这一年，英国物理学家约翰·彭德里和美国物理学家戴维·R.史密斯的研究表明，他们可以让一个很小的物体对一种特定的光隐身。现在有大量研究正在进行，很多办法都可以让物体隐身，其中很大一部分都用到了超材料。

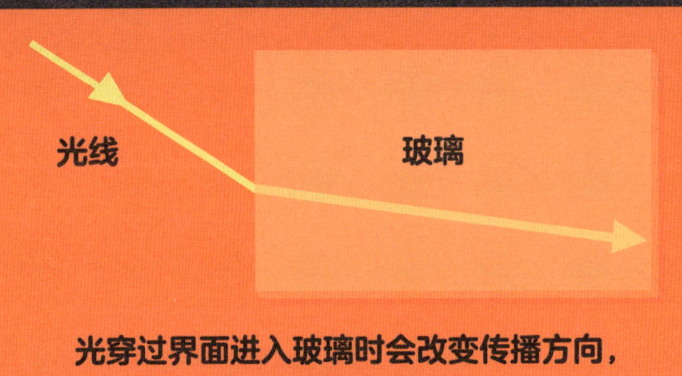

光线 **玻璃**

光穿过界面进入玻璃时会改变传播方向，这个现象叫作折射。

之所以会发生折射，是因为光速变慢了，被拉向了一边。只要光从空气中进入更致密的介质，就会发生折射，至少对普通材料来说是这样。而有了超材料，细小的结构也可以进入材料内部，充满整块材料，而不是只分布在材料表面。这样一来，光就会以另一种方式弯曲。

假设我们有一枚硬币，想把它藏起来或者盖起来。

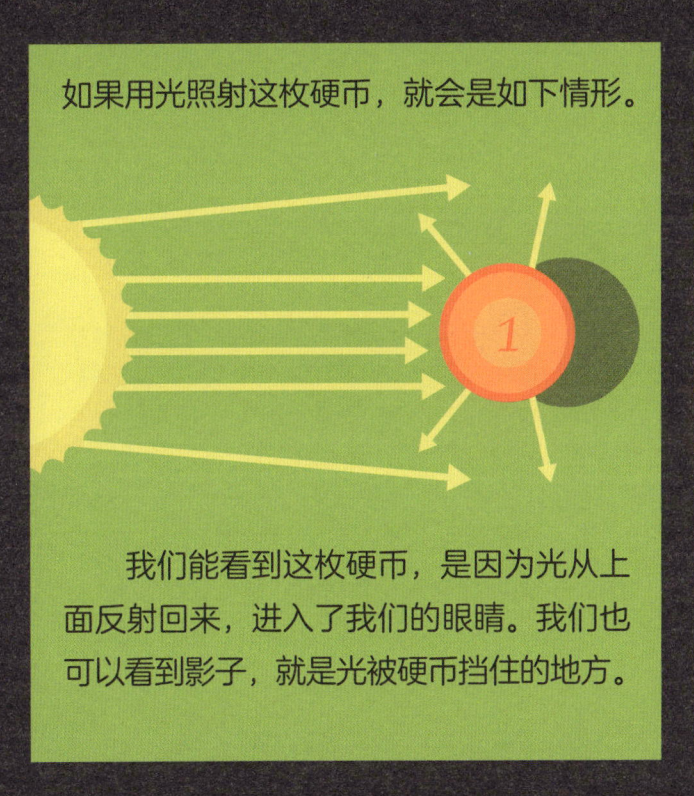

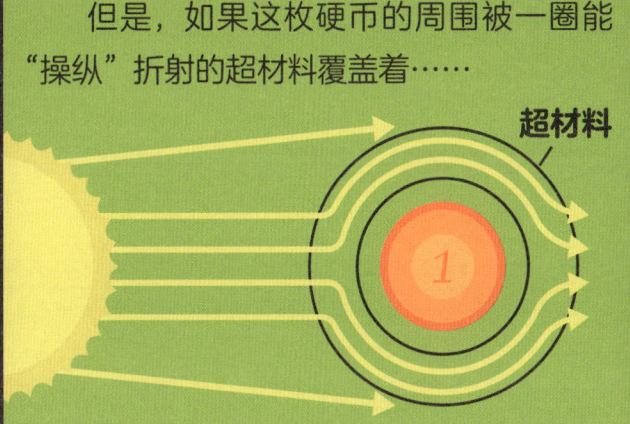

如果用光照射这枚硬币，就会是如下情形。

我们能看到这枚硬币，是因为光从上面反射回来，进入了我们的眼睛。我们也可以看到影子，就是光被硬币挡住的地方。

但是，如果这枚硬币的周围被一圈能"操纵"折射的超材料覆盖着……

超材料

那么光会绕过这枚硬币。不会有影子，光也完全不会变形。但是也有个缺点，就是如果能做出人那么大的完美的超材料涂层，那么你可以隐身，但是你没法看到外面的任何东西，因为所有光线都会绕着你走。

目前这方面的研究还在初级阶段，也只能在少数几种颜色和一些小物件上起作用。

纳米技术是一个极为广泛、日新月异的研究领域。有无数更激动人心的研究项目正在进行，也有无数让人振奋的发现正在发生。安德烈·海姆和诺沃肖洛夫只用胶带和石墨就做到了以前多少科学家都认为不可能做到的事情。下一个重大发现，会不会属于你呢？

27

词汇表

电荷：粒子所带的正电或负电。同种电荷互相排斥，不同电荷互相吸引。

电路：一个电流通路，电流可在其中流动。

电子：极小的亚原子粒子，带负电。

电子层：原子核周围理论上存在的球面，是电子运动的轨道。在同一电子层上能够共存的电子数有固定的最大值。

电中性：整体不带电。

共价键：原子通过共用电子对形成的化学键。

轨道：物体环绕其他物体运动的路径。

硅：一种常见的化学物质，原子核里有 14 个质子。硅因其电子特性大有用处，在现代电子器件中已广泛应用。

混合物：由两种或多种不同物质或化合物混合而成，不同成分之间没有化学键相连，比如空气。

化合物：由两种或两种以上元素的原子或离子组合而成的物质。

静电：不流动的电荷，比如摩擦产生的电荷。

离子：原子在失去或得到电子后，原子核带的正电和电子带的负电不再平衡，原子因此整体带电，就成为离子。

离子键：电子从一个原子转移到另一个原子，让失去电子的原子成为正离子，接收电子的原子成为负离子，两者之间形成的化学键叫离子键。

球面：圆是平面图形，球是立体图形。从球心出发到球面上的任何位置，距离都相同。足球就是个球面。

生物相容性：物质能用于生物身体内部同时又不会损伤生物的组织和器官，这种性质就叫生物相容性。

原子：保持物质化学性质不变的最小单元。由一个原子核加上环绕原子核的电子组成，而原子核又由质子和中子组成。

元素：（根据原子核中的质子数定义的）同种类型原子的总称。

中子：电中性的亚原子粒子。质子和中子占原子质量的 99% 以上。

质子：带正电的亚原子粒子。质子和中子占原子质量的 99% 以上。

你学会了吗？

① 头发丝直径那么宽的地方，能放下大约多少个金原子？

　A. 476 个

　B. 47600 个

　C. 47.6 万个

② 结构最简单的原子是什么原子？

　A. 氦原子

　B. 氢原子

　C. 碳原子

③ 钠元素和氯元素发生反应，会生成什么物质？

　A. 亚硝酸钠

　B. 氢氧化钠

　C. 氯化钠

④ 由两种或两种以上元素的原子组合而成的物质，叫作什么？

　A. 混合物

　B. 化合物

　C. 单质

⑤ 铅笔芯的主要成分是什么？

　A. 铅

　B. 石墨

　C. 煤粉

⑥ 下面关于碳纳米管的说法不正确的是？

　A. 碳纳米管不能导电。

　B. 1毫米粗的碳纳米管绳子，就能吊起一辆大车。

　C. 碳纳米管已经被科学家应用到医学研究中。

元素周期表

科学家把所有元素排列成一个图表，称为元素周期表。

答案：1.C 2.B 3.C 4.B 5.B 6.A

10岁开始学通识

超级上头的核物理学

SUPER SMART

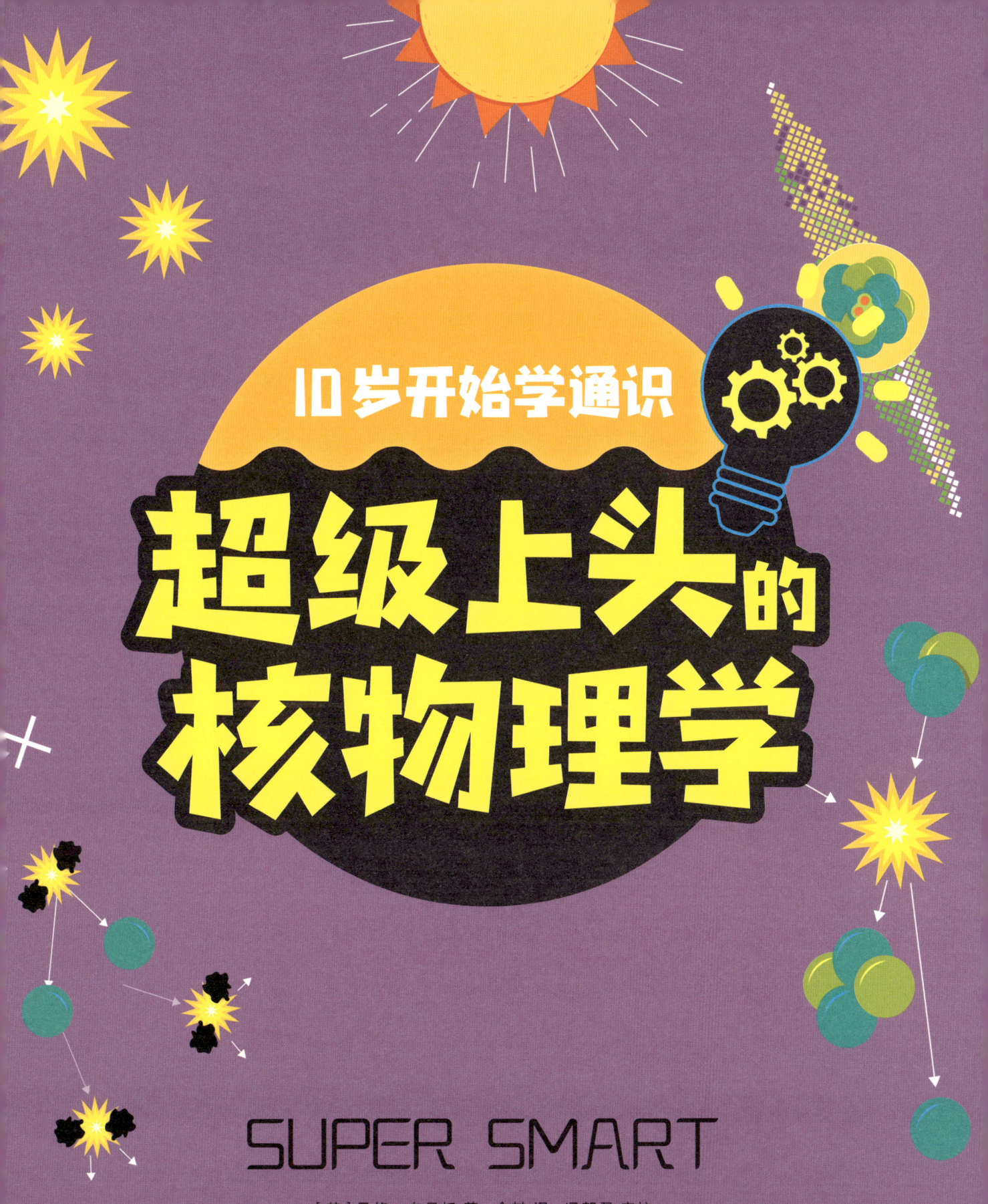

[英]马修·布吕托 著　舍其 译　冯朝君 审校

中信出版集团|北京

图书在版编目（CIP）数据

超级上头的核物理学 /（英）马修·布吕托著；舍其译. -- 北京：中信出版社，2024.1
(10 岁开始学通识)
ISBN 978-7-5217-6007-1

Ⅰ.①超… Ⅱ.①马…②舍… Ⅲ.①核物理学—少儿读物 Ⅳ.①O571-49

中国国家版本馆CIP数据核字（2023）第171765号

Super Smart Science: Nuclear Physics Made Easy
Written by Dr Matthew Bluteau
First published in Great Britain in 2020 by Wayland
Copyright © Hodder and Stoughton, 2020
Simplified Chinese rights arranged through CA-LINK International LLC
Simplified Chinese translation copyright © 2024 by CITIC Press Corporation
ALL RIGHTS RESERVED

本书仅限中国大陆地区发行销售

超级上头的核物理学
（10 岁开始学通识）

著　　者：[英]马修·布吕托
译　　者：舍其
审　　校：冯朝君
出版发行：中信出版集团股份有限公司
　　　　　（北京市朝阳区东三环北路 27 号嘉铭中心　邮编 100020）
承　印　者：北京瑞禾彩色印刷有限公司

开　　本：889mm×1194mm　1/16　　印　张：16　　字　数：640千字
版　　次：2024 年 1 月第 1 版　　印　次：2024 年 1 月第 1 次印刷
京权图字：01-2023-0699
书　　号：ISBN 978-7-5217-6007-1
定　　价：169.00 元（全 8 册）

出　　品　中信儿童书店
图书策划　红拨风
策划编辑　陈瑜
责任编辑　陈瑜
特约编辑　胡雪琪
营销编辑　高铭霞　周惟　叶芮希
装帧设计　哈_哈

版权所有·侵权必究
如有印刷、装订问题，本公司负责调换。
服务热线：400-600-8099
投稿邮箱：author@citicpub.com

目录

欢迎来到核物理学的世界 2

我们宇宙的组成单元 4

原子的中心是什么？ 6

原子核里有什么？ 8

原子核大观园 10

稳定性的谷底 12

原子核为什么没有分崩离析？ 14

核物理学最著名的方程 16

核裂变和核聚变 18

走向稳定 20

辐射：坏的一面 22

辐射：无处不在 24

辐射在医疗中的应用 26

词汇表 28

你学会了吗？ 29

欢迎来到核物理学的世界

小朋友，不知道你有没有思考过这些问题：太阳那么明亮，能量是从哪里来的？组成这个世界的物质又是从哪里来的？因为燃烧煤、石油等出现的气候危机，该怎么解决？诊断和治疗疾病，比如说癌症，有没有更好的办法？所有这些问题，核物理学都有答案。准备好了吗？一起来探索我们这个奇特又奇妙的世界吧！

你知道吗？

太阳 1 秒钟产生的能量，就足够全世界所有家庭用 600 多万年。

物理学是科学的一个分支，很多人都认为物理学特别难懂。但我们认为，不管是什么事情，只要解释到位，任何人都能理解。

细菌

人类

小 物理学很激动人心，因为它能让我们知道，我们这个世界是怎么运转的。物理学的研究对象的范围非常大：从由最普通的材料构成的、我们肉眼甚至都没法看见的最小的小玩意儿，一直到夜空中我们能看到的最大的天体。

在小的这一头，核物理学研究的东西甚至比细菌和病毒还要小。核物理学关注的是组成我们这个世界的微小物质的一部分，叫作原子核。

在本书中，你会了解原子核是什么，以及它身上都会发生哪些事情。

通过阅读本书，你会发现一个隐藏的世界。这个世界会告诉你：太阳的能量从哪里来，万物都由什么组成，以及为什么对人类来说，核辐射既有害又能治愈疾病。

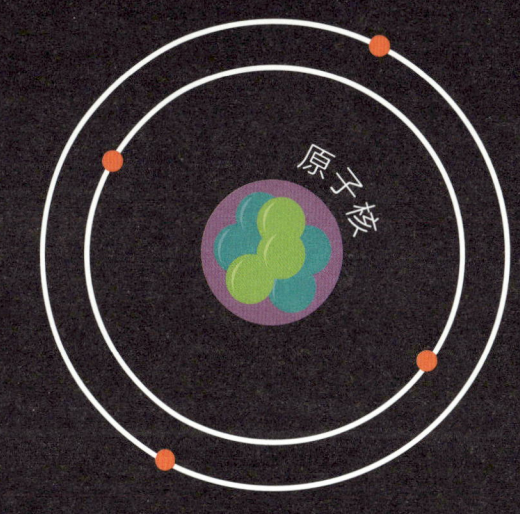

星系

大

原子核

关于人类的一些最重大的问题，核物理学也能带来解决方案。核物理学不仅能帮助我们解决因为燃烧了太多化石燃料而产生的气候变化问题，而且已经应用在很多最实用的医疗设备中。在未来，核物理学还会向我们提供更多解决问题的方案。

还等什么呢？
快一起来探索核物理学的世界吧！

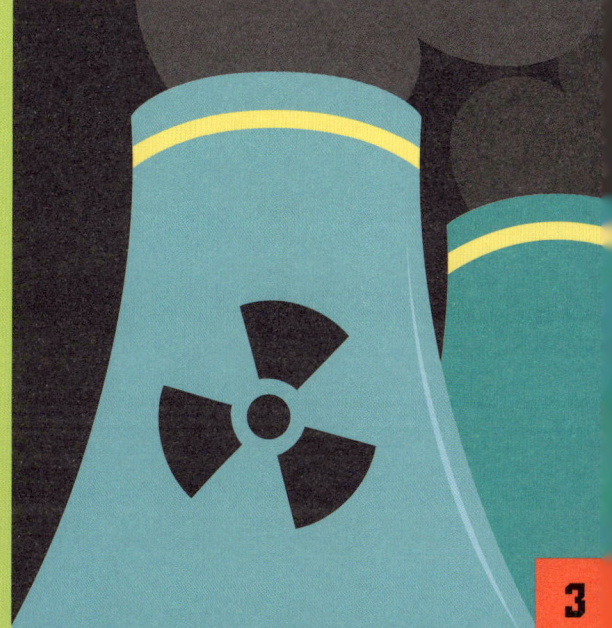

我们宇宙的组成单元

原子

想象一下，你从一尊金子做的雕塑上弄了一块金子下来。你用一把非常锋利的刀把这块金子切成两小块，再把其中一块切成更小的两块，就这么一直切下去，直到你再也没法切出更小的金块为止。（假设你有办法一直切，直到切出最小的金块。）

你觉得究竟能把这块金子切到多小？金块会不会小到再也切不动了呢？

金块的结构

金原子

很多古希腊哲学家在想要弄清楚物质的本质时，都问过自己这些问题。任何占据一定空间、有一定质量的东西都是物质，所以你在周围看到的所有东西，以及很多你看不见的东西，都是物质。哲学家们指出，所有物质都由非常小的小球组成，而这些小球，就是物质的基本单元。

他们用来表示这种小球的希腊语单词atomos意为"不可再分"。所以到了某个时候，金子就再也切不开了，但还是可以看成很小"块"的金子，我们就称它为原子（atom）。

但并不是说金原子就不可能继续往下分了，而是接下来无论怎么分，得到的都不能再叫作金子。实际上，原子本身是由更小的东西组成的，叫作亚原子粒子。最早被人们发现的亚原子粒子是电子。

电子

电子非常小也非常轻，比原子小得多也轻得多。电子都带有电荷。

电荷分为两种：正电荷（＋）和负电荷（－）。所有电子都带有 1 个单位的负电荷。

不同电荷相互吸引。

同种电荷相互排斥。

电荷之间吸引或排斥的作用力叫静电力。

用织物摩擦气球后，再用气球接触头发，头发会沾在气球上，就是因为静电力。

所有电子都带负电，所以电子都会互相排斥。但是，原子总是喜欢让自己的各个部分紧紧抱成一团，所以原子里的什么地方肯定带有正电荷，才能不让电子飞走。那么，这些正电荷在哪儿，又被谁带着呢？

原子的中心是什么？

卢瑟福散射实验

发现电子后，科学家还发现了一些新的粒子，其中一种叫α（读作"阿尔法"）粒子。科学家们发现，α粒子带2个单位的正电荷，而且比电子重得多。

一些科学家做了一系列实验，想看看这种粒子跟常见的物质，比如金属和玻璃，会怎么相互作用。

其中一个实验叫卢瑟福散射实验，在这个实验中，科学家把一束高速运动的α粒子射向一张金箔。

绝大部分α粒子都直接穿过了金原子组成的金箔，只是改变了方向。

这个结果跟当时科学家对原子的理解是一致的。他们认为，原子里的正电荷均匀分布在整个原子中，这就意味着，α粒子穿过或经过金原子时，金原子带的正电荷对α粒子的运动不会有多大影响。

金箔

α粒子

然而，科学家们也无比震惊地发现，还有少数α粒子几乎是从原路折回。

突然出现这样180度的大转弯，只有一种模型可以解释：原子的中心有一个很小、很致密的核心，原子的所有正电荷都集中在那里。

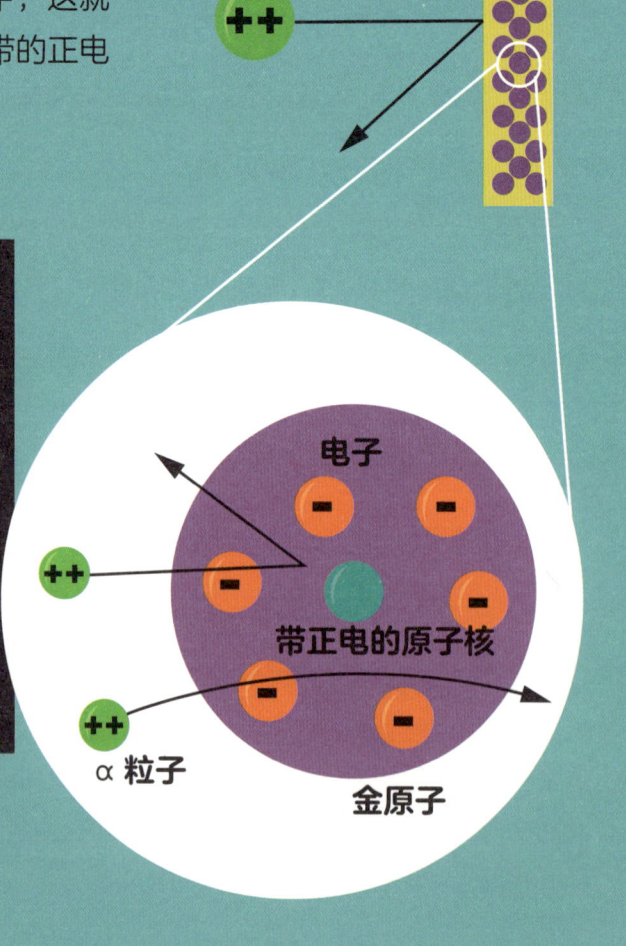

电子

带正电的原子核

α粒子

金原子

α粒子会反弹回来就意味着在原子中心肯定有一个很小很集中的核心,为什么呢?我们来设想一下。假设你想在几米开外用网球砸中一个靶子。网球就代表α粒子,而靶子就是金原子的正电荷和几乎全部质量分布的地方。

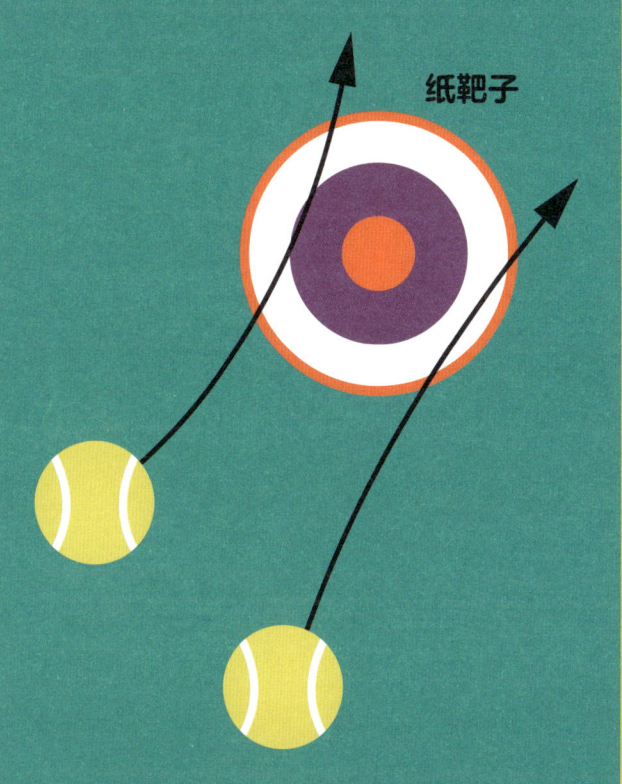

纸靶子

硬靶子

如果靶子很大,其质量就应该均匀分布成薄薄的一层,就像一大张纸一样。纸靶子很容易被砸中,但无论砸在哪儿,网球都会穿过这张纸,前进方向也不会改变多少。这个模型并不能解释为什么有时候网球会反弹回来,就像α粒子从金箔上反弹回来那样。

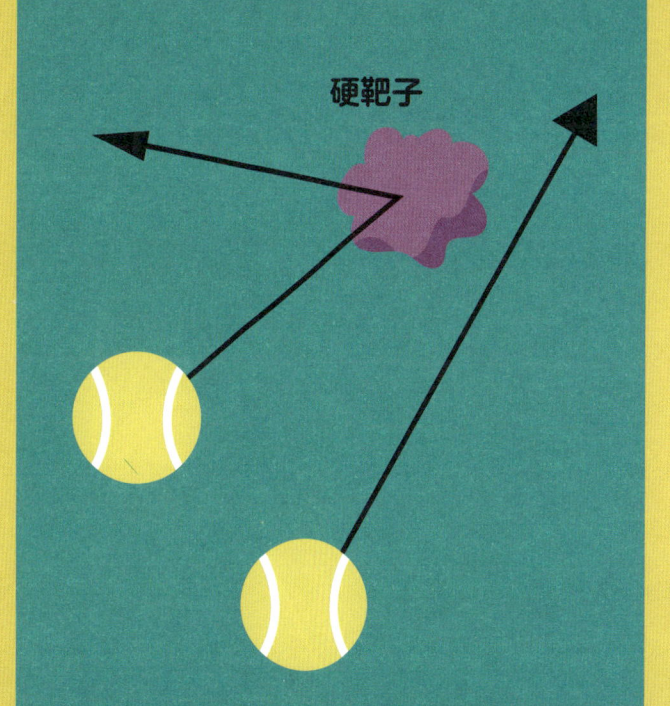

但是,如果靶子很小、很重,就像一个石块或金属球那样,那么直接击中靶子的时候,网球就会反弹回来。但大多数时候你都砸不到这个靶子,网球会从旁边直直地飞过去,就像α粒子多数时候都会直接穿过金箔一样。

所以,只有一种假设能解释卢瑟福散射实验的结果:在金原子中心,有一团带正电的致密物质。原子中心这个很重、带正电的核心就叫原子核,也是核物理学重点关注的对象。

你知道吗?

原子核和电子都非常小。奇特之处在于,原子核和电子之间的空间没有任何物质。

那里完全是空的!

原子核里有什么？

原子里的原子核有点儿像太阳系里的太阳。太阳非常大，稳坐在太阳系的中心，而包括我们地球在内的行星都比太阳小，也都绕着太阳转。原子里的情况也差不多：原子核很重，稳坐在原子中心，所有电子都像行星一样绕着原子核转。

实验表明，原子核由两种更小的粒子组成，分别叫质子和中子。质子带正电，而由原子核和电子一起组成的原子往往呈电中性。也就是说，电子的数量和质子的数量通常是一样的。

质子和中子还可以统称为核子。

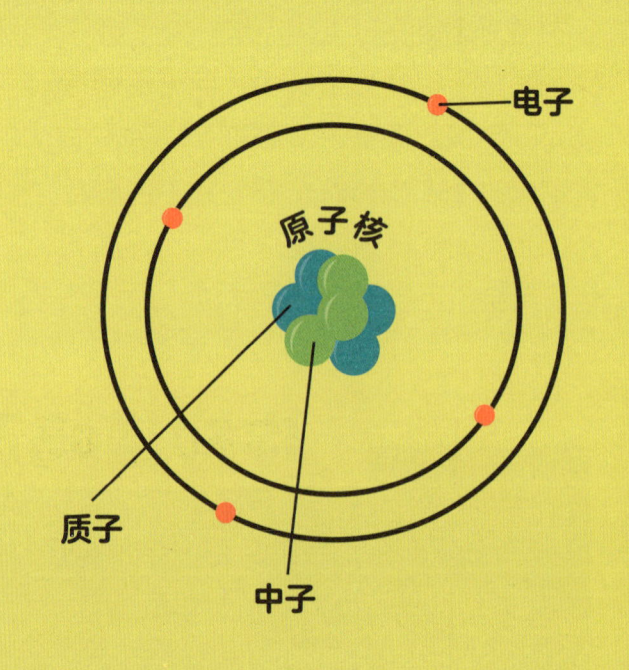

质子

质子带 1 个单位的正电荷，质量为电子的 1 836 倍。质子和电子比起来，就好像质子是黑猩猩（40 千克），电子是小老鼠（21 克）。

原子核里的正电全在质子上。

原子核里的质子数等于原子序数，就是这个数字决定了原子的类型，或者说它是什么元素。例如，金元素的原子序数是 79，因为金原子核里有 79 个质子，而氧元素的原子序数是 8，因为氧原子核里有 8 个质子。

从今天的科学认识来看，一个单独的质子也能永远存在下去！

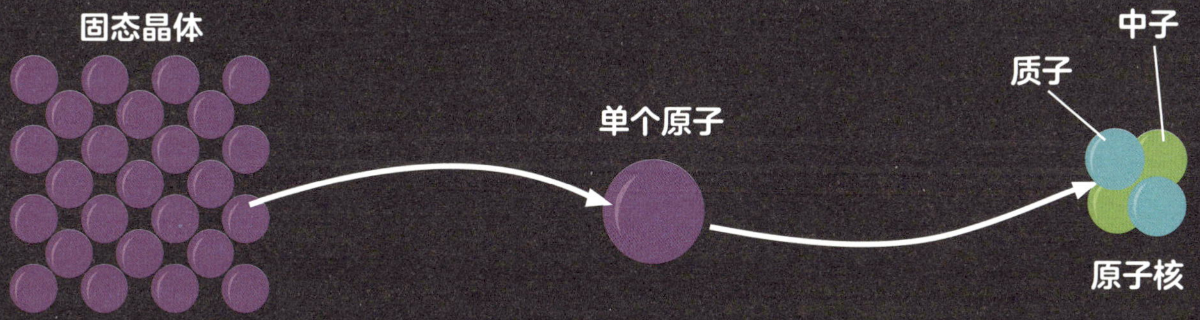

固态晶体 → **单个原子** → **原子核**（质子、中子）

中子

顾名思义，中子是中性的，所以不带电。

中子的质量几乎跟质子一样，但是略重 0.14% 左右。

中子不会互相排斥，所以可以非常紧密地抱成一团。质量足够大的恒星在坍缩后，就会形成一种叫中子星的天体。

靠中子的帮助，原子核才没有分崩离析。这一点我们在第 14~15 页会展开讨论。

原子核里的中子数和质子数加起来，就叫作质量数。

跟质子不一样，单独的中子不会永远存在下去，而是会衰变。衰变过程我们会在第 20~21 页讲到。

原子核大观园

同位素

具有相同质子数的原子属于同一种元素，具体的元素种类是由原子核里的质子数决定的，这个数等于原子序数。那中子数会起到什么作用呢？事实证明，一种原子的原子核里，中子数并不固定。

我们的太阳里71%都是氢元素，组成宇宙的元素中，氢也占绝大部分。我们就以氢为例来看看。

氢原子的原子核里有1个质子，还有1个电子绕着原子核转动。宇宙中我们能见到的几乎所有的氢原子（99.985%），原子核里都只有1个质子，没有中子。这种氢原子的质量数是1，所以我们称之为氢-1，也叫氕（piē）。

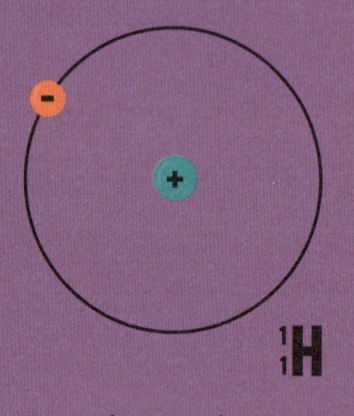

^1_1H

氢-1，氕
1个质子+0个中子=1

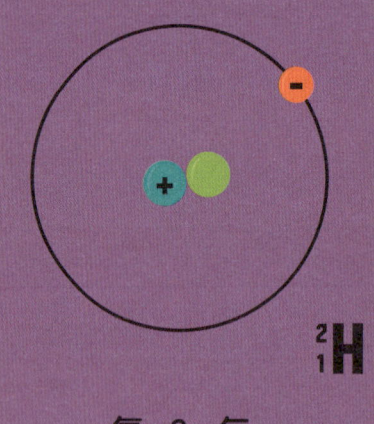

然而还有一小部分氢原子（0.0148%）的原子核里不但有1个质子，还有1个中子，我们称之为氢-2，也叫氘（dāo）。氘可以用在医学影像（见第27页）、医疗和核能发电（见第18~19页）中。

^2_1H

氢-2，氘
1个质子+1个中子=2

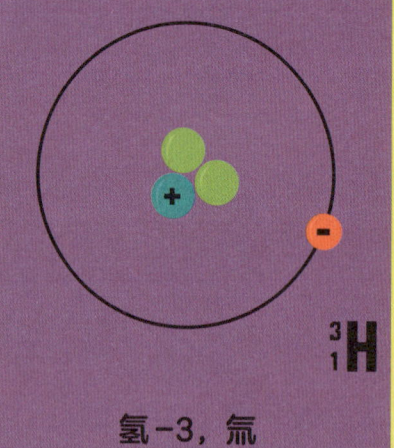

还有更厉害的，有一种占比更少的氢原子，叫氢-3，也可以叫氚（chuān），它的原子核里有1个质子、2个中子。氚会用在核聚变（见第19页）反应堆中。

^3_1H

氢-3，氚
1个质子+2个中子=3

这些不同类型的氢原子，原子核里的质子数相同但中子数不同，都叫作氢的同位素。同位素这个词不是只能用于氢，而是所有元素都适用。例如，碳-12、碳-13和碳-14的原子核里都有6个质子，但中子数依次为6、7、8，它们都是碳的同位素。

稳定性

这时候你可能就要问了,每种元素都有多少种同位素?几乎所有的氢都是氢-1,那么别的元素是不是也有某种同位素,比其他的同位素更常见呢?要回答这些问题,我们先得了解一下稳定性的概念。

如果一个物体会处于当前状态很长时间,只有被很大的能量逼迫时才会改变状态,我们就说这个物体是稳定的。

我们来看看在U型场地玩滑板的人。

如果这个滑板玩家静静站在U型场地的底部,那她既不太可能摔倒,也不太可能滑到U型场地的其他地方去。这个玩家处于稳定状态,也可以长时间保持这个状态,除非她自己有意要滑走。

相比之下,如果这个玩家正在U型场地的顶部边缘,即将出发,那么就算只是轻推一下,都可能会让她掉进U型场地中央。她现在处于不稳定状态,也不会持续这个状态很久。

U型场地

不稳定

稳定

滑板玩家可以处于稳定状态也可以处于不稳定状态,原子核也一样。但原子核可不会掉到哪里去,而是会从一种类型变成另一种类型。

稳定性的谷底

稳定的原子核会长时间保持原来的状态，而不稳定的原子核会随着时间流逝变成别的更稳定的原子核。

回想一下第10页氢的例子。氢有3种同位素：氢-1、氢-2和氢-3。而没有氢-4同位素。这是因为3个中子加1个质子的结合非常不稳定，会马上变成另一种更稳定的原子核。类似的，氢-1之所以是最常见的氢原子，也是因为由单个质子构成原子核是这三种结合方式中最稳定的。

氢-1

氢-2

氢-3

因此，一种元素的同位素有多少种，取决于对于给定的质子数，质子与中子存在哪些稳定的结合方式。

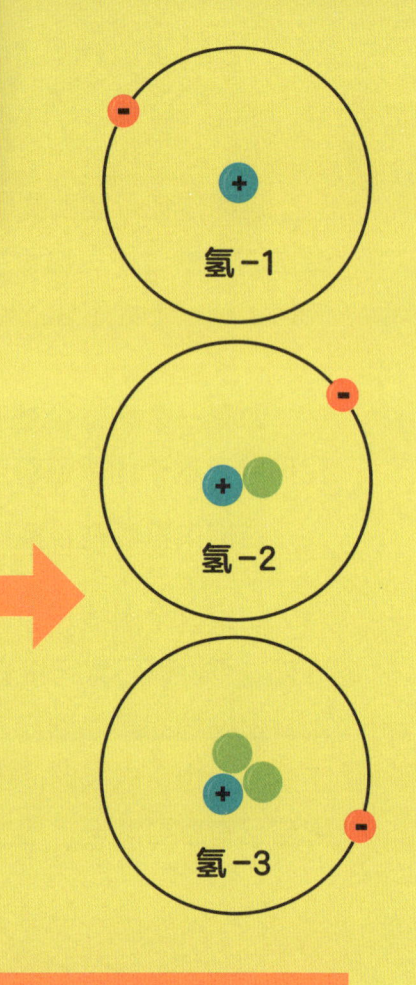

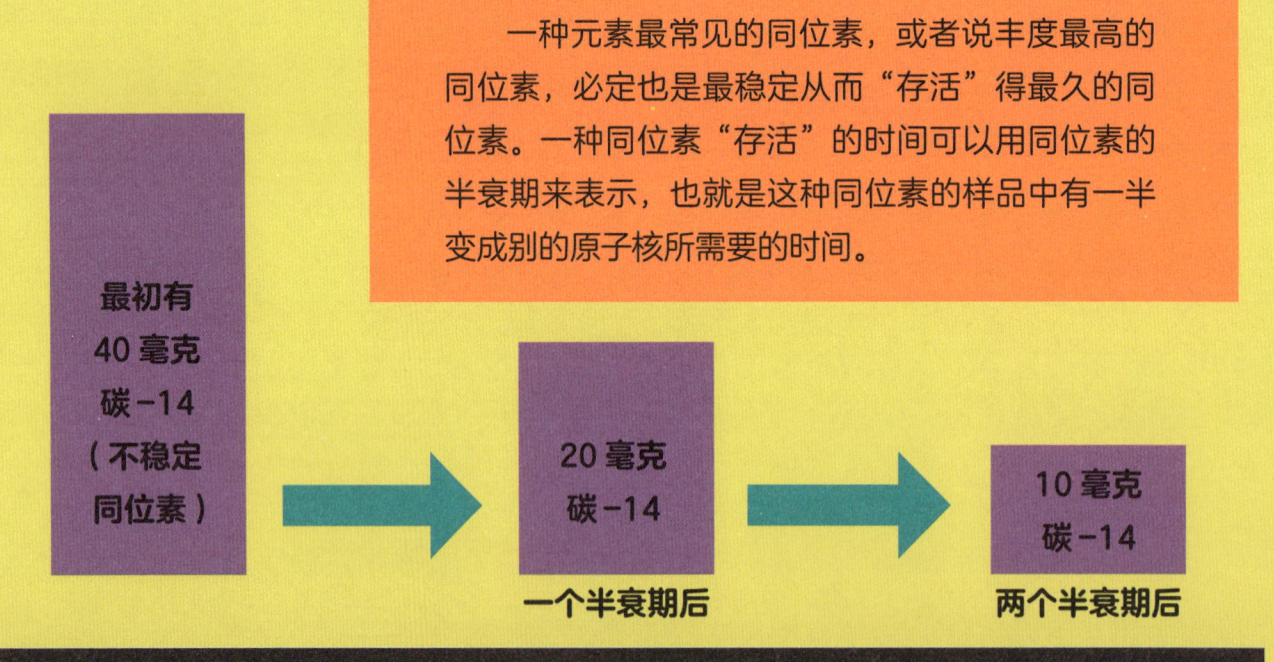

一种元素最常见的同位素，或者说丰度最高的同位素，必定也是最稳定从而"存活"得最久的同位素。一种同位素"存活"的时间可以用同位素的半衰期来表示，也就是这种同位素的样品中有一半变成别的原子核所需要的时间。

最初有40毫克碳-14（不稳定同位素） → 20毫克碳-14 一个半衰期后 → 10毫克碳-14 两个半衰期后

核素就是原子核中具有一定数目质子和一定数目中子的一类原子。科学家已经发现了超过3 100种核素，但已知只有约300种是稳定的。核物理学理论预计，还有约3500种不稳定的核素有待发现！

把同位素绘制成下面这样一张图会很有帮助。图中每个方块代表一种同位素。

这张图中间形成一道斜线的黑色方块都是最稳定的核素，它们不会变成其他核素。

只要经过足够长的时间，蓝色方块代表的核素最终都会变成黑色方块中的某一个，因为它们不够稳定。

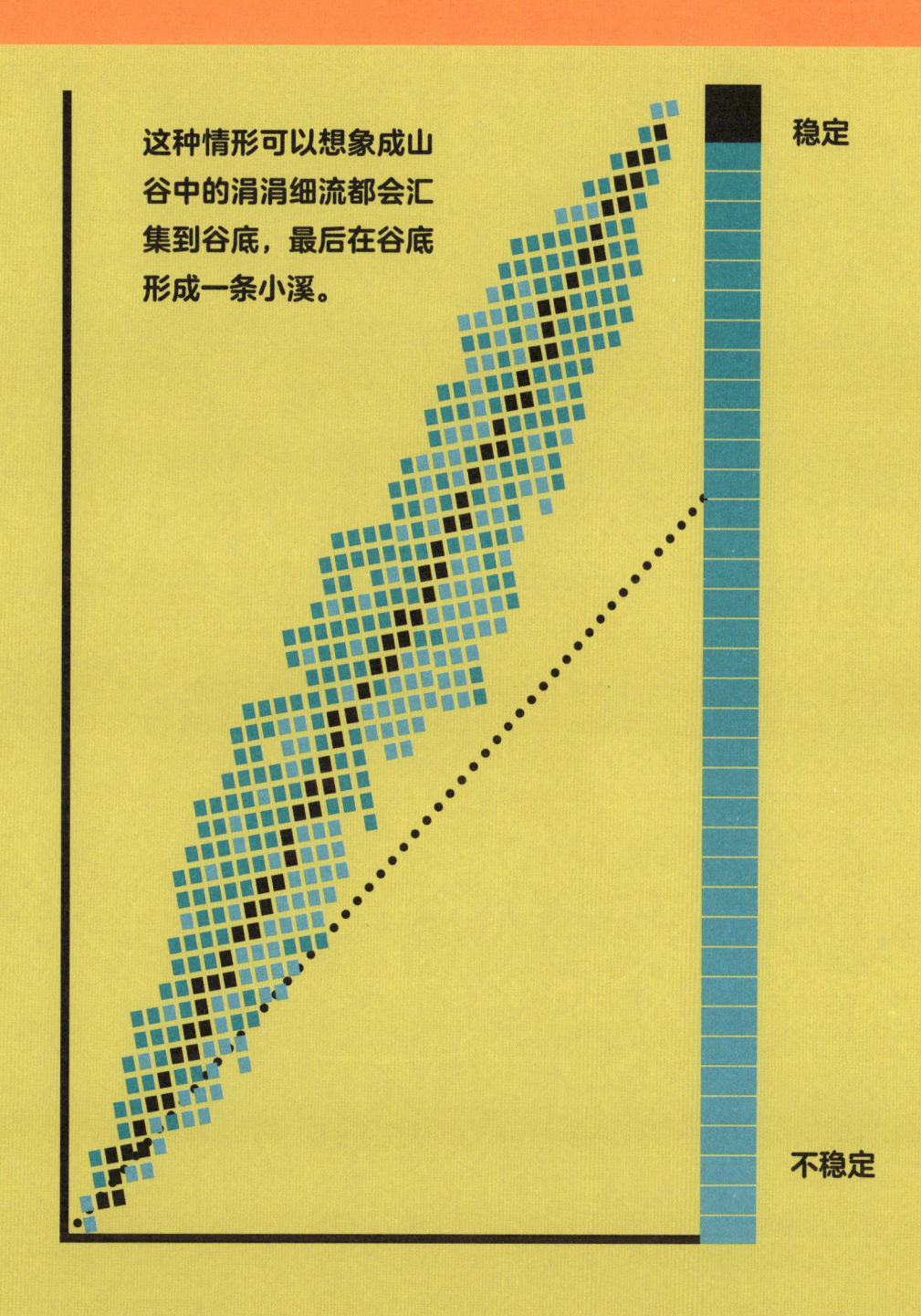

这种情形可以想象成山谷中的涓涓细流都会汇集到谷底，最后在谷底形成一条小溪。

稳定

不稳定

原子核为什么没有分崩离析？

在我们目前对原子核的描述中，你可能已经注意到一个大问题。如果说质子因为带同种电荷会互相排斥，而中子因为是电中性的所以不会跟其他中子和质子相互作用，那么是什么让质子和中子结合在一起，形成了稳定的原子核？

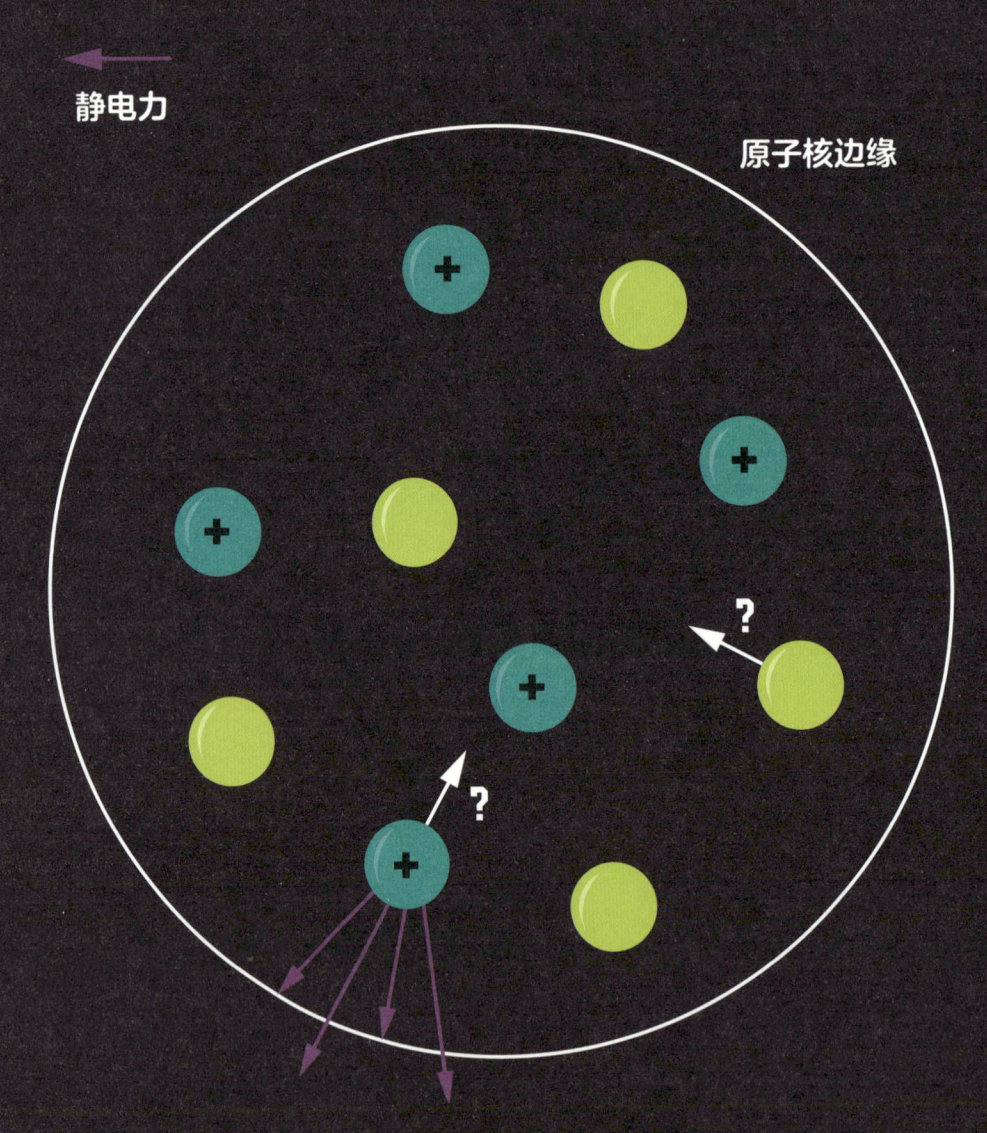

静电力

原子核边缘

这种作用力叫强相互作用力，这个名字本身就很能说明问题。强相互作用力比静电力的强度大上百倍，在质子和中子之间作用。但是，强相互作用力只在很短的距离内起作用，不会超出原子核的范围，所以在日常生活中我们看不到强相互作用力的影响。

对原子核里的每个质子来说，强相互作用力和静电力之间的较量无时无刻不在进行。因为静电力是长程力，也就是作用距离很长，所以原子核里每个质子都受到其他所有质子的斥力，而质子受到的强相互作用力平衡掉了这个斥力，但因为强相互作用力是短程力，所以质子只受到跟自己最接近的那些核子的吸引。强相互作用力的强度足以弥补数量上的不对等，让每个质子都能好好待在原子核里。但是，如果质子实在太多，强相互作用力也无法完全抵消斥力，原子核就只能四分五裂了。

强相互作用力   **静电力**

跟质子不一样，原子核里的中子只受到一种力。所有中子都只会受到来自跟自己最接近的核子的强相互作用力，而中子自身也在提供其他核子受到的强相互作用力。中子在原子核里起到的作用就有点像胶水，因为中子只提供引力，让原子核紧紧抱成一团，起到了稳定原子核的效果，这也是为什么含有更多质子的较重原子，往往原子核里的中子比质子要多。

但是，你也不能因为想让原子核保持稳定，就一直往原子核里加中子，我们来看看这是为什么。

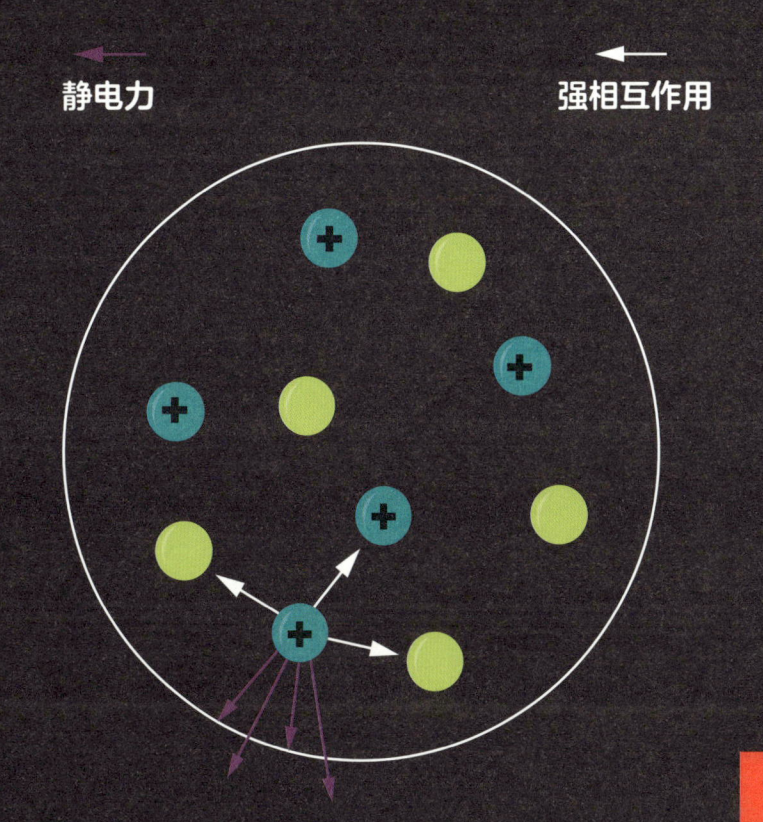

静电力   **强相互作用**

核物理学最著名的方程

你没法一直往原子核里加中子，是因为单独存在的中子的平均寿命只有 15.25 分钟，会衰变为其他粒子，不像单独的质子能永远存在下去。中子没有质子那么稳定。而要解释清楚为什么中子没有质子稳定，我们得先来看看物理学领域里最著名的一个方程。

我们来回顾一下"质量"这个词是什么意思，这是第 4 页我们谈到物质的时候引入的一个术语。所有物质都有质量，而质量就是用来衡量究竟有多少物质的物理量。当一个有质量的物体运动起来时，我们就知道这个物体有了能量。假设橄榄球运动员就是这个物体好了，他抱球跑过来，撞上了你。哎哟！连人带球一块儿把好多能量都传给了你。

然而物理学家爱因斯坦（1879—1955）证明了一件让所有人都大感意外的事情。静止的物体也有能量，而叫作静能的这个能量，跟物体的质量有直接关系。**静能是用右边这个方程计算的。**

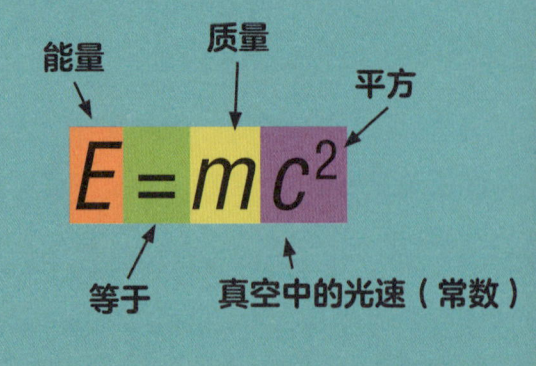

$$E = mc^2$$

能量 = 质量 × 平方
等于　　真空中的光速（常数）

核物理学家就靠这个著名方程来计算稳定性，以及确定核反应过程（见第 18 页）中究竟释放了多少能量。

我们来看碳-12的原子核，它的里面有6个质子，6个中子。如果称出6个单独的质子和6个单独的中子，质量加起来会比碳-12原子核的质量大，尽管两者的核子数是一样的。

质量去哪儿了？

质量没有消失。按照爱因斯坦的方程，质量上的差别对应着静能的差别。从组合在一起的原子核变成单个的核子，质量（m）增加了，所以静能（E）也必定增加，因为光速（c）没变。要把碳-12原子核拆成单个核子必须施加一定能量，单个核子多出来的能量就来自这里。组合在一起的原子核更稳定也是出于这个原因。

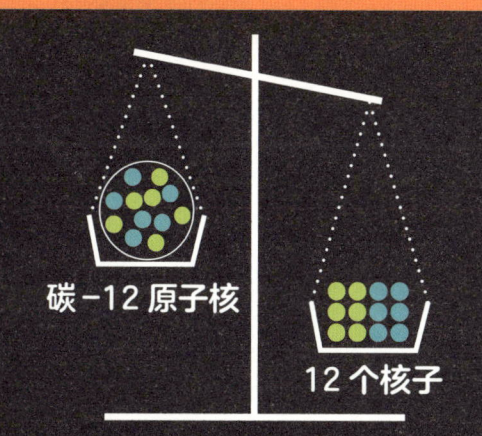

碳-12原子核

12个核子

想知道为什么静能更低（因此质量也更少）的系统更稳定吗？我们来回想一下第11页那个在U型场地玩滑板的人。

停在U型场地底部的玩家，能量比在U型场地里面滑上滑下的玩家要低。底部能量较低的玩家更稳定，因为要把她往上推，一直推到U型场地外面去，需要的能量更多。而把已经动起来的玩家推到U型场地外面需要的能量少一些，因此她没那么稳定。

把核子从原子核里拿出来（让它来到U型场地边缘）需要的能量叫结合能。这个能量表示的是原子核结合得有多紧密。结合能越大，原子核就越稳定，通过质量亏损（见词汇表），人们可以直接测量结合能。

能量高＝更不稳定

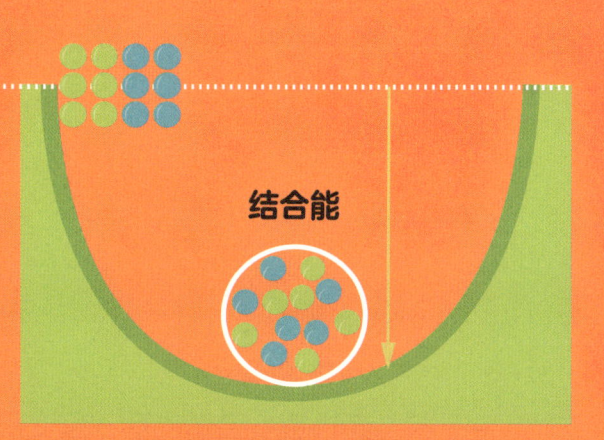

能量低＝更稳定

结合能

结合能和稳定性之间的这个原则也适用于质子和中子。因为质子的质量略低于中子（见第9页），所以质子的结合能更大，也就比中子稳定。

核裂变和核聚变

现代生活的大部分必需品——你的游戏机、电视、冰箱、电脑等——都要有电才能用。发电的办法有很多，有些会用到化石燃料、风力涡轮机、太阳能电池板或水电站。在核物理学领域，我们可以用两种方法让原子核发生特定的变化，从而释放巨大能量，再利用这种能量来发电。这样的变化叫核反应。

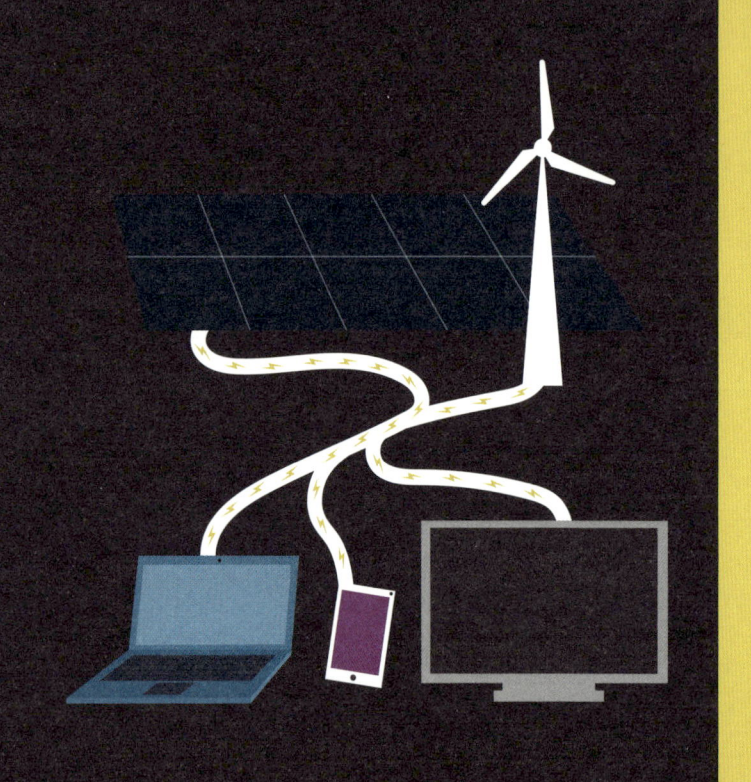

裂变

科学家发现的第一种方法叫作裂变。在这个核反应过程中，一个中子击中一个很大的原子核，让原子核四分五裂，变成小碎片，同时释放出能量。释放出的能量来自核反应的质量亏损。

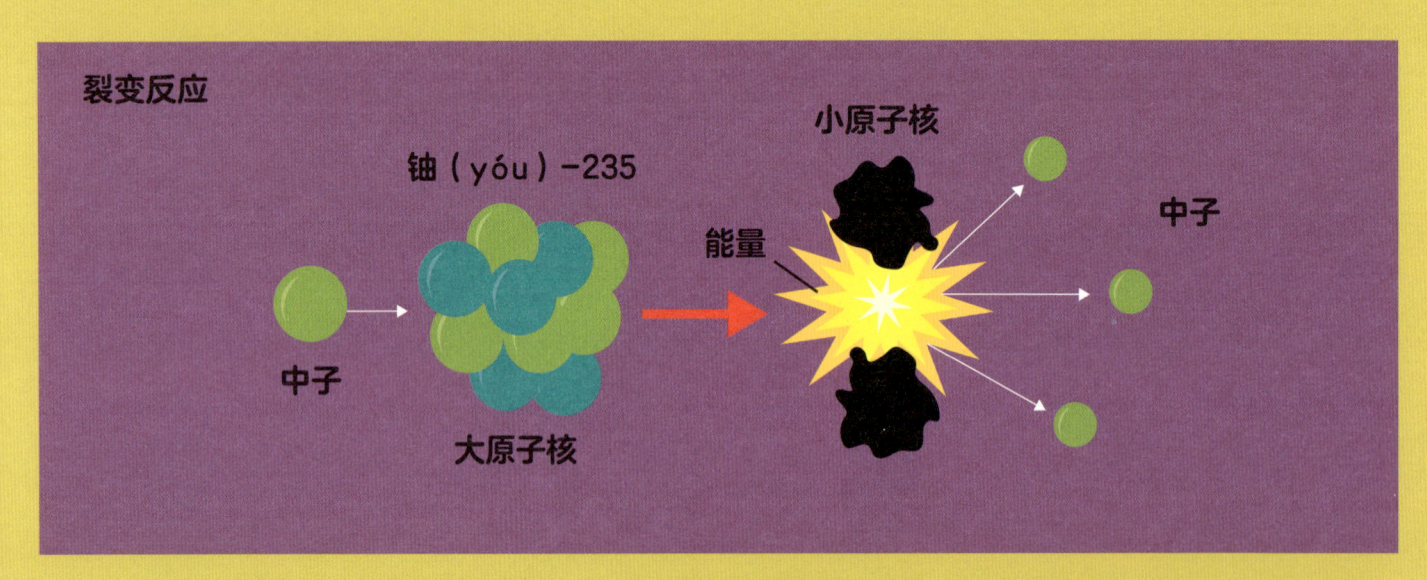

裂变反应

铀（yóu）-235

中子　大原子核　能量　小原子核　中子

现在的裂变反应堆大多会用到一种涉及铀-235的核反应，如上图所示。如果周围有更多铀-235原子核，条件也都合适的话，裂变反应产生的中子可以继续让更多裂变反应发生。因此，通过一个叫作链式反应的机制，一次裂变反应可以带来好多裂变反应，而每次反应都会放出能量，最后我们就得到了许许多多的能量。

核裂变发电是一种很低碳的发电方式，也就是说，它不会往地球的大气层排放很多二氧化碳（CO_2），能帮助人类对抗全球变暖趋势。但是，核裂变也能用于制造核弹，而且核裂变废料放上好几千年后仍会有辐射（见第 22 页）。这些问题让核裂变难以在发电中得到广泛应用。

聚变

但是，核能量还有另一种利用方式——聚变。

聚变反应需要把两个或两个以上小原子核挤压到一起，形成一个或多个原子核。

每次聚变反应产生的能量往往比裂变反应多，但问题在于，聚变反应很难实现。

我们已经知道，所有原子核都带正电（见第 6~7 页），因此会互相排斥。要是你曾经百般努力想把两块磁铁极性相同的两极往一块儿贴，你就能明白原子核有多不想聚在一块儿了。如果想让聚变反应发生，参与的原子核就必须运动得特别特别快，才能克服它们之间的斥力壁垒。只要能让原子核靠得够近，强相互作用力就会掌控局面，把原子核拽到一起。

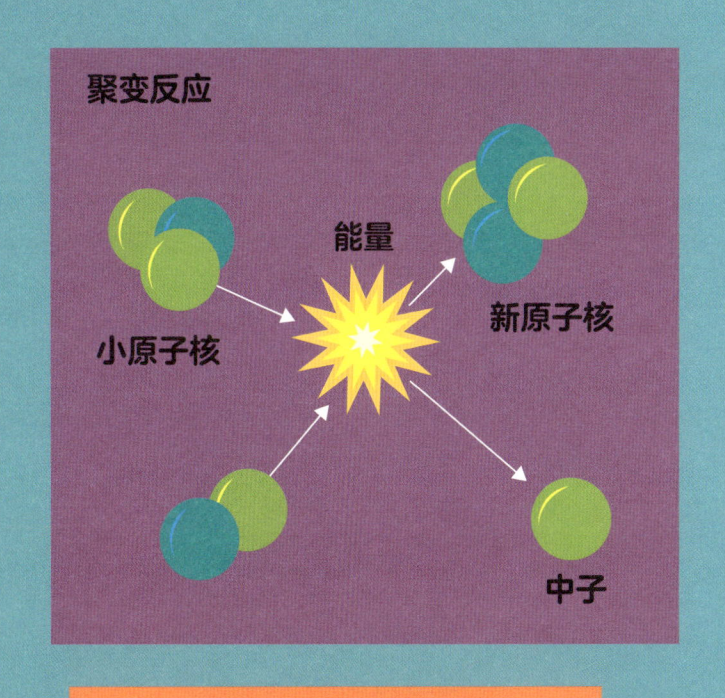

聚变反应

小原子核 → 能量 → 新原子核 + 中子

托卡马克

你知道吗？

我们的太阳之所以那么明亮，之所以有那么多能量，就是因为核聚变。太阳核心处，每秒都有大概 6 亿吨（相当于 100 座胡夫金字塔）的氢-1 发生了聚变反应。

既要让原子核飞速运动，又要把它们局限在一个范围内（这样它们才不会飞得无影无踪），这是另一大难题。为了实现核聚变，科学家设计了很多机器，现在已经取得一些成果。

用聚变反应发电的诸多机器中，看起来最有可能成功的是环磁机，又叫托卡马克。这台机器长得像个巨大的甜甜圈，但中间是空的，由金属制成。想得到清洁、低碳、可靠的电力，托卡马克可能是关键。

走向稳定

原子核在走向稳定时，会改变自身的组成，也就是说，原子核里的质子数，有时候还有中子数，会发生变化。如果质子数变了，那么元素本身也就变了，也就意味着我们可以点石成金，把铅原子变成金原子！这就叫嬗（shàn）变。

纯原子核

铅

金

科学家已经通过核物理过程成功把铅变成了金，办法是向铅原子发射粒子，直到铅原子核失去3个质子。然而这个办法实现起来要花很多钱，造出来的金子的价值远远低于制造它的花费。

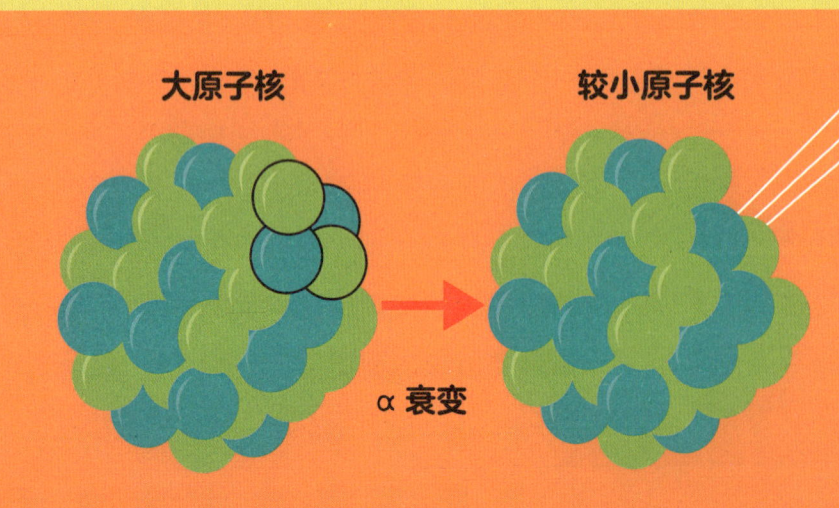

α 衰变

还记得卢瑟福散射实验中的α粒子（见第6页）吗？正是因为发现了α粒子，我们才了解原子核是怎么变化的。α粒子由2个质子和2个中子紧紧抱在一起组成，也就是说跟氦-4原子的原子核一模一样。α粒子是从别的大原子核里放射出来的，大原子核把自身的一部分以α粒子的形式放射出来的过程叫α衰变。其结果是，剩下的那一大块原子核少了2个质子和2个中子，刚好是α粒子中的核子数量。

α 粒子

大原子核　　　　较小原子核

α 衰变

β 粒子

原子核还可以通过一个叫作负 β 衰变（β 读作"贝塔"）的过程释放电子，这么叫是因为那时候人们认为电子是 β 粒子，而且带 1 个单位的负电荷。负 β 衰变的过程非常奇特。这个衰变过程会把 1 个中子变成 1 个质子，同时放射 1 个电子和 1 个反中微子。反中微子很古怪，几乎没有质量。因此，原子核增加了 1 个质子但失去了 1 个中子，所以质量数没变，但质子数变了。

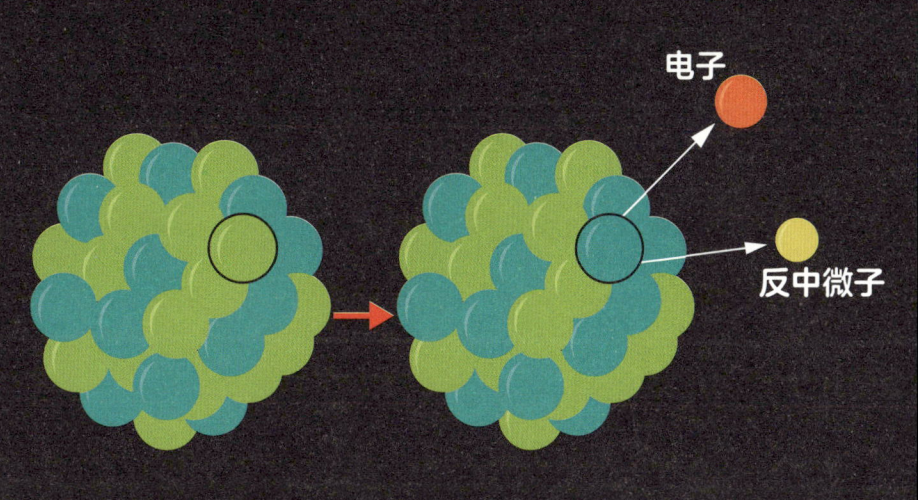

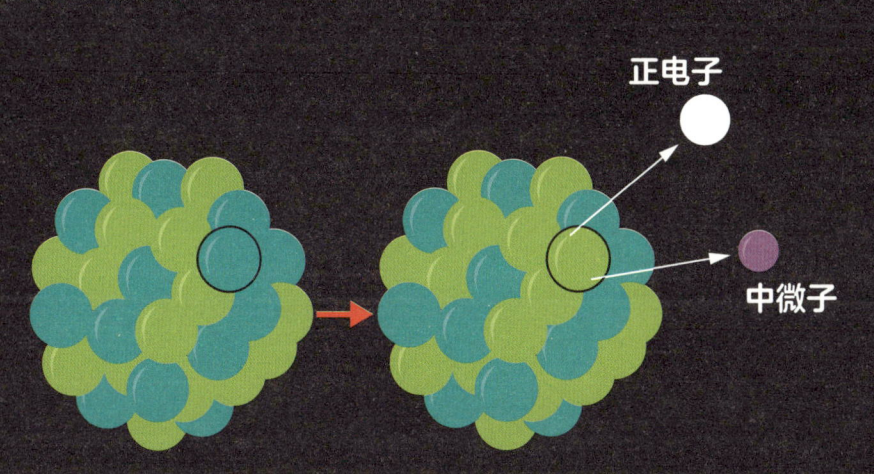

物理学家特别喜欢对称性，结果他们还真发现，质子也可以变成中子。在原子核里，质子变成中子的过程叫正 β 衰变，也就是与负 β 衰变相反。质子放射出 1 个带正电的电子的反粒子（也就是正电子），以及 1 个中微子。结果，这个质子就变成了中子。

γ 射线

最后，还有一种核衰变不会有粒子释放出来。原子核可以得到能量变成激发态，这样的原子核在失去能量时会发射出 γ（读作"伽马"）射线。γ 射线就像能量极高的光，人类的肉眼是看不见的。

辐射：坏的一面

在第5页我们了解到，带电粒子会通过静电力发生相互作用。所以，从原子核里释放出来的α粒子、β粒子和γ粒子会跟周围的原子相互作用，尤其是和这些原子中带电的电子相互作用。

这种相互作用在很多方面都跟弹珠相撞有些类似。放射性衰变产生的粒子就像运动的弹珠，被击中的静止的弹珠则代表原子里的电子。

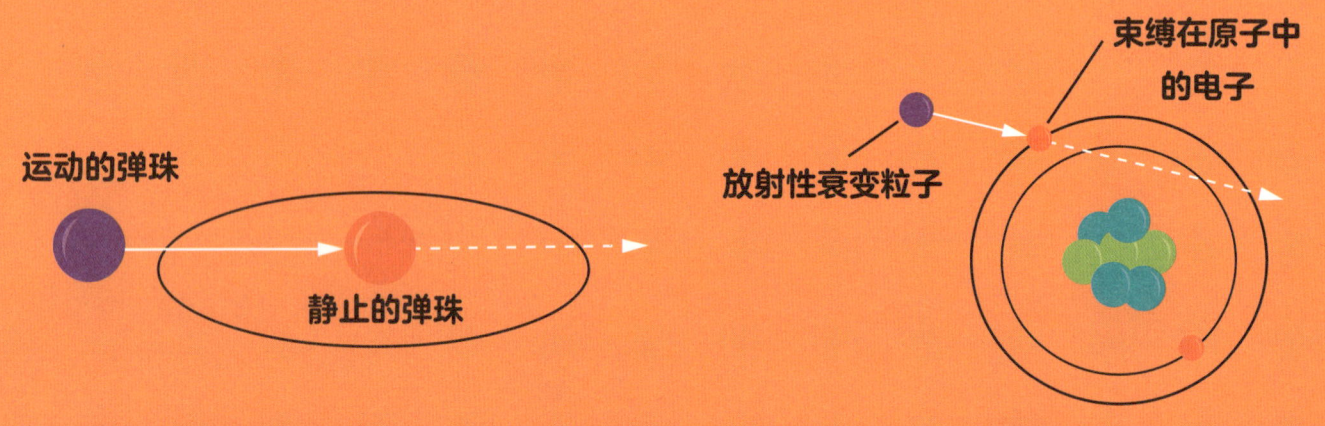

运动的弹珠

静止的弹珠

束缚在原子中的电子

放射性衰变粒子

如果运动的弹珠能量足够大——本身质量够大，速度也够快——就能把原本静止的弹珠撞到圈外。α粒子、β粒子和γ粒子也是一样的。如果这些粒子有足够的能量，就会把电子击出原子，这个过程叫电离。

能实现电离的辐射叫电离辐射。

电离改变了原子的性质，因为在失去了1个或多个电子后，原子就带正电了。

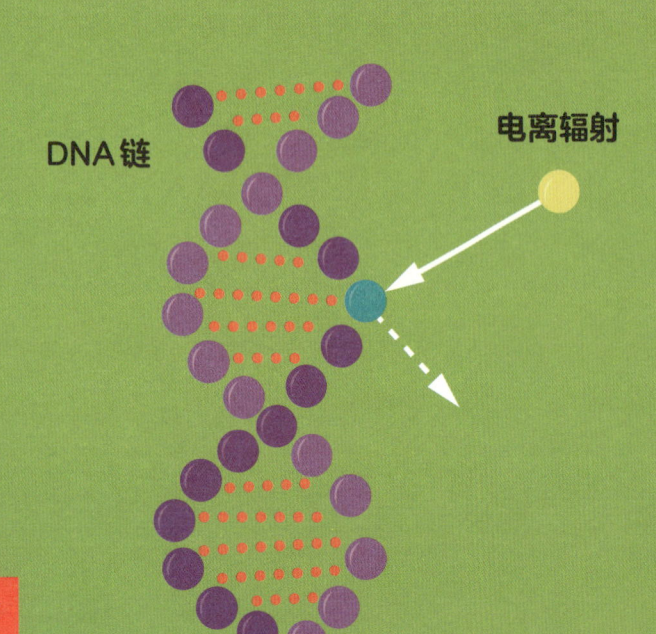

DNA链

电离辐射

如果某个对象的很多原子都被电离了，这个对象就可能会受损。如果这个对象是DNA（脱氧核糖核酸），也就是我们身体里控制细胞行为并储存、复制和传递遗传信息的分子，就会出大问题。

DNA受到的损伤大多数时候都可以修复，但有时候是无法修复的。DNA受损可能会让细胞死亡，也可能会让细胞做出对人体有害的行为，比如一遍遍地自我复制。这种失控的细胞复制就是癌症，对人体来说可能是致命的。我们已经知道，达到一定剂量的辐射会增加人体的患癌风险。

听起来电离辐射会让人们避之唯恐不及，那我们怎么才能知道身边哪里有电离辐射呢？

遗憾的是，这种辐射在我们碰到的时候，完全无法被我们的感觉器官感知，看不见，摸不着，闻不到，也听不着。要检测出电离辐射，需要用到特殊的设备。一般暴露在电离辐射中好多个小时之后，人体才能感觉到影响。

我什么也看不见呀。

放射性材料

盖格计数器（辐射探测器）

听起来可能有点吓人，因为说不定有什么东西正在伤害你，而你还浑然不觉。但你也没必要为了让自己远离辐射就闭门不出，我们接下来会讲讲原因。

辐射：无处不在

我们不会轻易感觉到辐射，所以也很难避开。那能不能一开始就挡住辐射，不让辐射碰到自己呢？我们能不能穿上有保护作用的盔甲，把辐射都挡在外面？大部分情况下是可以的，而且你可能还不知道，其实我们已经有了能阻挡大部分辐射形式的保护装备：衣物和皮肤。

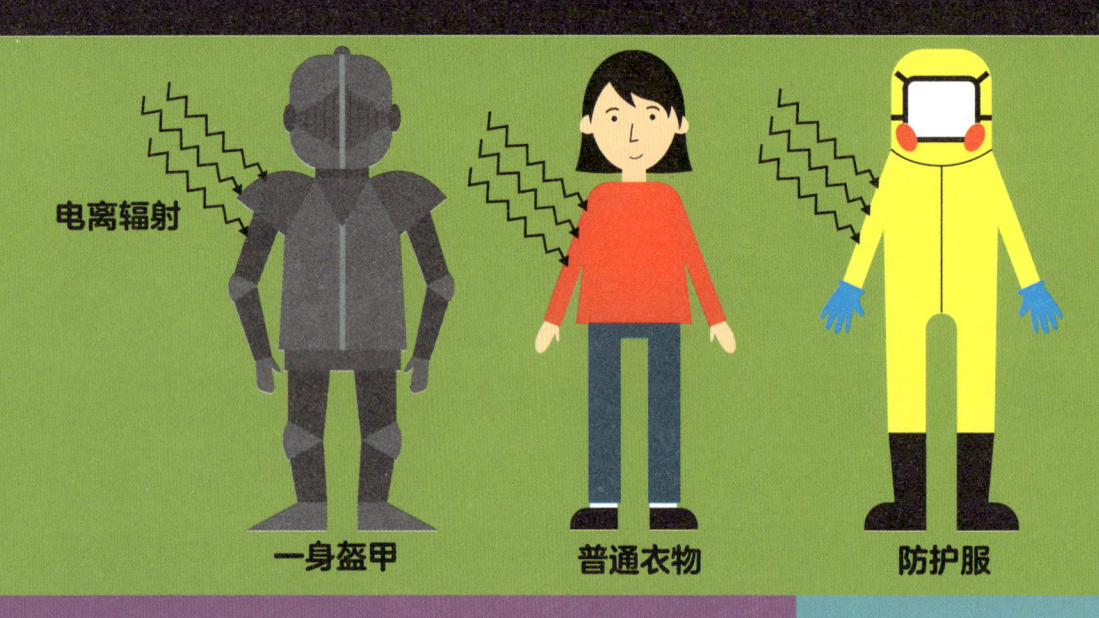

电离辐射

一身盔甲　　普通衣物　　防护服

要挡住 α 粒子，只需要几厘米厚的空气、一张纸，或者已经死亡的皮肤表层细胞就够了。皮肤表层细胞已经死了，所以损害这些细胞的 DNA 也不会对你有什么影响。虽然听起来让人不舒服，但挺管用！

β 粒子跑得远一些，在空气中能传播好几米，但大部分都会被你的衣服和少量金属（比如铝）拦下来。但是，能产生 α 粒子或 β 粒子的小份放射性材料可能会通过吃东西、呼吸进入你的身体，所以在有核污染的地方，工作人员需要穿上防护服，把放射性物质都挡在身体外面。

但是，γ 射线的穿透力要强得多，而且可能会损害我们体内的器官，比如肺、胃和肝。几厘米厚的铅板就足以把大部分有害的 γ 射线拒之门外。

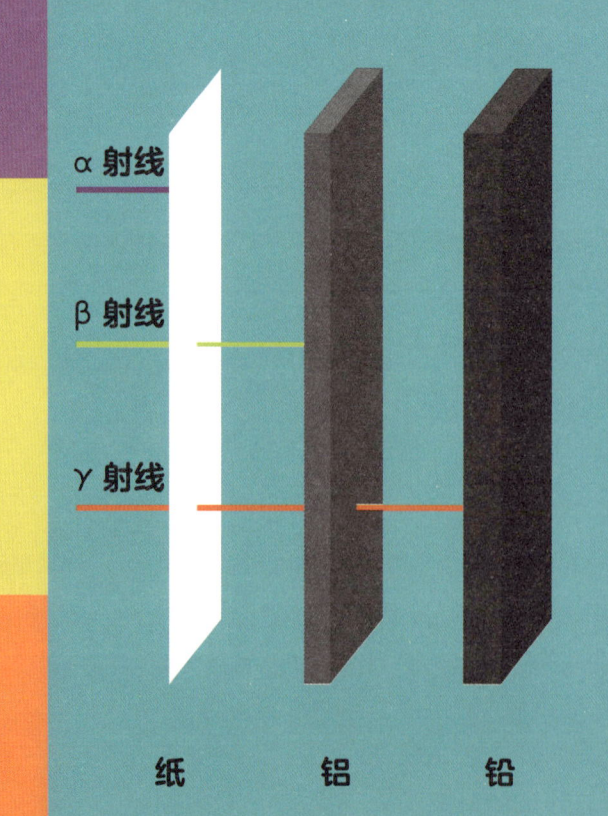

α 射线　　β 射线　　γ 射线

纸　　铝　　铅

不用害怕辐射的另一个原因是，我们周围到处都是辐射。来自太阳（见第19页）和其他天体（比如恒星和黑洞）的高能辐射进入地球大气层，而我们无时无刻不在受这些辐射的影响。很多国家的土壤中都有放射性的铀和钍（tǔ），而这些放射性物质产生的氡（dōng）气会在房子里累积。氡约占人类辐射照射总量的一半。就连你吃的香蕉里面都有辐射！包括人类在内的所有生命形式都已经在辐射的影响下进化了成千上万年，所以一定水平的辐射还对付得了。

说是这么说，要是看到警示牌告诉你有放射源，你还是应该小心留意，尽快远离，躲得越远越好。面对有害辐射，保持距离是最好的防护方法。

宇宙辐射

房子里的氡-222

土壤里的铀和钍

香蕉里的钾-40

你知道吗？

钾-40是钾元素的一种放射性同位素，每根香蕉里都有这种物质，其他所有含钾的食物也是。

辐射可能会很危险，但我们不可能完全避免接触辐射。甚至在医生看来，辐射还可以派上大用场，我们来看看他们是怎么利用辐射的吧。

辐射在医疗中的应用

放射治疗

辐射可以用来治疗癌症，甚至能把癌症治好。

如果说辐射会导致癌症（见第 22 页），那为什么又能用来对抗癌症呢？

是这样的，辐射在损坏我们身体细胞的DNA后，可以让细胞做一些不一样的事情。

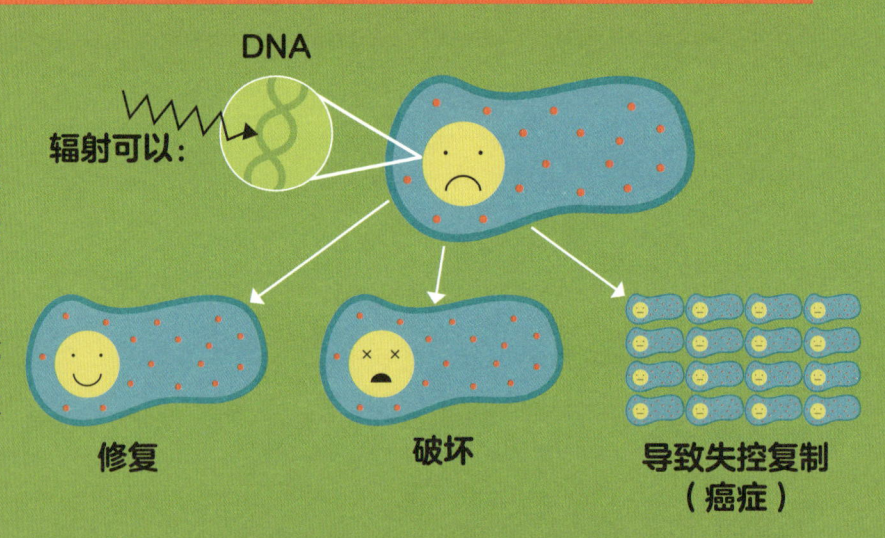

辐射可以：
- 修复
- 破坏
- 导致失控复制（癌症）

被辐射破坏的细胞会发生什么，取决于辐射的特性，以及辐射究竟是如何作用在DNA上的。这个过程不可能被百分之百精准控制和预测，但医学研究人员能制造出基本上可以破坏癌细胞的辐射。如果把这种辐射对准集中在肿瘤里的癌细胞，就能把大部分有害的细胞都破坏掉，减慢癌细胞的生长，缩小肿瘤尺寸，甚至完全去除肿瘤。

医生会利用复杂设备产生的高度集中的放射线照射病人的肿瘤。根据恶性肿瘤的位置和类型，可以分别应用 γ 射线、质子束和电子束等。

医生在操作中最难做到的，是让辐射尽可能少地伤害肿瘤周围的健康细胞，但有些伤害无法避免。有个办法可以减小伤害，就是根据肿瘤形状改变辐射粒子束的形状，并从多个角度去照射肿瘤。这样，粒子束就不会总是通过身体上同一个健康部位抵达肿瘤了。

放射影像技术

辐射在医疗领域还有一个大显身手的地方，就是应用在一种叫作正电子发射体层成像（PET）的医学影像技术中。PET可以用来突出显示体内的某些重要器官，比如大脑。这种技术可以给器官造影，就算要造影的器官被体内其他部位挡住也没关系。这也是从体外无损伤地看到体内情况的一种方法。PET可用于寻找恶性肿瘤并测定其大小。

要做PET，先要做出一种含有放射性原子（通常都是氟-18）的糖。

随后这种糖会被注入病人体内，并被需要大量能量的器官吸收。我们知道糖里面有能量，因为如果吃多了甜食，就有可能变得极其兴奋、好动。癌细胞需要大量糖分，因为一直复制自身会耗费大量能量。

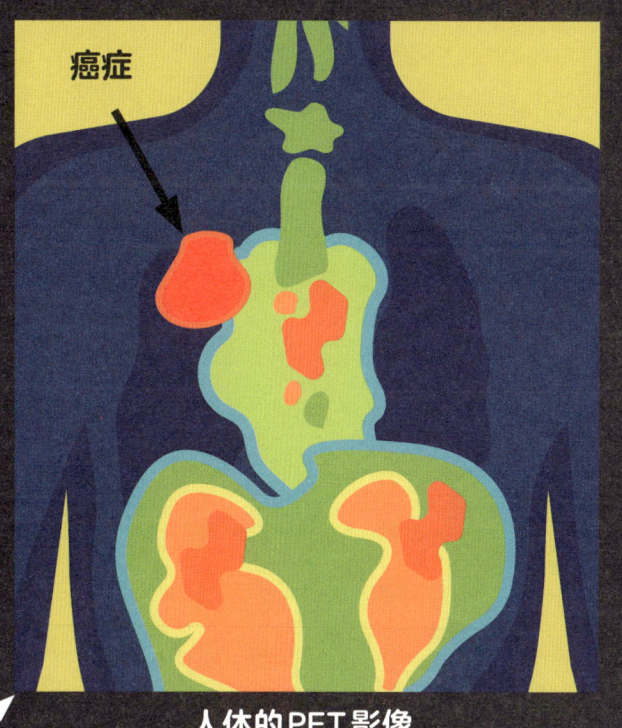

人体的PET影像

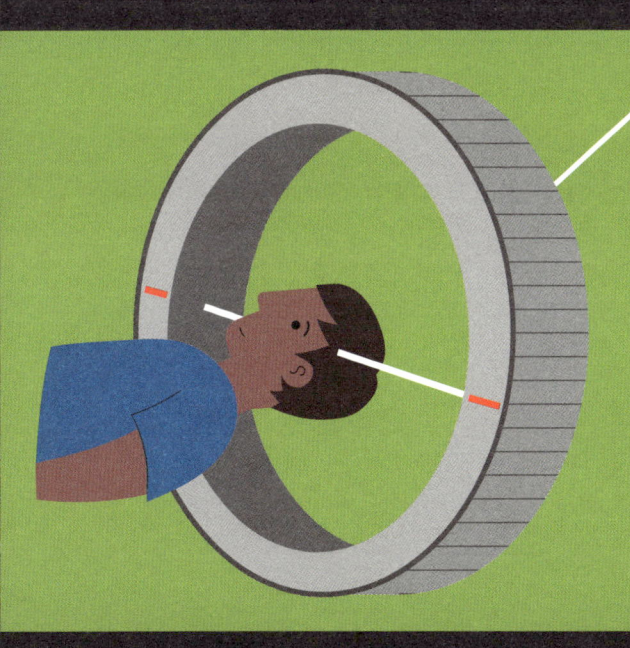

现在，肿瘤里有了很多含有氟-18的糖。这些放射性原子会经历正β衰变（见第21页），发射出1个正电子。这个正电子会跟周围原子里的1个电子结合，两者一起转化成两个γ光子，向相反方向射出。γ光子会被人体周围的探测器探测到，并用来确定氟-18在病人体内的什么位置。某个位置的氟-18原子越多，那个位置在PET影像上就越明亮，就像上图中的那团红色那样。

我们已经在核物理学的世界快速参观了一番，这趟旅程的核心位于原子的核心，就是原子核。我们对核物理学的理解，都以原子核的稳定性为基础。不稳定的原子核可能对人体有害，也可以在医疗中派上大用场。如果原子核经过核反应变得更稳定，那么反应过程就会释放能量，而释放出来的能量可以用于发电。核物理学也许看起来很危险，但现在你知道了，核物理技术也能给人类带来巨大的好处。

词汇表

DNA：脱氧核糖核酸，存在于生物细胞中的化学物质，控制细胞的结构和功能，携带遗传信息。

电子：极小的物质碎片或者说粒子，带1个单位的负电荷。通常围绕原子中的原子核运动。

放射性：物体中如果含有不稳定的核素，会发生放射性衰变（例如α衰变、β衰变和γ衰变等），我们就说这个物体有放射性。

核反应：1个或多个原子核变成1个或多个其他类型的原子核的过程。

核素：原子核中有特定数目的质子和中子的一类原子。

结合能：将多个粒子组成的系统分成各自独立的部分（例如把原子核分成单独的质子和中子）所需要的最小能量。

聚变：2个或2个以上原子核聚合成1个或多个不同原子核的核反应过程。这个过程一般会释放能量，我们能利用这些能量来发电。

裂变：1个原子核分裂成2个或2个以上较小原子核的核反应过程。裂变通常都会释放出一些能量，可以用来发电。

同位素：一种元素的同位素就是质子数相同但中子数不同的原子。

核污染：在核物理学领域，说一个地方有核污染，是指有太多放射性物质进入，让这里对生物来说变得很危险。

物质：构成物体的东西。

星系：恒星、行星、星云和粒子尘埃组成的集合体，一起在太空中运动。太阳是一颗恒星，地球跟另外七大行星一样，是太阳系的一部分。银河系是一个星系，太阳系是银河系的一部分，而银河系有约2 000亿颗恒星，很多恒星周围都有行星。

亚原子粒子：比原子还小的物质碎片，具备质量、带电量等确定性特征，例如电子、质子和中子。

元素：具有相同核电荷数（质子数）的同一类原子的总称。

原子核：位于原子中心的细小、致密、带正电的核心，周围有电子环绕。原子核由更小的粒子（质子和中子）组成。

质量：物体中所含物质的量。它确定了物体加速时抵抗加速的能力，以及对其他物体的万有引力的大小。

质量亏损：原子核的质量与组成该原子核的单个中子和质子质量之和的差值。

质子：构成物质的极为细小的粒子，带正电，质量为电子的1 836倍。可以和中子一起组成原子核。

中子：构成物质的极为细小的粒子，不带电（电中性），质量略高于质子。可以和质子一起组成原子核。

你学会了吗?

① 太阳1秒钟产生的能量,足够全世界所有家庭用多少万年?

A. 600多万年

B. 1 000多万年

C. 2 000多万年

② 最早被人们发现的亚原子粒子是什么?

A. 夸克

B. 中子

C. 电子

③ 1个电子带几个单位的负电荷?

A. 1个

B. 2个

C. 3个

④ 原子核是由哪两种更小的粒子组成的?

A. 质子和电子

B. 质子和中子

C. 中子和电子

⑤ 元素种类是由什么决定的?

A. 原子核的质量

B. 原子核里的中子数

C. 原子核里的质子数

⑥ 哪种作用力让质子和中子结合在一起,形成稳定的原子核?

A. 静电力

B. 万有引力

C. 强相互作用力

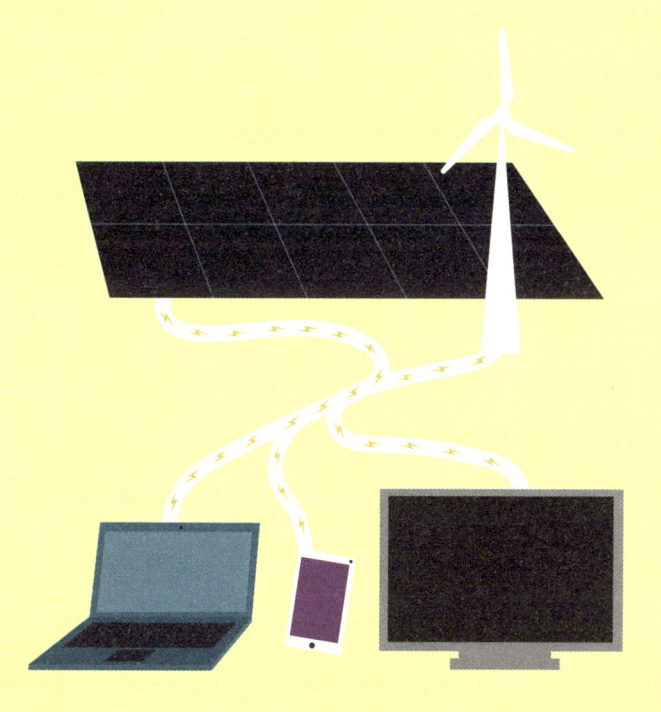

10 岁开始学通识

答案：1.A 2.C 3.A 4.B 5.C 6.C

10岁开始学通识

超级上头的天体物理学

SUPER SMART

[英]阿利斯泰尔·布彻 著 舍其 译 狄逸焕 审校

中信出版集团 | 北京

图书在版编目（CIP）数据

超级上头的天体物理学/(英)阿利斯泰尔·布彻著；
舍其译. -- 北京：中信出版社，2024.1
（10岁开始学通识）
ISBN 978-7-5217-6007-1

Ⅰ.①超… Ⅱ.①阿… ②舍… Ⅲ.①天体物理学—
少儿读物 Ⅳ.①P14-49

中国国家版本馆CIP数据核字（2023）第171289号

Super Smart Science: Astrophysics Made Easy
Written by Dr Alistair Butcher
First published in Great Britain in 2021 by Wayland
Copyright © Hodder and Stoughton, 2021
Simplified Chinese rights arranged through CA-LINK International LLC
Simplified Chinese translation copyright © 2024 by CITIC Press Corporation
ALL RIGHTS RESERVED

本书仅限中国大陆地区发行销售

超级上头的天体物理学
（10岁开始学通识）

著　　者：[英]阿利斯泰尔·布彻
译　　者：舍其
审　　校：狄逸焕
出版发行：中信出版集团股份有限公司
（北京市朝阳区东三环北路27号嘉铭中心 邮编 100020）
承　印　者：北京瑞禾彩色印刷有限公司

开　　本：889mm×1194mm　1/16　印　张：16　字　数：640千字
版　　次：2024年1月第1版　印　次：2024年1月第1次印刷
京权图字：01-2023-0699
书　　号：ISBN 978-7-5217-6007-1
定　　价：169.00元（全8册）

出　　品　中信儿童书店
图书策划　红披风
策划编辑　陈瑜
责任编辑　陈瑜
特约编辑　胡雪琪
营销编辑　高铭霞　周惟　叶芮希
装帧设计　哈_哈

版权所有·侵权必究
如有印刷、装订问题，本公司负责调换。
服务热线：400-600-8099
投稿邮箱：author@citicpub.com

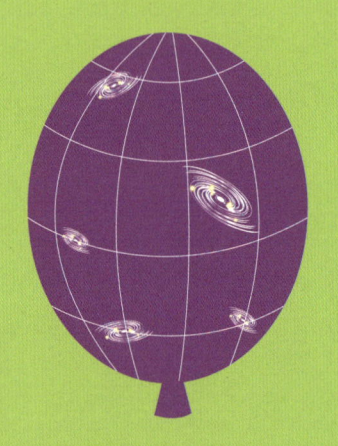

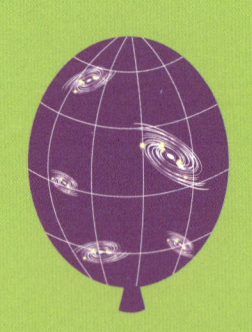

目录

欢迎来到天体物理学的世界 2
什么是万有引力？ 4
时空弯曲 6
恒星 8
核聚变 10
主序星 12
恒星死亡 14
超新星爆发 16
黑洞 18
极端引力 20
星系 22
暗物质 24
暗能量和膨胀宇宙 26
词汇表 28
你学会了吗？ 29

欢迎来到天体物理学的世界

天体物理学是一门科学，研究的是太空里的各种东西。天体物理学家想探究的问题包括：恒星是什么构成的，行星是怎么来的，宇宙会怎么演化，等等。但在回答这些问题之前，我们先得对大小有些概念。

万物的大小

太空有多大？大得超出你的想象。太空中的天体本身就非常大，而天体之间还隔着非常遥远的距离。

我们所在的行星地球，平均直径（从地球表面上一点穿过地心到另一面的距离）是 12 742 千米。按照我们的标准来看，它已经非常大了，毕竟坐飞机都要大概 23 个小时才能从地球的一边飞到另一边呢。但是，跟宇宙的大小比起来，地球完全不值一提。

12 742 千米

地球一直绕着太阳转。太阳是恒星，就跟我们在夜空中看到的其他恒星一样。太阳的直径是 1 392 000 千米，是地球的 109 倍。太阳离我们也非常远，实际上有 149 597 870 千米。

地球

149 597 870 千米

太阳

坐飞机的话，要飞 19 年左右才能到达太阳！

宇宙中跑得最快的是光，速度大约是 299 792 458 米/秒。如果从太阳上发射一束激光，这束激光抵达我们的地球需要 8 分钟左右。天体物理学里经常会用到的一个长度单位是光年，也就是光在一年时间里走过的距离，约等于 9 460 500 000 000 千米，这个距离究竟有多遥远，真的很难想象。

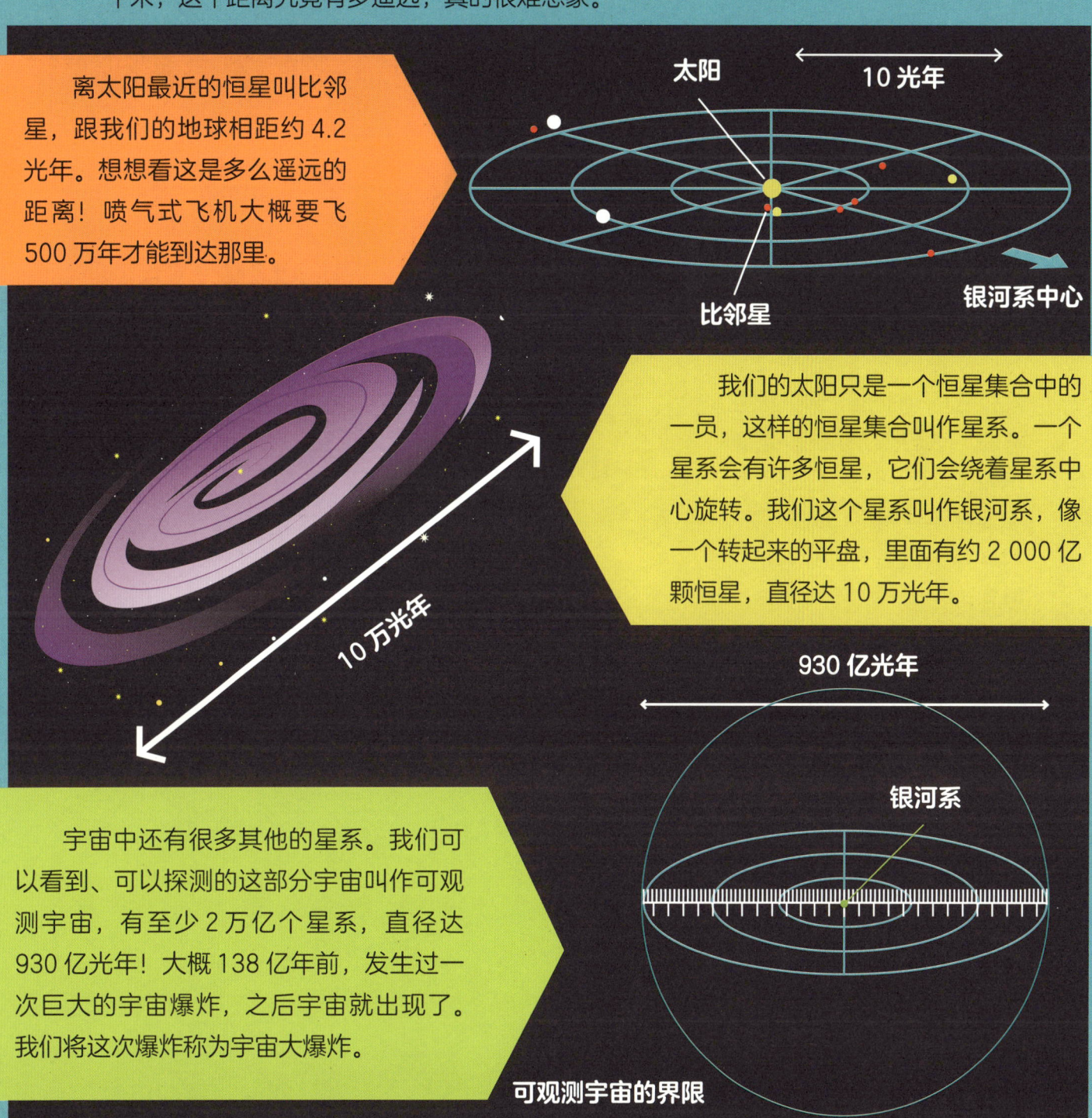

离太阳最近的恒星叫比邻星，跟我们的地球相距约 4.2 光年。想想看这是多么遥远的距离！喷气式飞机大概要飞 500 万年才能到达那里。

太阳　10 光年

比邻星　银河系中心

我们的太阳只是一个恒星集合中的一员，这样的恒星集合叫作星系。一个星系会有许多恒星，它们会绕着星系中心旋转。我们这个星系叫作银河系，像一个转起来的平盘，里面有约 2 000 亿颗恒星，直径达 10 万光年。

10 万光年

930 亿光年

银河系

宇宙中还有很多其他的星系。我们可以看到、可以探测的这部分宇宙叫作可观测宇宙，有至少 2 万亿个星系，直径达 930 亿光年！大概 138 亿年前，发生过一次巨大的宇宙爆炸，之后宇宙就出现了。我们将这次爆炸称为宇宙大爆炸。

可观测宇宙的界限

要把这些巨大的数字写下来，科学家有一种很省事的方法，这个方法叫科学记数法。宇宙的年龄用科学记数法表示是 1.38×10^{10} 年。

恒星和星系的数量多到让人瞠目结舌，距离也远到无法想象。这样的宇宙中，一定有无数让人叹为观止的事情等着我们去发现。我们现在就开始吧！

3

什么是万有引力？

在思考跟恒星有关的事情之前，我们先得了解一个很重要的现象。如果你手里拿着一个东西，比如说一个苹果，把手伸出去，然后松手，苹果就会掉到地上。苹果会往下掉是因为有个作用力，叫作万有引力（简称"引力"），在地球上我们也把它叫作重力。引力能保证你在地球上脚踏实地，也能决定太空中一切物体的运动。让东西掉到地上的，让月亮绕着地球转的，都是这种作用力。那，什么是引力？

物理学家阿尔伯特·爱因斯坦（1879—1955）在1907—1915年之间提出了我们现在最重要的引力理论，叫作广义相对论。他发现，只要是有质量的物体，就会让时间和空间同时在自己周围发生弯曲，他还把时间和空间合起来叫作时空。时空弯曲这个概念非常难理解，100多年来，科学家一直在努力理解这个概念。

质量是什么？

有质量的物体会抗拒自身运动的变化。质量越大，要改变其运动就越难。

时空又是什么？

时空是一种坐标系，也就是能精确指出某个东西究竟在什么地方的一种方式。

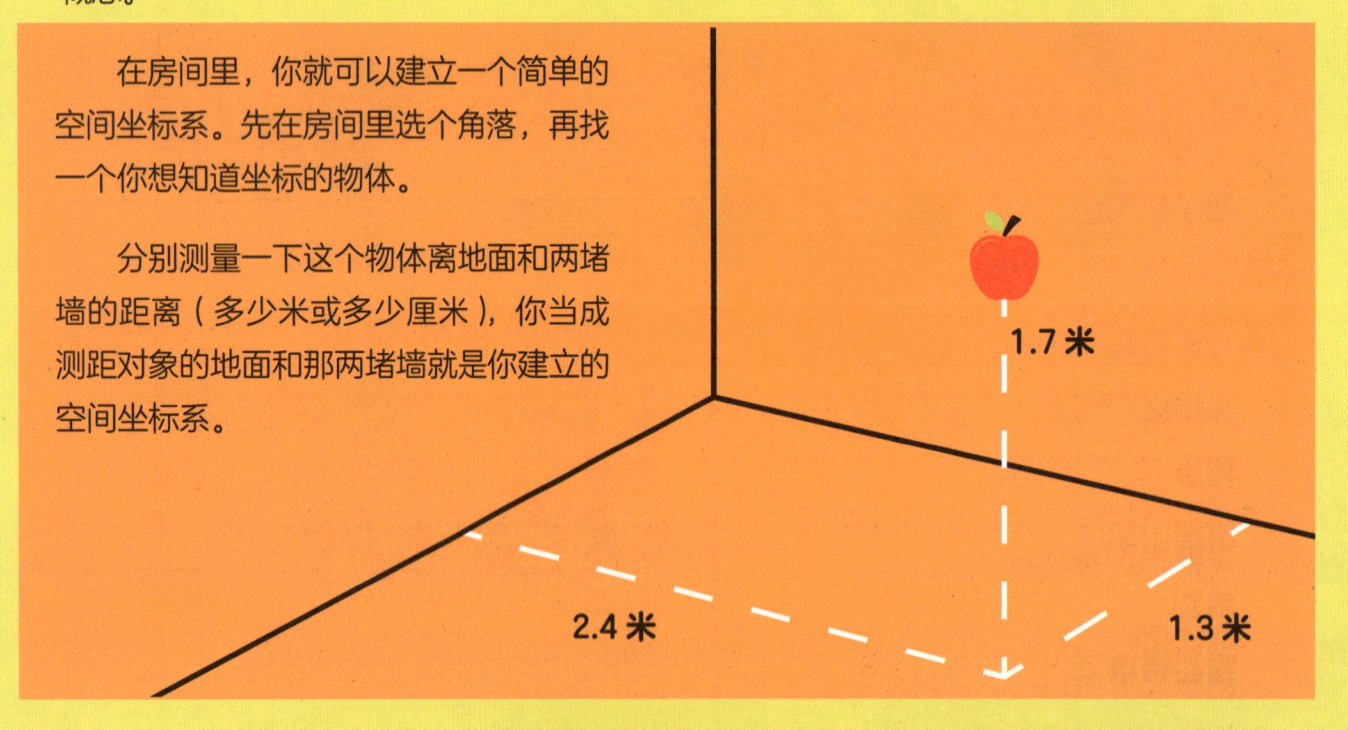

在房间里，你就可以建立一个简单的空间坐标系。先在房间里选个角落，再找一个你想知道坐标的物体。

分别测量一下这个物体离地面和两堵墙的距离（多少米或多少厘米），你当成测距对象的地面和那两堵墙就是你建立的空间坐标系。

1.7米
2.4米
1.3米

我们可以称这个坐标系为三维坐标系，因为需要测量三次才能弄清楚某个物体在这个坐标系里的具体位置。

那时间呢？

接下来我们只需要把物体在每个位置的时间加进去。这样一来，我们不但知道这个物体在什么位置，而且也知道了它是什么时候处在那个位置的。如果物体没有运动，那么它的空间坐标就不会变，但时间坐标还是会一直嘀嗒地往前走。如果物体在运动，那么它的空间坐标和时间坐标都会变。如果我们让这个物体落到地上，把高度坐标和时间坐标画成图，就是下面这个样子：

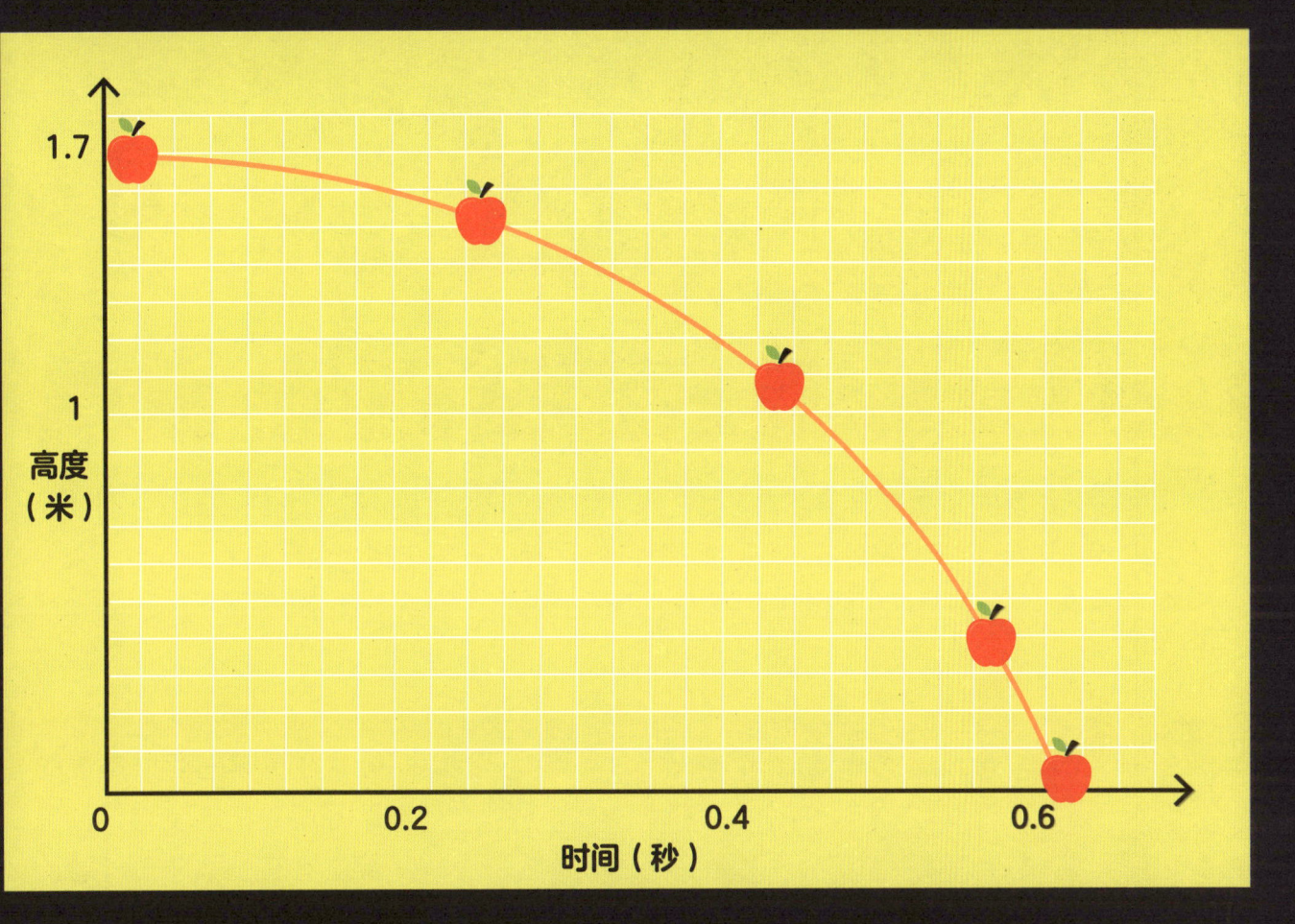

水平方向的每个格子都代表同样长度的一段时间。如果把另外两个坐标都加上去（在纸面上是画不出来的哟），就能得到这个苹果完整的时空坐标了。

那时空弯曲又是什么意思呢？

在空间中测出来的三段距离，以及时间变化的"速度"，都会因为质量的存在而改变。也就是说，上面那张图上的格子会改变形状。我们来深入了解一下。

时空弯曲

按照广义相对论的说法，物体会沿着测地线移动，也就是两点之间距离最短的线。我们做个圆锥体，就能很容易看明白这一点了。从一张纸上剪一个半圆下来，在上面画一条直线。这条直线就是这两点在这个半圆的测地线。

现在把这个半圆卷起来变成圆锥体，你会看到这条线不是直线了！但是从这条线本身的视角来看什么都没变，它会觉得自己仍然是直的，仍然是圆锥上那两点之间最短的距离。

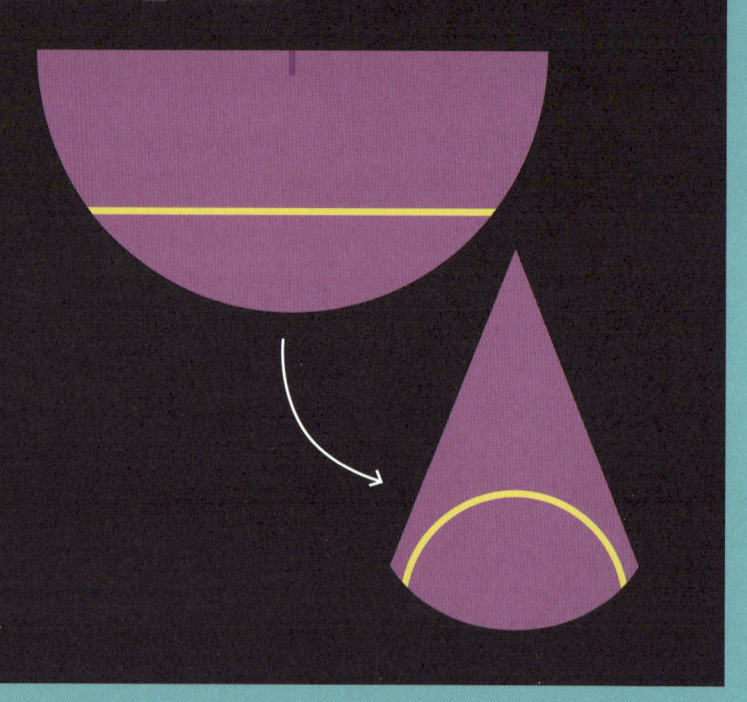

回想一下第 5 页那张落体图，落下来的那个物体的路径，看起来可不是直线。但如果从落体本身的视角来看，时空就是下面这个样子：

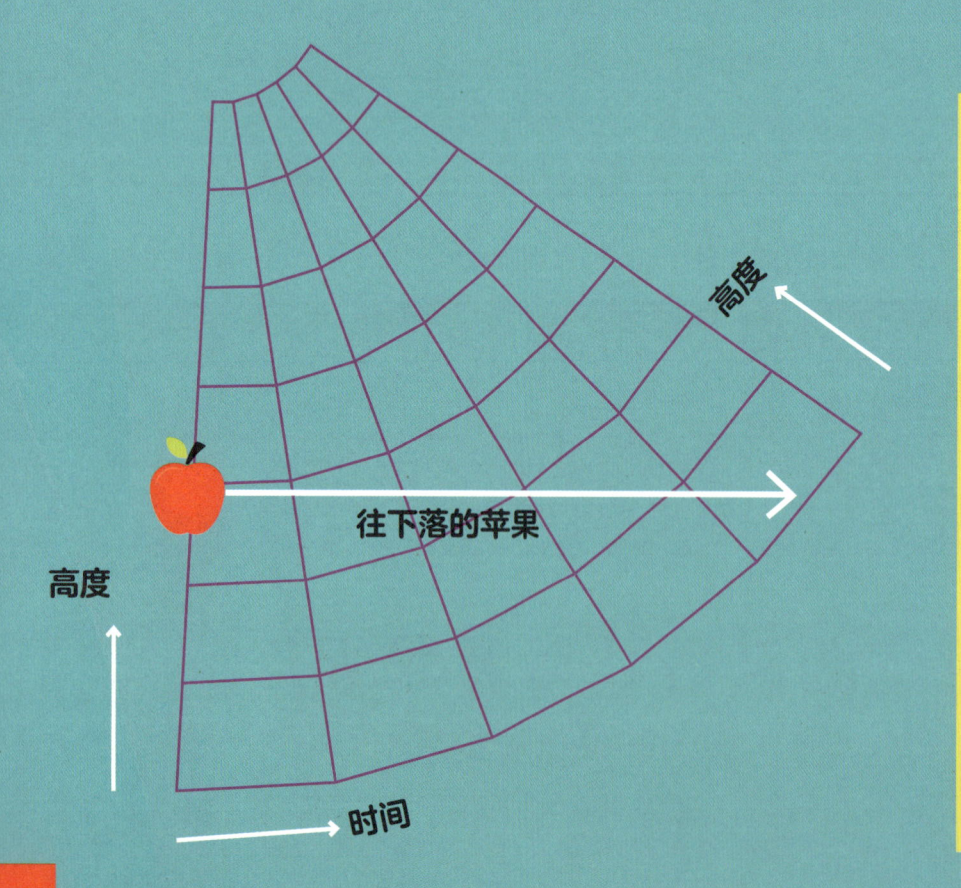

往下落的苹果走过的路径就是它的测地线，是穿过弯曲空间的一条直线。地球质量让时间和空间都弯曲了，所以对苹果来说，它的未来就是向下掉落！要是你觉得理解这个概念很困难，不用担心，就连物理学家有时候都会觉得它难理解呢。要想明白这个问题，需要用到一些很高深的数学知识。

你可能也注意到了，前面那张图中的方格变形后，方格的宽度就不一样了。方格似乎越往下越宽，就好像时间变慢了一样。这是因为引力会影响时间行进的"速度"。真的，1秒有多长会因为引力的大小而变化！

这个问题后面我们还会继续讨论。

引力的影响用胶皮来展现也会一目了然。这时候胶皮代表的就是时空，如果把一个保龄球放在一大张胶皮上，保龄球周围的胶皮就会弯曲。

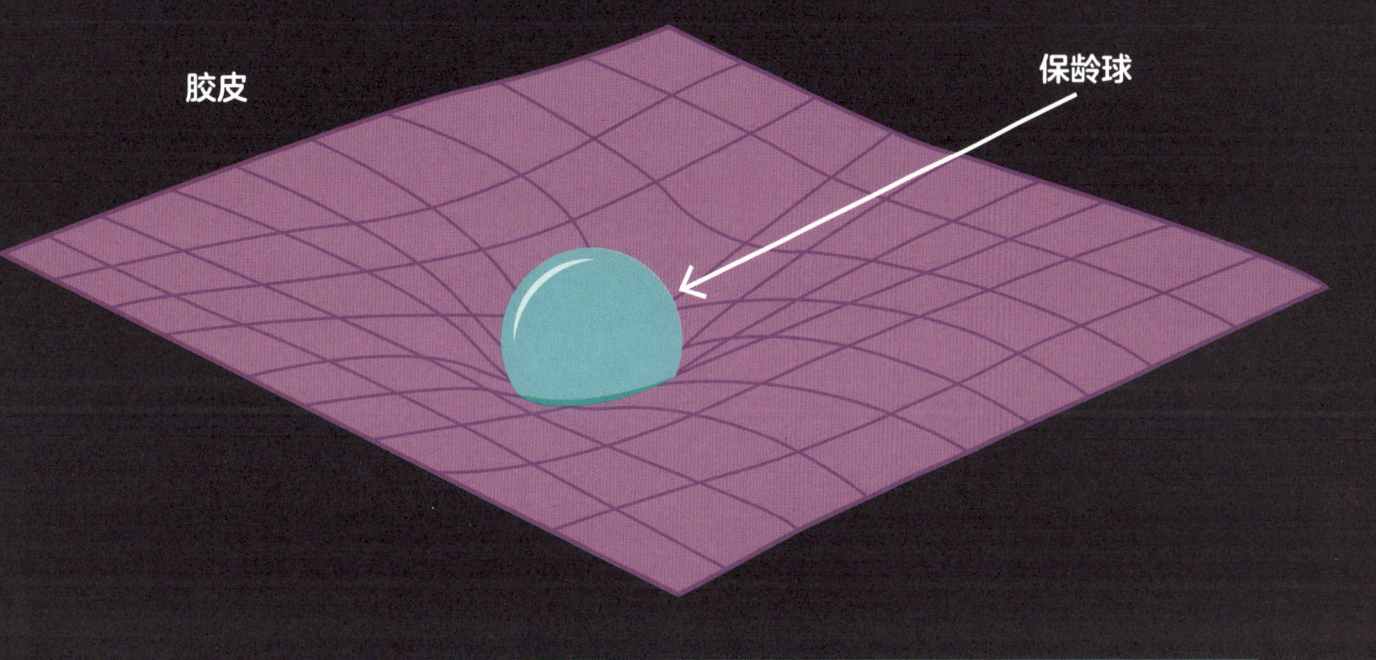

胶皮

保龄球

所以，引力就是质量对时空的影响，质量越大，影响越大。物体在月球上往下落会比在地球上慢些，因为月球的质量没有地球的大。再想一想那块胶皮。如果放的是乒乓球而不是保龄球，胶皮变形的程度就会小很多。离有质量的物体越近，影响也会越大。离保龄球越远的地方，胶皮的变形程度也越小。也就是说，离产生引力的大质量物体（保龄球）越远，你能感受到的引力（把你拉向大质量物体的力）的影响就越小。

引力对时空的影响会带来各种各样很好玩的结果，下面我们会一一探索。空间中任何物体的运动，都会受到引力的影响。

实际上，我们的行星地球和太阳能够存在，也是因为引力。我们来看看是怎么回事吧。

恒星

恒星非常热，比如说我们的太阳，表面温度就超过 5 500 摄氏度。太阳的中心叫日核，那里的温度更高，达到了 1 500 万摄氏度！我们的太阳在宇宙中并不特别，甚至可以说是非常普通的一颗恒星。像太阳这样的恒星是怎么形成的呢？又是什么让这些恒星那么明亮呢？

宇宙里的万物——恒星、这本书，还有你——都是由叫作原子的小粒子组成的。原子又由更小的粒子组成，就是质子、中子和电子。质子和中子紧紧抱在一起，形成了位于原子中心的原子核，电子则绕着原子核转动，就像行星绕着太阳转一样。

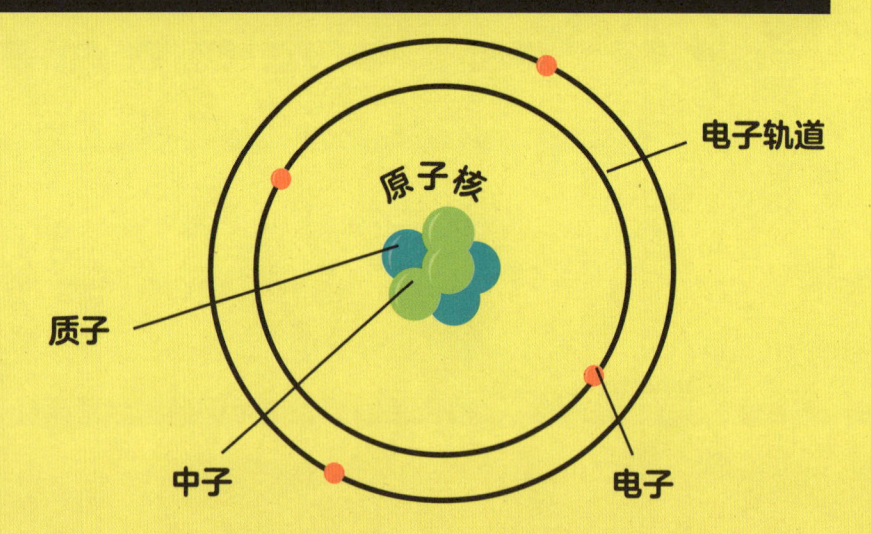

原子会表现出什么特点？原子之间会怎么相互作用？这些是由原子里面有多少个更小的粒子决定的。原子里的质子数量决定了原子的类型，也就是哪种元素。我们周围的一切都由各种各样的元素组成。我们呼吸时吸进体内的每个氧原子都有 8 个质子、8 个中子和 8 个电子。

最简单的元素是氢，氢原子只有 1 个质子、1 个电子，没有中子。因为氢元素的构成是最简单的，所以它也是宇宙中最常见的元素。

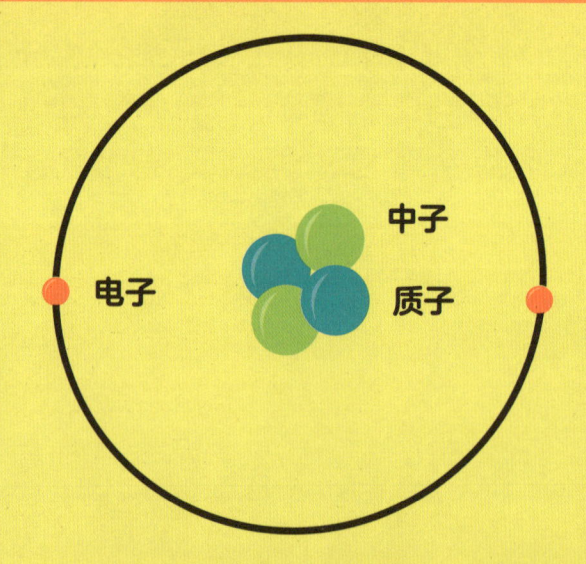

仅次于氢的常见元素是氦，也是第二简单的元素。氦原子有 2 个质子、2 个中子和 2 个电子。恒星主要由氢和氦组成。

我们的太阳形成于46亿年前。刚开始，太阳只是一团巨大的云，里面主要是氢和氦。云里的粒子随机四处游走，偶尔有些粒子会撞在一起，形成团块。团块的质量比周围粒子的大，所以引力也会更大。于是这些团块开始把更多粒子拉到自己身边来，变成更大的团块。最后，这团云的一部分就变成了一个巨大的球体。

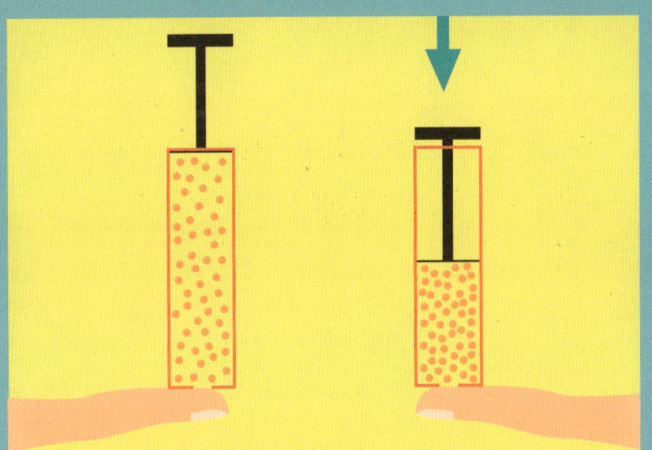

2. 开始形成团块

4. 恒星

1. 巨大的气体云团

3. 一个巨大的球体

太阳　　　引力压

温度升高

如果用手指堵住自行车打气筒的出口，然后把打气筒的把手往下压，打气筒里的气压就会升高。打气筒里的空气粒子在推挤下互相靠得更近，也会更频繁地互相弹开。将打气筒往下压的这个过程把能量传递给了打气筒里的空气，空气的温度也就上升了。

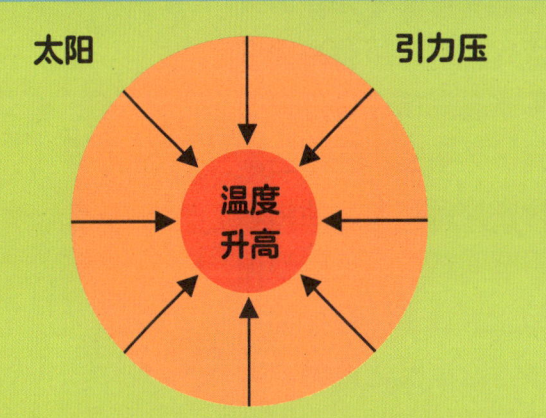

在太阳这个气态球体中，引力起到的就是往下压打气筒把手的作用。随着引力把粒子压得越来越紧密，这团气体的温度也上升了。恒星中心的气体受到四面八方向内的压力，这里也是压强最大、温度最高的地方。

恒星里的原子数量特别多，我们的太阳里就有大概 10^{57} 个原子！原子真是太多了，在恒星里也运动得太快了，这让气态球体中心的温度能达到400万摄氏度以上。这时候，有些粒子会开始粘在一起。这个过程叫作核聚变，我们来看看是怎么发生的。

9

核聚变

恒星里发生核聚变的方式有多种，这里我们讨论其中的一种——质子-质子链反应。质子是氢的原子核，而绝大部分的恒星物质都是氢元素（见第8页）。

粒子有一个特性叫作电荷。质子带正电荷，电子带负电荷，中子不带电。

电荷不同，粒子之间相互作用的方式会有很大差别：

同种电荷互相排斥

不同电荷互相吸引

电子和质子互相吸引，电子和电子互相排斥，质子和质子也会互相排斥。

这意味着质子之间要发生核聚变，这些质子就必须运动得非常快，才能克服相互之间的斥力，也就是推动它们互相远离的作用力。

氢原子核发生聚变时会形成一种新的氢，叫作氘（dāo），氘有1个质子、1个中子。但是，2个质子聚合到一起，结果怎么会变成1个质子和1个中子呢？我们先来看两条很重要的物理学定律。

首先是电荷守恒。发生相互作用（比如核聚变）之前的总电荷数无论是多少，相互作用之后都必须还是一样的。2个正电荷（2个质子）变成1个正电荷加1个电中性（1个质子加1个中子），是不允许的。

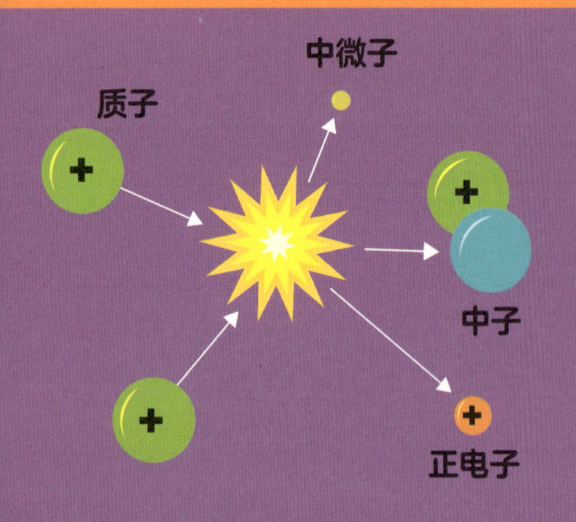

质子 **中微子** **中子** **正电子**

第二条定律——能量守恒就在这时候开始起作用了。物体的能量不仅跟物体的质量有关，也跟物体的运动速度有关，是这两方面的总和。

氘核的质量比作用开始时2个质子的质量加起来要小。然而能量守恒要求，相互作用开始时的质量总和必须跟结束时一样。

少了的那部分质量去哪儿了？

有1个质子转变成中子，还释放出了2个粒子，1个是正电子，还有1个是中微子。中微子和电子一样质量非常小，是一种电中性粒子。正电子就是带正电荷的电子。这2个粒子的质量加起来，就补上了差额。

也就是说，相互作用之后留下来的也是2个正电荷，这样总电荷数就跟相互作用前一样了。

氘会继续跟另一个质子发生聚变，形成氦的一种同位素，也就是氦的另一种形式，叫作氦-3，有2个质子、1个中子。跟之前一样，氦-3的质量也比氘加上1个质子的质量要小。多出来的那部分能量变成了1个光的粒子，叫作光子。

链式反应还会继续下去，氦-3会继续聚变，变成氦-4。恒星如果足够大，它就有足够强的引力让氦-4也发生聚变。氦-4的聚变会在恒星生命较晚的阶段发生（见第14~15页）。

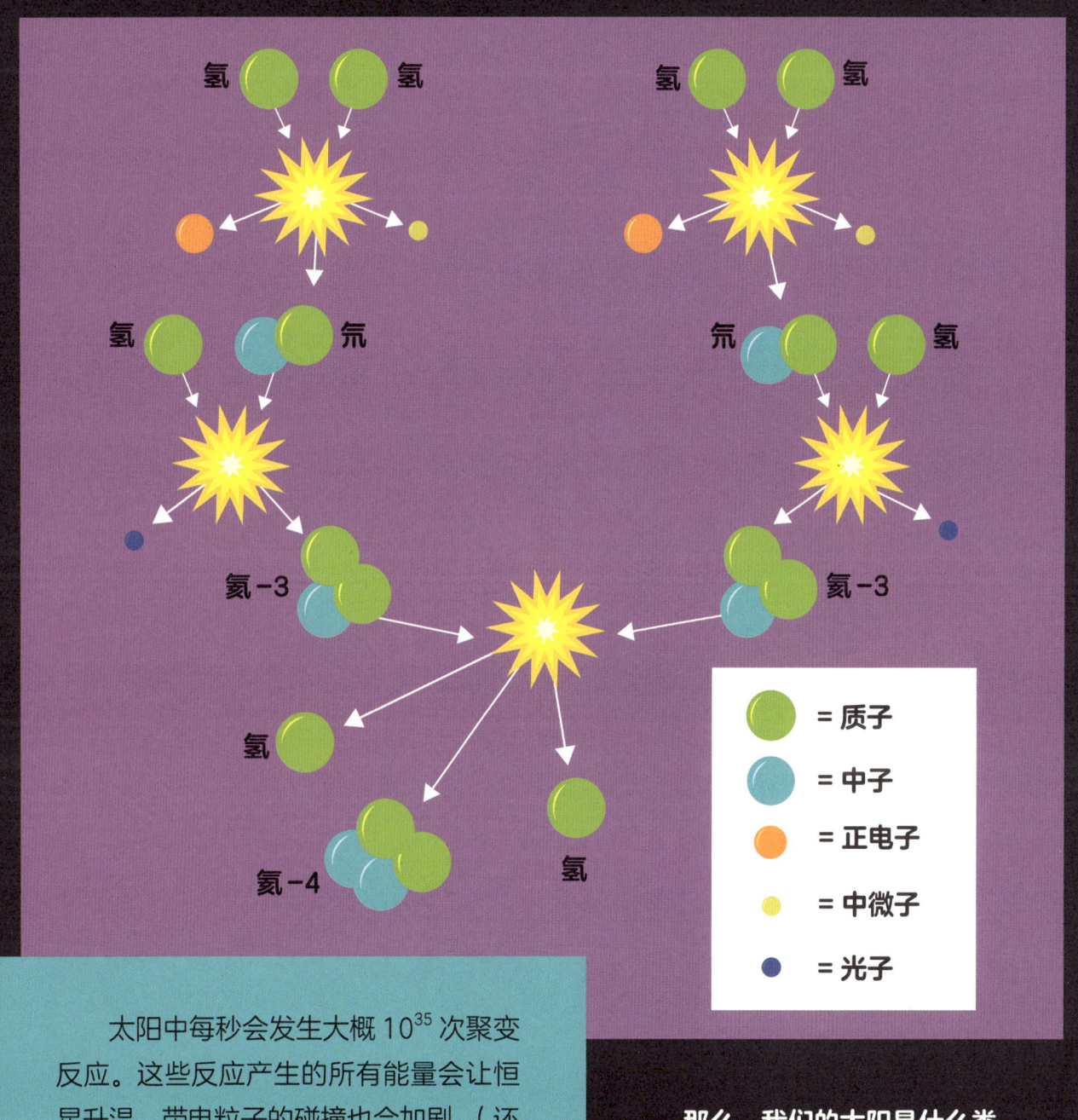

太阳中每秒会发生大概 10^{35} 次聚变反应。这些反应产生的所有能量会让恒星升温，带电粒子的碰撞也会加剧。（还有一条物理学规律说的是，带电粒子运动速度的增加，会让它们释放出光子。）所有这些粒子猛烈地撞来撞去，光子被释放出来，恒星也就闪闪发亮了。

那么，我们的太阳是什么类型的恒星呢？宇宙中的恒星还有哪些类型？

主序星

太阳是一种叫作"主序星"的恒星。我们在夜空中能看到的恒星，大部分是主序星。要被称作主序星，恒星就必须位于"赫罗图"上的主序上。

赫罗图将恒星的光度，也就是恒星产生了多少光，标记在纵轴上，将恒星的颜色标记在横轴上。光度和颜色关系合适的恒星会出现在主序上。我们的太阳大概处在主序的正中间。

恒星的光度跟恒星的质量有关，越大的恒星越明亮，这是因为恒星质量越大，表面积就越大，光子从恒星里跑出来的机会也就越多。当然，距离也必须考虑进去，更遥远的恒星看起来会更黯淡。但天文学家非常聪明，他们有很多种办法可以知道恒星离我们有多远，然后就可以根据距离的远近调整测得的恒星光度。

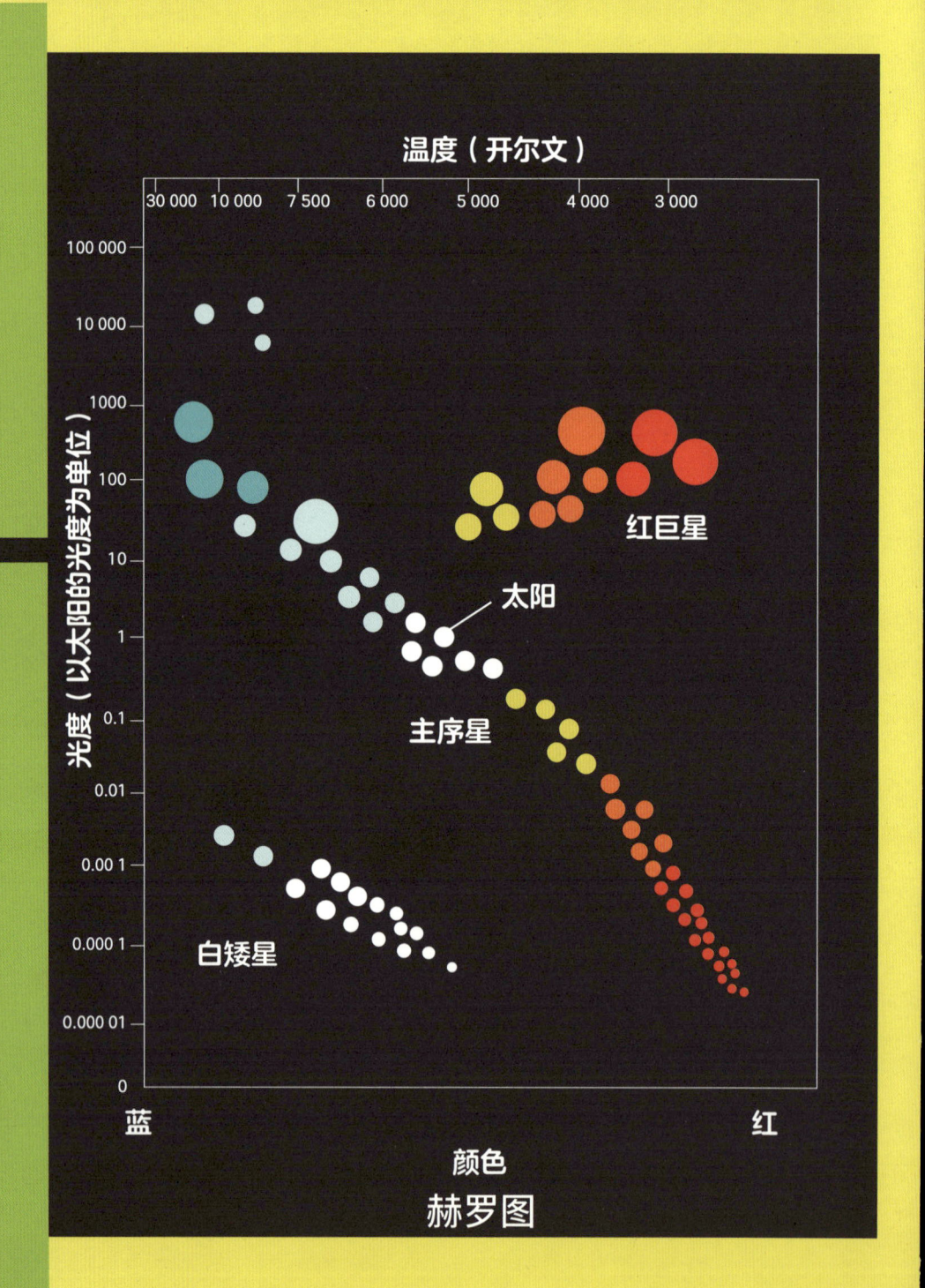

温度（开尔文）

30 000　10 000　7 500　6 000　5 000　4 000　3 000

光度（以太阳的光度为单位）

100 000
10 000
1 000
100
10
1
0.1
0.01
0.001
0.000 1
0.000 01
0

红巨星
太阳
主序星
白矮星

蓝　　　　　　　　　　　　　　　　　　　　　　　红
颜色

赫罗图

颜色又是怎么回事呢?

恒星的颜色跟恒星的温度有关。恒星看起来越偏蓝，温度就越高，这是因为温度更高的恒星里的粒子，它的运动速度比温度低一些的恒星里的快。所有这些嗖嗖地飞来飞去的粒子都会产生光子。速度更快的粒子产生能量更高的蓝色光子，速度稍慢的粒子产生能量稍低的红色光子，也就是说温度更高的恒星看起来会偏蓝。

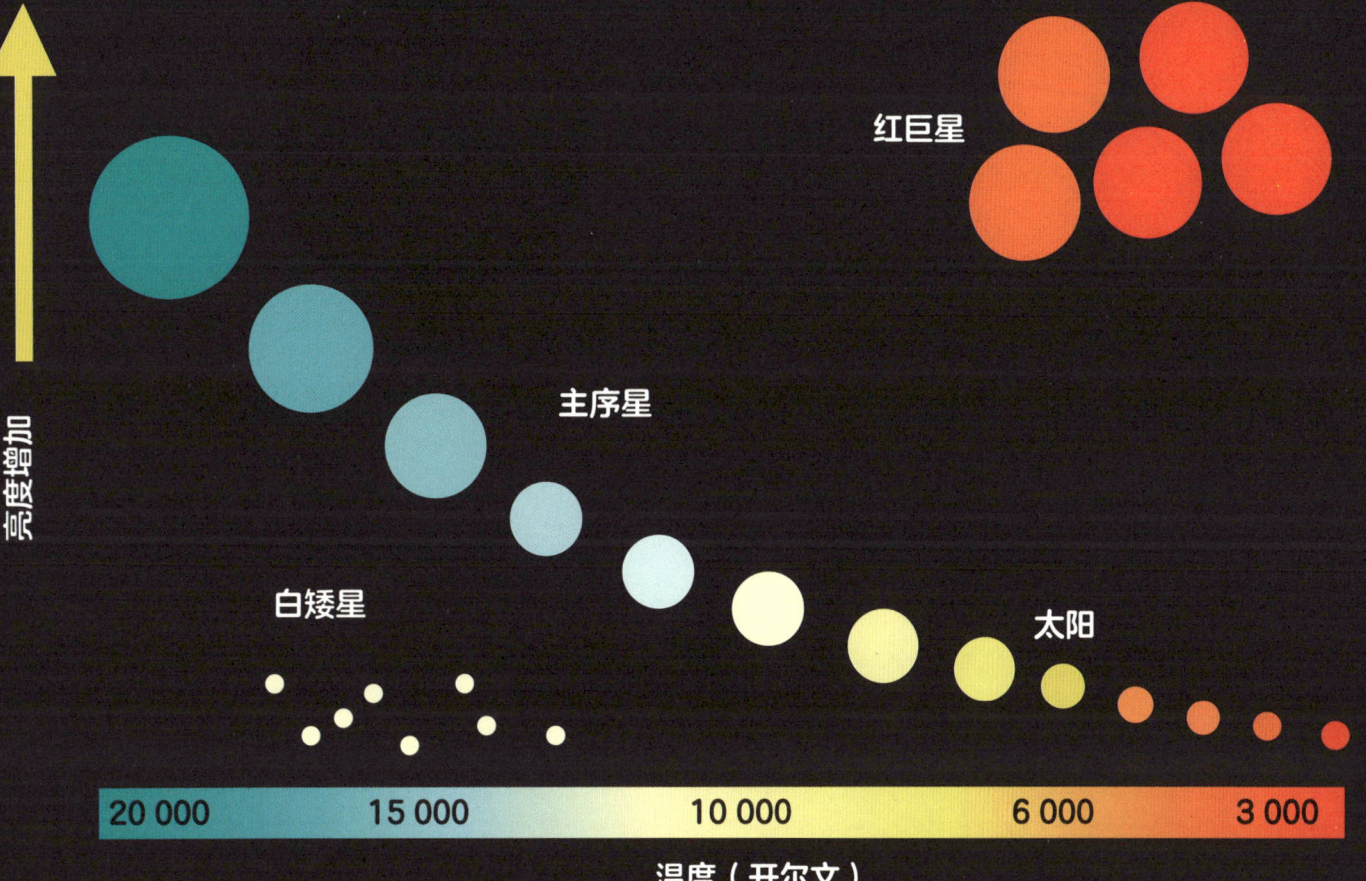

↑ 亮度增加

红巨星

主序星

白矮星

太阳

20 000　　　15 000　　　10 000　　　6 000　　　3 000

温度（开尔文）

看一下图中位于主序上的恒星，这样的恒星越大、越明亮，温度就越高。更大、更热的恒星，每秒发生的核聚变次数也越多。也就是说，大而热的恒星会更快耗尽氢燃料，存在的时间也会比更小、更黯淡的恒星短。

恒星走向生命终点的时候会发生什么呢?

在赫罗图上的另外两个区域可以找到这个问题的答案。一个区域里的是红巨星，体积很大，但温度较低；另一个区域里的是白矮星，温度很高，但体积很小。这些恒星的氢燃料都已经耗尽，再也不能进行核聚变了，也正在走向自己生命的终点。我们来看看它们都经历了什么。

恒星死亡

赫罗图（见第 12 页）上不在主序上的两种恒星分别是红巨星和白矮星，但这两种恒星以前也都是主序星。它们身上发生了什么事情？

随着时光的流逝，恒星核心里的氢大部分都聚变成了氦-4（见第 11 页），恒星也渐渐耗尽了自己最主要的燃料。而接下来发生的事情，要依恒星的质量而定。

所有恒星内部都一直在进行一场"战斗"：一边是核聚变反应产生的压力，在把恒星里的粒子往外推；另一边是恒星的引力，在把这些粒子往里拉。这个过程中会形成流体静力平衡。聚变停止后，因为不再有往外的推力了，恒星的核心就会开始坍缩，温度也会升高。

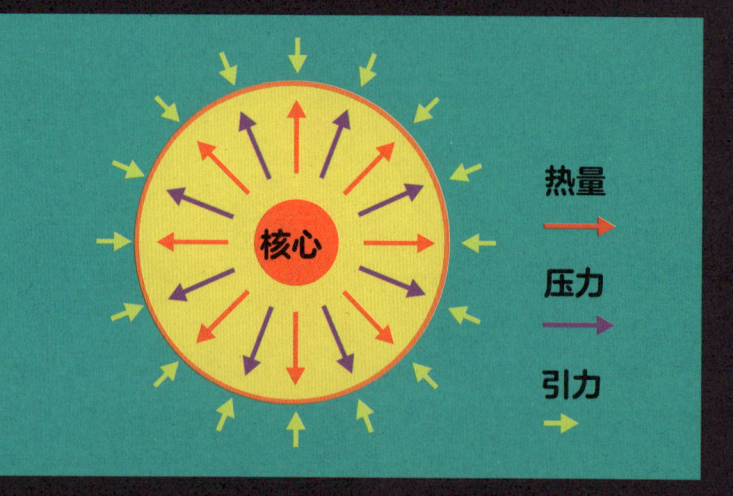

→ 热量
→ 压力
→ 引力

对于像太阳这样的恒星来说，坍缩会一直进行，直到一种叫作泡利不相容原理的现象开始起作用。这个原理说的是，像电子这样的粒子不能同时以相同的能量存在于同一位置，也就是说恒星核心处的所有电子都会努力让自己不被推挤成一个叠一个的样子，于是除了回到氦原子核里形成原子，这些电子也没有别的去处了。这种压力叫作电子简并压，恒星核心也因此形成了一个结结实实的氦质核心。

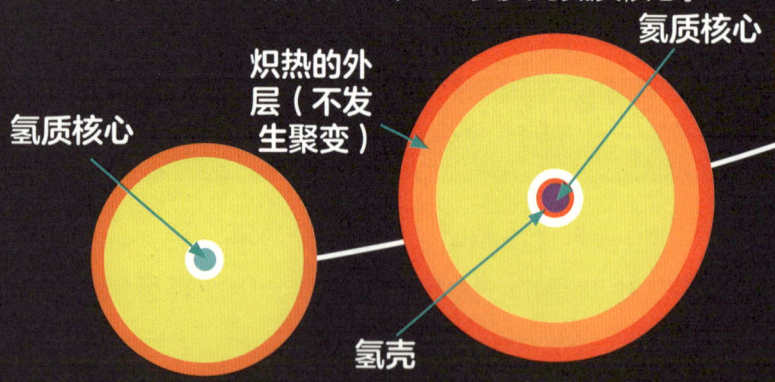

1. 氢质核心聚变

氢质核心

2. 氢壳聚变

炽热的外层（不发生聚变）
氦质核心
氢壳

氦质核心不再发生核聚变，但仍然非常热，于是氦质核心外面的一层氢就还可以继续发生聚变。

3. 红巨星

炽热的外层（不发生聚变）
氢壳
氦质核心

核心的温度越来越高，会把温度较低的恒星外层往外推，使恒星膨胀、冷却。恒星表面积大大增加后，恒星的光度也增加了。这种恒星就叫红巨星。

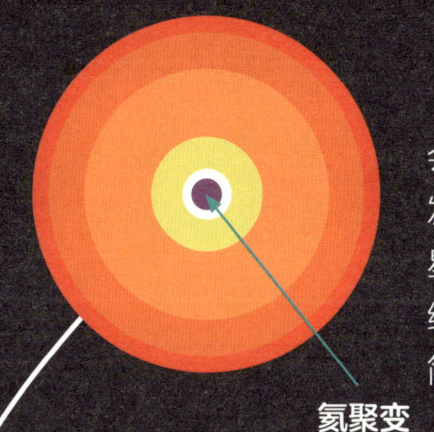

4. 氦质核心聚变

最后，红巨星的核心温度会变得特别高，足以让氦-4发生聚变。对于质量较大的恒星（是太阳质量的两倍），坍缩导致的氦-4聚变会在电子简并压起作用之前发生。

氦聚变

对于质量不到太阳8倍的恒星，这个生成更重元素的过程会在生成碳（6个质子）和氧（8个质子）之后停下来。这时候，恒星外面那些壳层会往外喷射，形成巨大的行星状星云，让核心暴露出来。剩下的这个核心就叫白矮星。

氦-4也用完以后，核心会再次坍缩，随后更重的元素就会开始发生聚变，形成新的核心。氦聚变会在围绕新核心的外壳上继续发生。恒星会形成像洋葱一样一层一层的同心圆，每一层都是不同元素在发生聚变，最重的元素在最里面，而氢聚变发生在最外层。现在这颗恒星比之前更大了，叫作红超巨星。

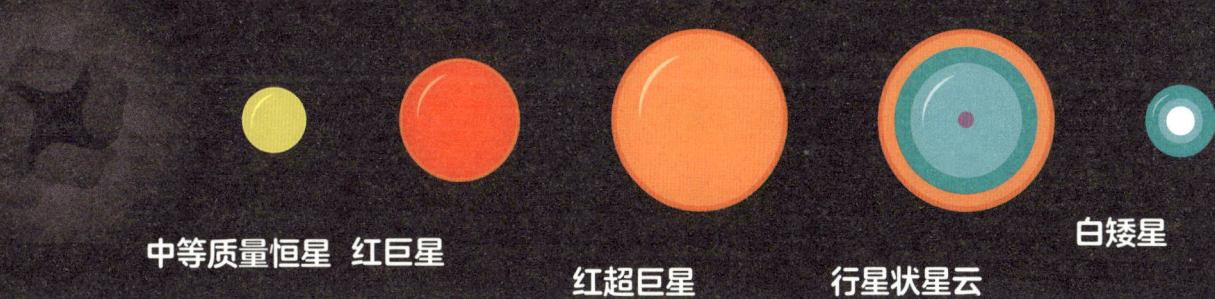

气体云团　中等质量恒星　红巨星　红超巨星　行星状星云　白矮星

对于质量比太阳的8倍还大的恒星，核心处发生的聚变会一直进行下去，直到形成铁核（26个质子）之后，才会把这些更重的元素全都在一场巨大的爆炸中释放出来，而这场爆炸就叫超新星爆发（见第16页）。

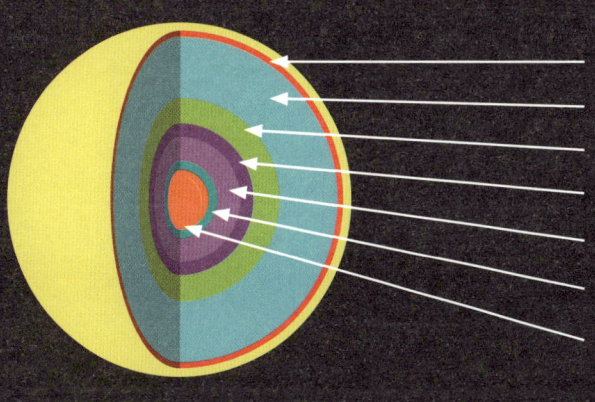

- 氢质外壳
- 氢、氦聚变
- 氦聚变
- 碳、氧聚变
- 镁、氖、氧聚变
- 硅、硫聚变
- 铁

那么，所有这些比较重的元素从恒星里面释放出来以后又会发生什么呢？

超新星爆发

质量超过太阳 8 倍的恒星走到生命终点时，就会发生超新星爆发。这是一次规模非常大的爆炸，释放的能量相当于 2.5×10^{36} 吨 TNT 爆炸。超新星爆发时非常明亮，通常会跟银河系所有恒星加起来一样亮。

超新星爆发有很多种方式，下面我们主要讨论一种叫作核坍缩的方式。这些巨大的恒星，在核心聚变成铁之后，聚变反应就停止了，再也没有聚变产生的向外的压力来对抗引力（见第 14 页）。如果铁核的质量足够大，引力就会强大到连电子简并压（见第 14 页）都没法阻止进一步坍缩的地步。

核心因此会向内坍缩，速度能达到每秒 7 万千米。这是个什么概念呢？比如，我们的地球这么大的核心，直径是 12 742 千米，用不了一秒钟就坍缩完了。在这个过程中，电子会被挤进质子里面，让质子变成中子。这就是电子捕获。

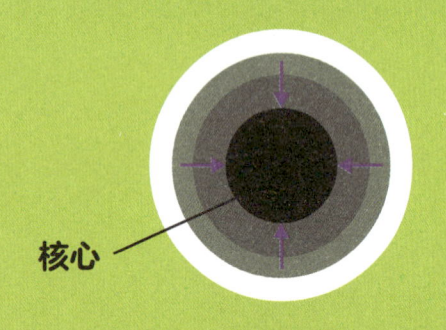

核心

核心会缩成直径为 20~50 千米的球体，然后就会因为中子简并压停下来。这种压力和电子简并压一样，只不过是由中子产生的。

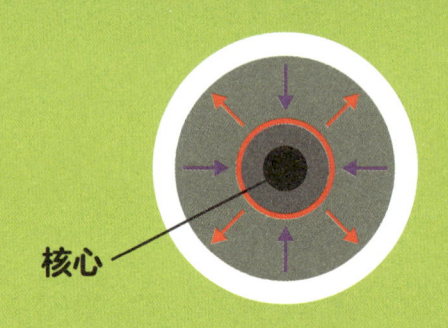

核心

恒星所有的外层物质正朝坍缩的核心猛冲，突然一头撞在这个小小的核心上。结果，恒星的这些外层物质只能被弹回去，离开恒星进入太空。

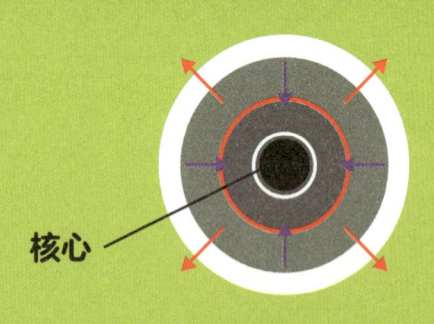

➡ =激波波前　　➡ =引力

核心

这样往外运动的一层叫作激波波前，会因为引力而慢慢减速。

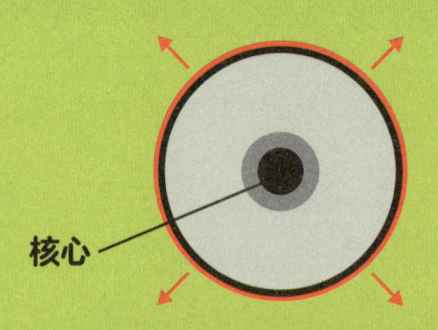

核心

但是，这个过程会因为某种原因重新开始，激波波前会再次开始移动。目前科学家仍然没有完全弄清楚这个过程重新开始的原因。

激波波前的能量非常高，足以让原子核聚变成比铁更重的元素。这些元素有些会喷射到太空中，最后又形成别的恒星和行星。也就是说，地球上所有比铁重的元素几乎都来自超新星爆发。

恒星外层在超新星爆发中离开恒星后，会形成巨大的气态云团，叫作星云（下图）。

超新星爆发之后剩下的通常是叫作中子星的天体，因为它完全由中子组成。中子星半径只有10~20千米，但质量可以是太阳的3倍。这意味着，中子星上的引力是地球的 2×10^{11} 倍！

如果留下的核心非常大，就连中子简并压都没法让坍缩停下来，那么引力就会让这个核心完全坍缩，形成另一种天体，叫作黑洞。

黑洞

恒星如果足够大，发生超新星爆发后，其核心的引力就会特别强，甚至会让核心完全坍缩。实际上，因为核心的质量产生的引力实在太大了，所以恒星会一直向内坍缩，直到变成一个非常小的点，叫作奇点。

在讲到时空弯曲的时候我们说过（见第 6~7 页），引力的大小由两个因素决定：物体的质量和物体之间的距离。

站在地球上时，地球的质量全都在你脚下，把你往下拉。如果你钻到地下，地球质量就会有一部分变成在你头上，因此引力实际上会减小。

但对于奇点来说，所有质量都集中在一个中心点上。

因此，如果靠近奇点，引力会越来越大。到了某个距离，逃离奇点的引力所需要的速度会变得比光速还快。然而，物理学定律决定了没有什么东西的运动速度能超过光速，所以这时候任何东西都不可能逃脱奇点的引力，就连光都逃不出去。因此，这颗恒星看起来会是全黑的，就变成了黑洞。

逃逸速度变得比光速还快的地方叫作事件视界。物理学所谓的"事件"是指拥有时空坐标（见第 4~5 页）的对象。只要在时间的某个特定时刻，在空间中指定一个特定位置，就可以称之为事件，而并非一定要有什么特别的事情发生。在地球上，如果有什么东西越过了视界（地平线），我们就再也见不到它了。而在宇宙中，如果有什么东西越过了事件视界，我们就再也看不到跟它相关的事件，也不可能再跟它产生关系了。

质量就算都集中到一点，同等距离处的引力大小也是一样的

1 个地球质量

1 个地球质量

在同等距离处的引力大小相同

我们可以利用黑洞对周围恒星的引力效应来探测黑洞。如果恒星绕着空间中一个看起来空无一物的区域旋转，就说明那里有一个黑洞。我们还可以看到更直接的效应，就是黑洞会把周围的尘埃和各种太空垃圾都吸进去。被吸进事件视界时，因为加速非常剧烈，这些物质会开始发光，在黑洞外面形成一个盘面，我们称之为吸积盘。

这个橙色的东西就是吸积盘。还记得在第6~7页我们说过引力是如何让时空弯曲的吗？

我们其实是从侧面去看这个吸积盘的，差不多算是从它的边缘看过去。但引力场的强度实在太大了，让黑洞背后的吸积盘发出的光线也弯折过来，绕过了黑洞，所以我们能看到整个盘面。

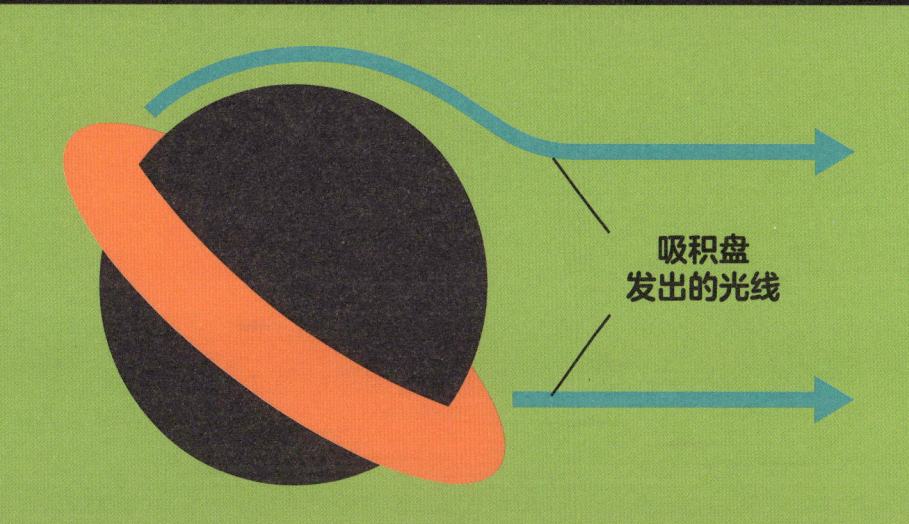

吸积盘发出的光线

**引力效应实在是太有意思了！
我们来看看还有什么好玩的知识。**

极端引力

黑洞周围的时空极度扭曲时,会产生一些很有趣的效应,其中一个特别古怪的效应是,如果到了事件视界,时间就停止了。

在第 6~7 页我们已经看到引力会怎么影响时间:引力越强的地方,时间过得越慢。在黑洞周围,这个效应尤其明显。不过,在地球上我们也能看到这个影响。

智能手机和汽车上使用的全球定位系统(GPS),可以告诉你所在的位置,这靠的是在地面上空大概 20 000 千米处环绕地球的一些卫星。

这些卫星的实时时刻和位置会传到你的 GPS 接收器上,并用来计算你的位置。这就要求卫星上的时钟特别精确,而且要跟地球上的时钟同步。但是,因为卫星离地球特别远,所以那里的引力比地球上的小,也就意味着卫星上的时钟比地球上的时钟走得快一点儿。这个差别非常小,大概 1 天才差 45 微秒。然而,时间上这么小的差别换算成位置就会差 10 千米以上!因此,卫星上的时钟需要定期跟地球上的时钟同步校准。

这个效应在黑洞附近要明显得多。不过影响也要看是从谁的视角出发。也就是说,如果你掉进黑洞,你不会感觉到时间慢了下来,也不会注意到穿过事件视界的时候时间停止了。但如果有人能从很遥远的地方观察到你,就会发现你的速度越来越慢,最后在事件视界那里停下来,然后就永远停留在那里了。

比一个黑洞更极端的情形是两个黑洞互相绕着对方转圈。这两个黑洞的运动会在它们周围产生时空涟漪，往外发出引力波。

引力波也是一种波动，就跟我们往水里扔一块石子后看到的水波差不多，只不过引力波是时空本身的波动。引力波经过你的时候，你的身体会暂时变得更苗条一点，然后变得矮胖一点，之后才恢复原状。

地球上最早观测到这个现象是在 2015 年 9 月 14 日，激光干涉引力波天文台（LIGO）探测到有引力波穿过地球。这阵引力波来自约 13 亿光年外的两个黑洞，它俩相互旋绕，最后撞在一起，合并成一个更大的黑洞。

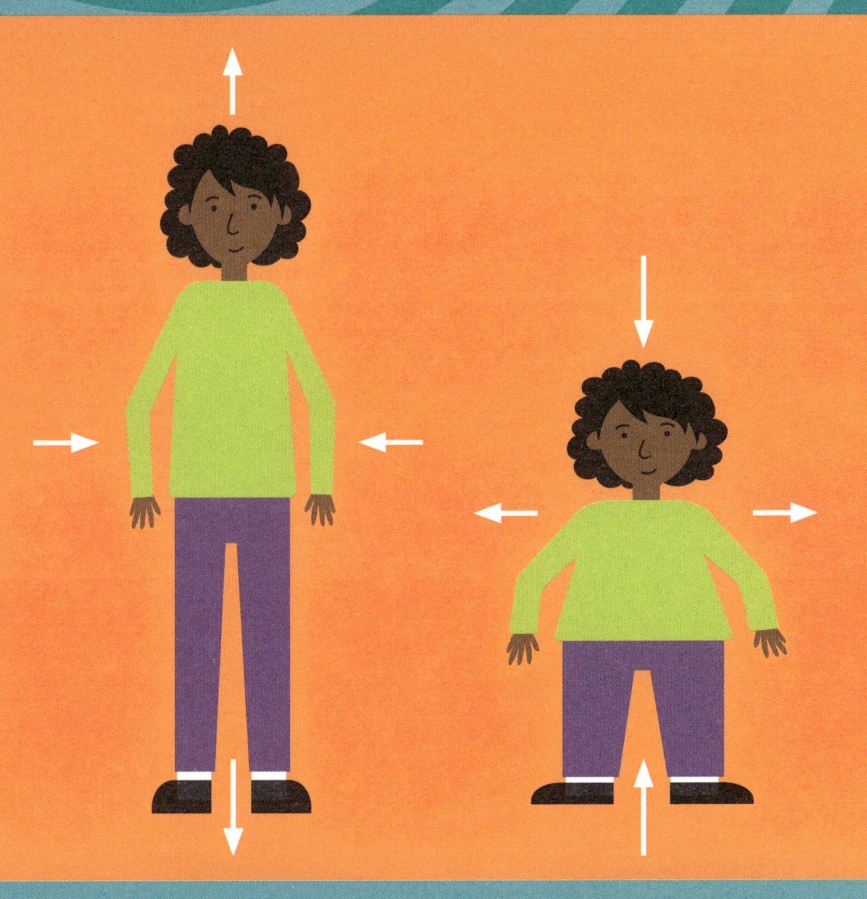

离地球最近的黑洞是 HR6819，大概有 1 000 光年那么远，质量是太阳的 4 倍左右。比它大得多的黑洞还有很多，质量有太阳的好几百万倍，我们称之为超大质量黑洞，可以在星系中心找到。我们这个银河系的中心就有一个超大质量黑洞，位于人马座 A*。

星系

引力把很多恒星吸引在一起，形成一个庞大的天体系统，这就是星系。我们的太阳系就属于一个叫作银河系的星系。如果在北半球晴朗的夏夜找一个远离灯火的地方，抬头看南边的天空，就有可能看到天上有一条明亮的光带，那就是银河。

银河看起来像一根穿过天空的带子，是因为银河系是一个圆盘，地球也在这个圆盘里面且远离中心，我们等于是在圆盘里面，从侧面望向它的中心。

星系也分很多种，比如我们的银河系属于棒旋星系，也就是在星系中心有一个由恒星组成、跟盘面平行的短棒，周围有旋臂旋转开去。

问题在于，因为我们自己就在这个盘面中，所以没法看到银河系有多少条旋臂，也不可能准确地知道银河系究竟有多少颗恒星。但是，通过观察其他大小和年龄跟银河系差不多的星系，也能知道银河系大概是什么样子。

离我们最近的旋涡星系是仙女星系，大概有 220 万光年远，从天文学的意义上讲就是隔壁邻居。这意味着仙女星系发出的光要过 220 万年才能来到我们这里，也就是说我们看到的是仙女星系 220 万年前的样子。我们看向夜空的时候，看得越远，看到的就是越久远的过去。如果看得足够远，我们甚至能看到宇宙诞生时星系的样子。

我们看到的天体中有一种叫作类星体，距离可达 100 亿光年那么远。类星体是一种极其明亮的活动星系核，即活动性比一般星系核更强的星系核。活动星系核的中心都有一个正在极为迅速地吸积大量物质的超大质量黑洞，甚至在地球上都能看见物质被吸积进去时发出的光。

类星体还会发出一种叫作宇宙线的东西。宇宙线是高能粒子，有各种各样的来源，在宇宙间到处穿梭。宇宙线也会穿过地球，每秒钟就有大概 1 万根宇宙线穿过你的身体。太空中的宇宙线还要多得多，但地球大气层保护了我们，让我们不会受到宇宙线的伤害。

宇宙线喷流

关于宇宙中我们能看到的东西，我们已经有了很多了解。
然而宇宙中还有很多必定存在，我们却看不到的东西。
对这些我们又了解多少呢？

暗物质

物质都会让时空弯曲。天文学家和天体物理学家利用这个事实，来测算星系和由星系组成的星系团的质量。这个效应叫作引力透镜。大质量物体产生的引力会像放大镜一样，让自己后面的物体发出的光线弯折。

拍摄夜空的时候，引力透镜效应会带来让人啧啧称奇的景象。

这张图叫"爱因斯坦十字"，那四个光点来自一个类星体（见第23页）。这个类星体发出的光经过它前面一个叫作"修兹劳透镜"的星系后弯折，形成了这四个光点。

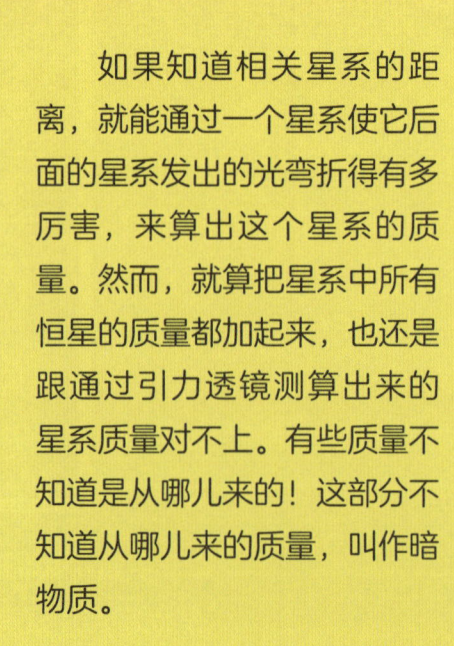

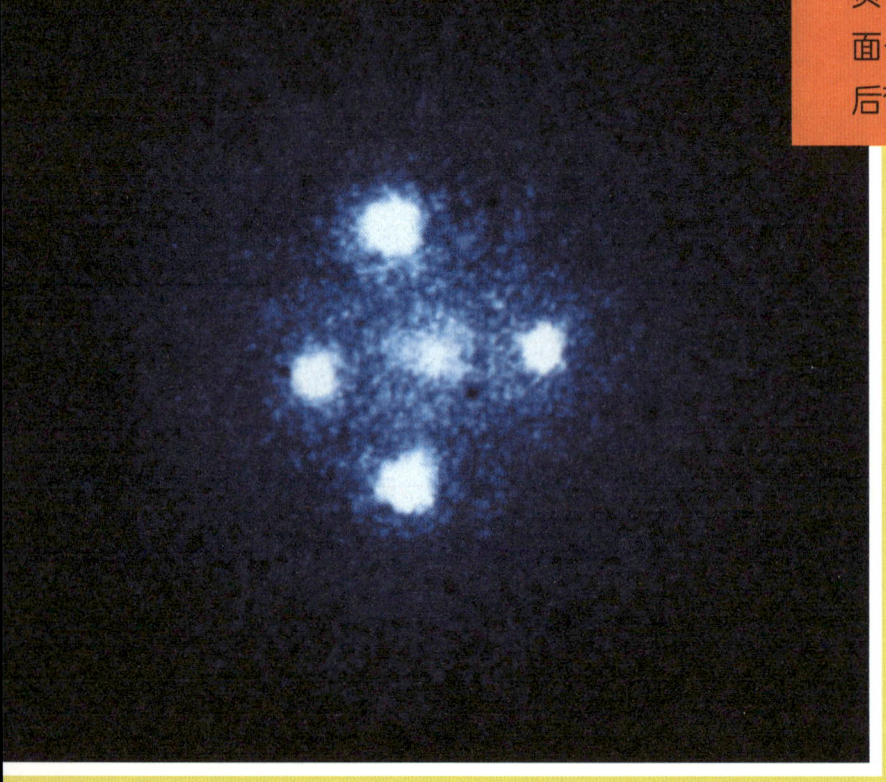

如果知道相关星系的距离，就能通过一个星系使它后面的星系发出的光弯折得有多厉害，来算出这个星系的质量。然而，就算把星系中所有恒星的质量都加起来，也还是跟通过引力透镜测算出来的星系质量对不上。有些质量不知道是从哪儿来的！这部分不知道从哪儿来的质量，叫作暗物质。

证明暗物质存在有好多种办法，引力透镜只是其中一种。另一种办法是，测量与星系中心距离不同的恒星，在以什么速度绕星系中心旋转。恒星的环绕速度受到旋转的星系中引力的影响，因此根据星系质量，我们可以算出预计的环绕速度有多快。

然而，测量结果与预计结果从来都对不上。多数时候，离星系中心较远的恒星的实际环绕速度，都比预计的快。边缘处的恒星速度越快，拉着它们转起来的质量肯定也越大。

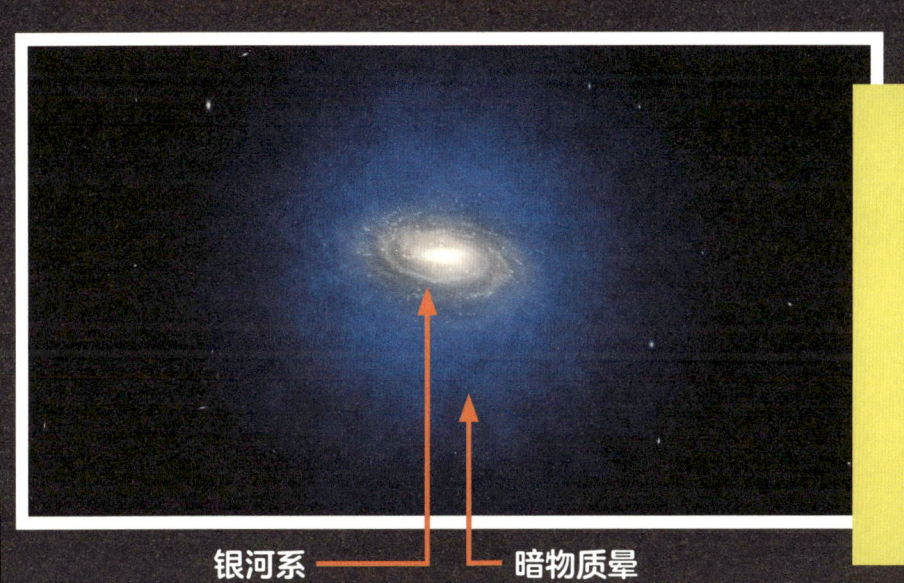

这么大质量的物质是什么呢？答案仍然是暗物质。星系里面和星系周围都有大量暗物质，呈现为一个巨大的球体，叫作晕。暗物质晕能让星系的质量增大。

据估计，银河系的暗物质晕的质量是银河系所有恒星的总质量的 10 倍左右！

银河系   **暗物质晕**

尽管很多科学家都在孜孜不倦地研究暗物质，但现在我们仍然不知道暗物质由什么组成。可能是一种新的粒子。这种粒子肯定有质量，因为它能产生引力；也肯定很难被探测到，否则我们早就探测到它了！

这种粒子也肯定不带电，因为如果带电，它就会跟其他带电的常见物质相互作用，发生碰撞并发光，也就是说我们会很容易检测到这种粒子。

中微子就是这样一种粒子。中微子不带电，有质量，而且很难探测到。但是，中微子太轻了，移动速度也太快，不可能形成稳定的暗物质晕。

现在，我们仍然只知道暗物质是存在的。实际上，宇宙中的暗物质比普通物质还要多。如果把所有常见物质（恒星、行星、这本书等一切）的质量全都加起来，就会发现这些只构成了宇宙中总能量[按照质能方程（见词汇表）]的 5% 左右，但是暗物质占到了 25% 左右。

那么，还有大约 70% 是什么呢？

25

暗能量和膨胀宇宙

宇宙始于138亿年前的宇宙大爆炸。但我们是怎么知道的呢？因为宇宙一直在膨胀。如果我们去观察天空中其他的星系，就会发现它们都在远离我们。

拿一个还没吹起来的气球，在上面画一些星系，然后把它吹起来，你就会发现，上面所有星系都在互相远离。

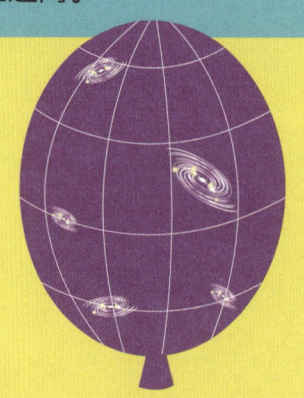

宇宙中也在发生同样的事情——事物都在跟其他事物互相远离。也就是说，如果让时光倒流，一切事物都会靠得越来越近，到最后，所有东西会全都叠在一起。

宇宙刚开始的时候是这样子的：一切事物都紧紧挤压在一个非常小也非常热的点中。随后这个点向外爆开，里面的东西就全部向外膨胀，温度也在逐渐降低。这样就形成了今天我们能看到的恒星、行星和星系。

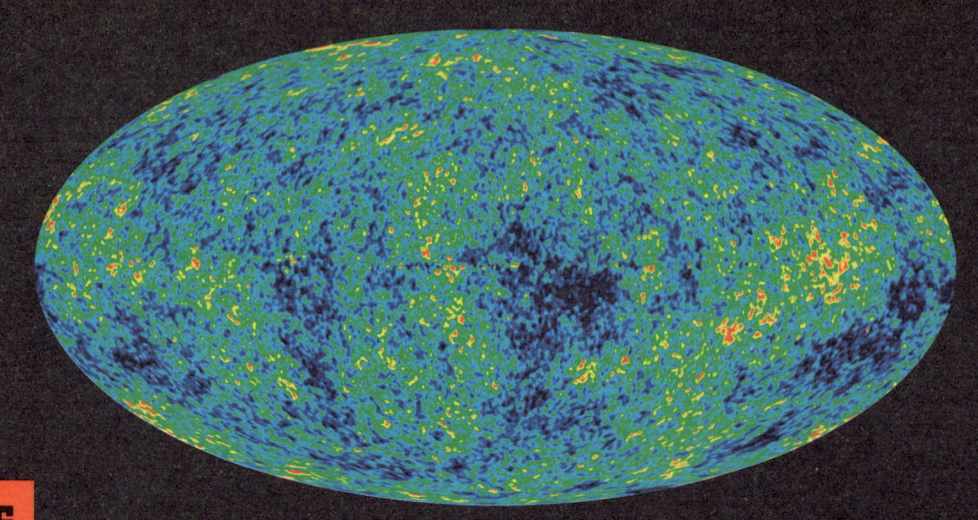

我们现在还能看到大爆炸刚刚发生之后的宇宙中的光，这就是宇宙微波背景辐射。这是由于，大爆炸之后产生的光子到现在依然在太空中横冲直撞。

我们有可能看到的最远的地方有多远，可观测宇宙（见第3页）就有多大。如果宇宙的年龄是138亿年，我们从地球上能看到的最远的地方就应该也是138亿光年那么远才对。但是，可观测宇宙要大得多，直径有930亿光年。

怎么会那么大？

宇宙实际上在加速膨胀。星系之间互相远离的速度越来越快。但是，宇宙中一切事物之间的引力作用理应让膨胀速度慢下来才对。那么，是什么让膨胀加速呢？是我们叫作暗能量的一种东西，它是能量的一种未知形式，现在地球上的实验室还无法测量这种能量产生的效应。在吹气球的例子中，气球本身越撑越大，才让星系彼此远离。宇宙中同样如此。空间本身在膨胀，暗能量则让膨胀加速。

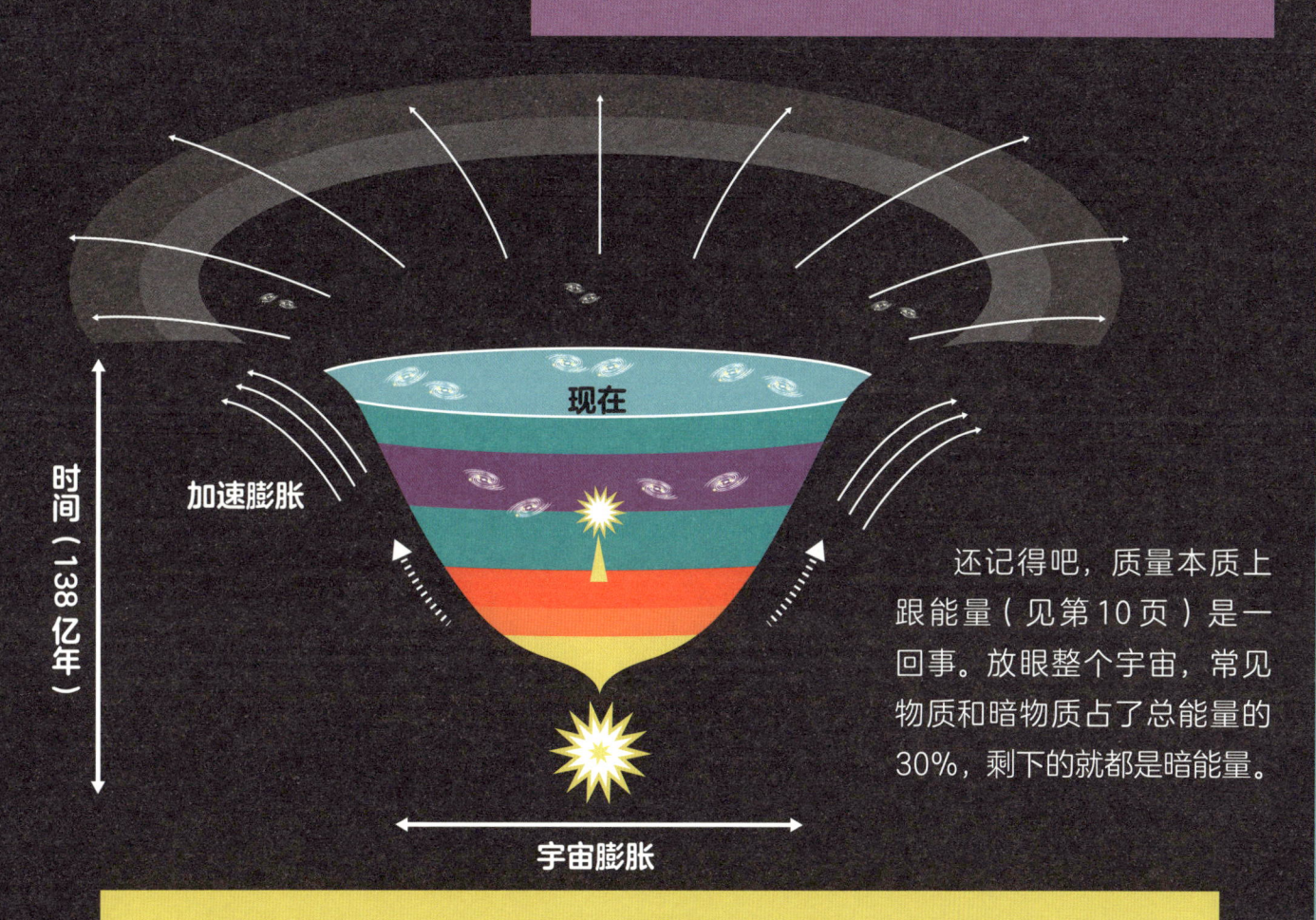

时间（138亿年）

加速膨胀

现在

宇宙膨胀

还记得吧，质量本质上跟能量（见第10页）是一回事。放眼整个宇宙，常见物质和暗物质占了总能量的30%，剩下的就都是暗能量。

本书只是简单讲述了一些天体物理学的基础知识。天体物理学家必须掌握的科学知识非常多，随便说说就有量子物理、广义相对论、核物理和天文学等。全世界所有想要了解我们栖身其中的宇宙的物理学家，都需要学习这些科学知识。

宇宙极为辽阔，也总是让我们惊叹不已，而我们了解宇宙的旅程才刚刚开始。更多惊人的发现已经遥遥在望，也许你也能有所贡献，并帮助我们更好地理解这个宇宙！

词汇表

表面积：物体表面面积的总和。

光子：构成光的粒子，有一定能量。

轨道：物体在空间中环绕其他物体运动的路径。

聚变：两个或多个原子核聚合成一个或多个不同原子核的核反应过程。这种反应有时会释放出能量，科学家正在想办法利用这些能量来发电。

能量：物体的能量就是该物体做功的能力。

泡利不相容原理：电子、质子和中子都属于一种特定类型的粒子，叫作费米子。泡利不相容原理认为，两个或更多个费米子不可能同时以相同能量存在于同一个地方。

同位素：质子数相同但中子数不同的原子的总称。

温度：物体冷热的程度，也是物体内部所有粒子能量的平均值。比如说，如果加热某个物体，就是在让这个物体里的所有粒子增加能量。

元素：仅由同一种原子组成的纯净的基本物质。

原子核：位于原子中心的细小、致密、带正电的核心，周围有电子环绕。原子核由更小的粒子（质子和中子）组成。

正电子：电子的反粒子，带正电，所带电量与电子相同。

质量：物体中所含物质的量。

质能方程：描述质量和能量之间关系的方程。物体只要有质量就会有相当的能量，而物体的能量增加时其质量也会变大。

质子：构成物质的极为细小的粒子，带正电，质量为电子的1 836倍。可以和中子一起组成原子核。

中子：构成物质的极为细小的粒子，不带电（电中性），质量略高于质子。可以和质子一起组成原子核。

你学会了吗?

① 太阳的直径大约是地球直径的多少倍?
   A. 19 倍
   B. 109 倍
   C. 1009 倍

② 宇宙大爆炸大约发生在什么时候?
   A. 138 万年前
   B. 1380 万年前
   C. 138 亿年前

③ 广义相对论是谁提出的?
   A. 牛顿
   B. 爱因斯坦
   C. 霍金

④ 温度更高的恒星,看起来会偏什么颜色?
   A. 偏蓝
   B. 偏红
   C. 偏黄

⑤ 如果超新星爆发后剩下的中子星继续坍缩,就会形成哪种天体?
   A. 红巨星
   B. 白矮星
   C. 黑洞

⑥ 下面关于暗物质的说法,哪个是错误的?
   A. 宇宙中的暗物质比普通物质还要多。
   B. 星系里面没有暗物质。
   C. 科学家可以通过引力透镜效应,证明暗物质存在。

10岁开始学通识

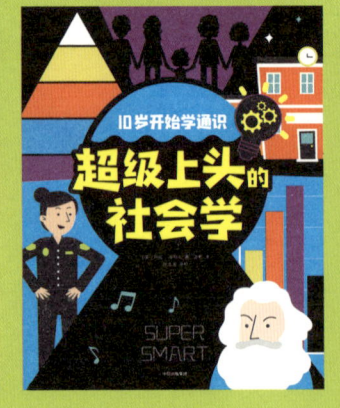

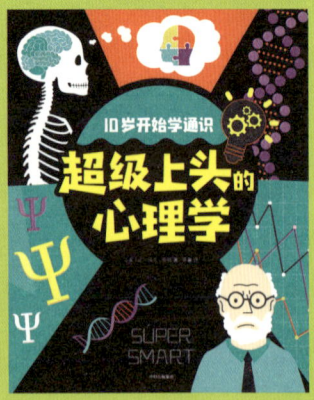

超级上头的天体物理学

超级上头的量子物理学

超级上头的核物理学

超级上头的纳米技术

超级上头的经济学

超级上头的哲学

超级上头的社会学

超级上头的心理学

答案：1.B 2.C 3.B 4.A 5.C 6.B